Das professionelle 1x1

Dirk Kreuter

Verkaufs- und Arbeitstechniken für den Außendienst

Key Account Management
Kundenbesuch
Nachbearbeitung

4. Auflage

Cornelsen

Verlagsredaktion: Erich Schmidt-Dransfeld
Layout und technische Umsetzung: Text & Form, Karon/Düsseldorf
Umschlaggestaltung: Magdalene Krumbeck, Wuppertal
Titelfoto: ©fotointer.net

Informationen über Cornelsen Fachbücher und Zusatzangebote:
www.cornelsen-berufskompetenz.de

4. Auflage

© 2010 Cornelsen Verlag Scriptor GmbH & Co. KG, Berlin

Das Werk und seine Teile sind urheberrechtlich geschützt.
Jede Nutzung in anderen als den gesetzlich zugelassenen Fällen
bedarf der vorherigen schriftlichen Einwilligung des Verlages.
Hinweis zu den §§ 46, 52a UrhG: Weder das Werk noch seine Teile dürfen ohne eine
solche Einwilligung eingescannt und in ein Netzwerk eingestellt werden oder sonst
öffentlich zugänglich gemacht werden. Dies gilt auch für Intranets von Schulen und
sonstigen Bildungseinrichtungen.

Druck: Druckhaus Thomas Müntzer, Bad Langensalza

ISBN 978-3-589-23712-8

Inhalt gedruckt auf säurefreiem Papier aus nachhaltiger Forstwirtschaft.

Inhaltsverzeichnis

Geleitwort von Erich-Norbert Detroy ... 5

Teil A
Einleitung ... 7

1 Geschäfte macht man zwischen Menschen: Warum Außendienst? ... 7

2 Trends im Außendienst: Der Markt ... 8

3 Wie kommen Sie nun in den Vertrieb? ... 14

4 Die drei kritischen Erfolgsfaktoren im Außendienst ... 16

Teil B
Kritischer Erfolgsfaktor I:
Ihr Organisationstalent, Ihr Selbstmanagement, Ihre Strategien und Methoden ... 17

1 Das Prinzip 1 – 3 – 7+ ... 18
1.1 Bestandskunden ... 18
1.2 Kundenrückgewinnung ... 19
1.3 Schlummerkunden ... 21
1.4 Faktor 7+/Neukundengewinnung ... 22

2 Prioritäten setzen im Vertrieb ... 32

3 Besuch versus Kontakt ... 39

4 Kundendaten sammeln: CRM ... 47

5 Tages-/Tourenplanung ... 49

6 Zeit- und Selbstmanagement im Vertrieb ... 50
6.1 Zeitmanagement orientiert sich an Zielen ... 50
6.2 Generelle Empfehlungen zur Planung ... 52
6.3 Arbeiten mit der Zeitplanung ... 53
6.4 Büroorganisation für Außendienstler ... 61

7 Erfolgreich arbeiten im Home-Office ... 63
7.1 Persönliches Verhalten im Home-Office ... 64
7.2 Außenkontakte von und zum Home-Office ... 66
7.3 Das Home-Office einrichten ... 69

Teil C
Kritischer Erfolgsfaktor II:
Ihre verkäuferischen Fähigkeiten ... 73

1 Vorbereitung ... 73
1.1 Vorbereitung 1: Vorfeld ... 73
1.2 Vorbereitung 2: Unmittelbar vor Termin ... 78

2 Die Begrüßungsphase ... 79

3 Situations- und Bedarfsanalyse ... 85
3.1 Die Fragetechnik ... 85
3.2 Paraphrasieren ... 88
3.3 Aktives Zuhören ... 89

4	Beratung und Präsentation ... 91
4.1	Nur die kommunizierte Leistung zählt 91
4.2	Die Sie-Formulierung 94
4.3	Negationen 98
4.4	Merkmal-Vorteil-Argumentation 101
4.5	Überzeugen über Zeugen 106

5	Abschluss 114
5.1	Der Testabschluss 114
5.2	Der Kaufabschluss 119
5.2.1	Die Alternativfrage 119
5.2.2	Die NOA®-Technik 121
5.2.3	Zusatzverkäufe 124
5.2.4	Die zweite Runde 126
5.3	Die Verabschiedung 128
5.3.1	Ungeschickt: Die bloße Kaufbestätigung 128
5.3.2	Die zukunftsweisende Methode 128

6 Nachbereitung 130

7 Kritische Situationen 131

TEIL D
KRITISCHER ERFOLGSFAKTOR III:
Ihre persönliche Einstellung 133

1	Der Erfolg entscheidet sich im Kopf: Positives Denken 133
2	Weiterbildung: Bücher, Seminare & Co. 135
3	Angebotsmanagement 135
3.1	Vorangebotsgespräch 136
3.2	Nachfassen 143
4	Neue Kunden gewinnen 144

5	Kundentypologien nach dem DISG-Modell 150
6	Die persönliche Einstellung ... 166
7	Vor- und Einwände im Verkauf 167
7.1	Erwartet wird, bei Einwänden zu kontern 167
7.2	Vor- und Einwandtechniken ... 171

TEIL E
TIPPS FÜR FÜHRUNGSKRÄFTE IM VERTRIEB 180

1	Mitarbeiter im Vertrieb 180
1.1	Rekrutierung von Außendienstmitarbeitern 180
1.2	Die Probezeit 183
1.3	Wie binden Sie Spitzenverkäufer an Ihr Unternehmen? .. 184
1.4	Handelsvertreter oder fest angestellter Außendienstmitarbeiter? 185

2	Vertriebsorganisation 186
3	Verkäuferische Fähigkeiten ... 188
4	Vertriebsmanagement 190
4.1	Führen Sie beim Angebotsmanagement ein Controlling ein! 190
4.2	Investieren Sie in die Weiterbildung Ihrer Mitarbeiter! 191
4.3	Vertriebsmeetings als Führungsinstrument 192

Fazit 194

Stichwortverzeichnis 195

Geleitwort von Erich-Norbert Detroy

Wenn man Menschen über Verkauf und Verkäufer reden hört, vernimmt man immer wieder vier gravierende Vorurteile:

Vorurteil Nr. 1: **Verkäufer haben in der Gesellschaft einen schlechten Ruf.**
Jeder kennt das Märchen vom Verkäufer, der einer alten Frau eine Kuckucksuhr verkauft und noch einen Zentner Vogelfutter dazu oder die Story vom Verkäufer, der beim Verkauf einer Melkmaschine die letzte Kuh des Bauern in Zahlung nimmt.

Vorurteil Nr. 2: **Verkäufer fallen vom Himmel.**
Verkaufen kann man nicht lernen, das muss einem angeboren sein. Verkaufen kann man oder man kann es nicht.

Vorurteil Nr. 3: **Verkäufer sind nicht gerade organisationsverliebt.**
Statistiken werden grundsätzlich geschönt. Im Erfinden von Ausreden sind Verkäufer Weltmeister.

Vorurteil Nr. 4: **Verkäufer lesen nicht gern.**
Sie belächeln sogar den mit Nickelbrille eifrig Fachliteratur lesenden Spießer.

Deswegen bietet Dirk Kreuter (Mitbegründer der SalesMasters Ltd.), vier Lösungen ... und damit vier Wahrheiten an!

Wahrheit Nr. 1: **Verkäufer können sehr leicht einen guten Ruf bekommen.**
Die richtige Einstellung und das darauf ausgerichtete Handeln macht's: Immer dem Kunden mehr Nutzen bieten als das andere tun, sich für den Kunden aktiv einsetzen, ihm helfen erfolgreich zu sein und zu werden, kurz: ihn glücklich machen!

Wahrheit Nr. 2: **Verkäufer zu werden kann man gut lernen.** Ein guter noch obendrein. Dirk Kreuter schlüsselt den Prozess des Verkaufens systematisch in kleine Schritte auf, so kann jeder Schritt für Schritt lernen: Die Vorstellung, den Gesprächseinstieg, die Eröffnungsfrage und so weiter ... wer hier zu früh aufhört, ist selber schuld.

Wahrheit Nr. 3: **Verkäufer organisieren (verwalten) gern.** Ja, wenn sie daraus direkt einen Nutzen ziehen. Verwalten um des Verwaltens willen (auch Bürokratie genannt) ist ihnen nach wie vor suspekt.

Wahrheit Nr. 4: **Verkäufer wollen sehr gerne lesen.** Vor allem dann, wenn es schnell geht, das Wissen kompakt und präzise, ohne Umschweife kommt und ... wenn es Spaß macht und Ideen für den Super-Verkauf bringt.

Dirk Kreuter räumt mit diesen Vorurteilen kräftig auf, wobei er aus eigener Außendiensterfahrung weiß, worüber er schreibt. Er legt hier ein Werk vor, das wahrlich fehlte. Wegen der Kürze der Kapitel und der frappierenden Klarheit nutzt man es gerne und immer wieder. Somit ist „Verkaufs- und Arbeitstechniken für den Außendienst" nicht nur ein Leitfaden, sondern zugleich ein willkommenes Schnell-Nachschlagewerk, das in die Hand (und danach in den Kopf!) eines jeden ernsthaften Verkäufers gehört.

Ich wünsche den Leserinnen und Lesern viel Spaß bei der Lektüre, viel Freude beim Aufbau eines guten Images, genügend Energie um die eigene Verkaufskunst auszubauen und bei der „Verwaltung" der eigenen Erfolge, sprich beim Feiern!

Beilstein/Württemberg, Anfang 2005   Ihr *Erich-Norbert Detroy*

Die SalesMasters Ltd. wurden 2003 von Alexander Christiani, Erich-Norbert Detroy, Klaus J. Fink, Dirk Kreuter und Martin Limbeck gegründet. Auf Grund der Resonanz der Fachwelt und unserer Kunden nehmen wir für uns in Anspruch, zu den Großen der Trainer-Branche zu gehören. Gegründet wurden die SalesMasters, um endlich Schluss mit dem viel beklagten Trainer-Einerlei zu machen und mit dem selbst gesteckten Ziel, ausschließlich Spitzenleistung zu bieten. Alle fünf Gründer sind sich so unterschiedlich wie Fisch zu Fleisch, aber das ist ja gerade das Spannende: Durch die gewollte Unterschiedlichkeit bekommen Seminarteilnehmer/innen ihre „Erleuchtung" schneller und ihre Motivation steigt früher.

Gehen Sie einmal ins Internet unter www.sales-masters.de. Es lohnt sich.

VORWORT ZUR 4. AUFLAGE

„Hätte ich das doch früher gewusst!"

Es ist viele Jahre her: meine erste Woche als freier Handelsvertreter im Außendienst. Eine wirkliche Einarbeitung gab es nicht.

Ich hatte eine kaufmännische Ausbildung abgeschlossen und kannte mich mit meinen Produkten und der Branche gut aus. Verkäuferisch und organisatorisch hatte ich bisher alles nur intuitiv gemacht. In der ersten Woche im Außendienst besuchte ich von Montag bis Freitag Kunden ohne Termin in der Region Ostfriesland. Ich hatte eine Kundenliste von meinem Unternehmen erhalten und entsprechende Muster und Auftragsblöcke in meinem Auto platziert. Das Resultat nach dieser ersten Woche: nicht ein einziger Auftrag, nur wenige Kundengespräche und diese waren dazu noch von schlechter Qualität. Ich habe so ziemlich alles falsch gemacht, was ich als Außendienstmitarbeiter falsch machen konnte.

Hätte ich dieses Wissen bzw. dieses Buch damals in den Händen gehalten, hätte ich mir viel Geld (Lehrgeld), noch mehr Zeit und frustrierende Erfahrungen erspart. Ihnen als Leser wünsche ich mit diesem Buch, dass Sie nur erfolgreiche Erlebnisse im Außendienst haben werden.

Es freut mich besonders, dass dieses Außendienstbuch bereits in der vierten Auflage erscheint und es gleichzeitig einer der Bestseller im Ranking von Amazon ist. Unter aktuell 980 Büchern rund um das Thema „Verkauf" ist dieses Buch immer unter den Top 10 zu finden.

Witten, im Frühjahr 2010   Ihr *Dirk Kreuter*

Teil A Einleitung

1 Geschäfte macht man zwischen Menschen: warum Außendienst?

Wenn zwei Menschen sich unterhalten, will der eine dem anderen immer etwas verkaufen. Das erste Verkaufsgespräch steht schon in der Bibel:
Sie erinnern sich sicher an die Geschichte von Adam und Eva. Um die „Angelegenheit mit dem Apfel" ranken sich viele anekdotenhafte Geschichten und Interpretationen. Man kann es im Endeffekt sogar als ein Verkaufsgespräch verstehen.

Ganz allgemein gilt: „Verkaufen ist Umgang mit Menschen."

Unternehmen leben nicht von dem, was sie produzieren, Unternehmen leben von dem, was sie verkaufen. Nun gibt es verschiedene Möglichkeiten, Dienstleistungen und Waren an den Mann bzw. an die Frau zu bringen. Die aufwändigste und gleichzeitig erfolgreichste Variante ist der persönliche Kundenkontakt.

Der persönliche Kundenkontakt

In einem persönlichen Gespräch überzeugt der Verkäufer den Kunden von den Vorteilen seiner Produkte und Dienstleistungen. Dieses Prinzip hat sich seit Jahrtausenden bewährt.

In Zeiten der New Economy fürchteten viele Verkäufer um ihren Job. Man ging davon aus, dass das Internet den persönlichen Verkauf verdrängen würde. Doch selbst Internetfirmen bauten während der Hochphase der New Economy Vertriebsmannschaften auf, die dann wiederum ihre Dienstleistungen und Produkte verkaufen sollten.

Auch Callcenter, die auf den Markt gelangen, verängstigen manchen Außendienstmitarbeiter, seinen Job zukünftig noch zu behalten. Doch egal ob es um Kundenkontakte am Telefon geht oder im Internet, das effektivste und stärkste Instrument im Verkauf, um Kunden zu motivieren, Produkte und Dienstleistungen zu kaufen, ist der persönliche Kontakt.

Geschäfte macht man zwischen Menschen

Das Image des Verkäufers oder Vertreters

Leider hat das Image des Verkäufers oder Vertreters in Deutschland keinen hohen Stellenwert. Dies ist historisch bedingt. Schon in der Vergangenheit waren Kaufleute nicht besonders beliebt. Gerade in den schaffenden Berufen Handwerk und Produktion wurde immer argwöhnisch auf die Kaufleute geschaut. Diese machten sich nie die Finger schmutzig, trugen immer repräsentative Kleidung und verdienten oftmals mehr Geld als die Menschen, die mit ihren Händen arbeiteten. Da war Neid vorprogrammiert. Für viele Menschen ist Verkaufen so etwas wie Staubsauger von Tür zu Tür zu verkaufen und andere Menschen zu übervorteilen, andere Menschen übers Ohr zu hauen. Selbst wenn Sie schon im Vertrieb tätig sind – wenn Sie auf einer Party gefragt werden, was Sie beruflich machen: sagen Sie dann „Verkäufer" oder „Vertreter"? Die wenigsten haben den Mut dazu. Meist wird diese Tätigkeit dann mit anderen Begriffen umschrieben wie Vertriebsberater, Kundenmanager, Key Account Manager und Ähnliches. Das hört sich dann einfach besser an. Doch in Wirklichkeit ist es Verkaufen!

2 Trends im Aussendienst: der Markt

Vor einiger Zeit hatte ich das Glück, einen Vortrag von Reinhold Würth erleben zu dürfen. Reinhold Würth vom gleichnamigen Unternehmen für Montagetechnik erzählte ein Beispiel aus seinem Unternehmen:

Die Führungskräfte von Würth berichteten ihm, dass das Unternehmen in einem Bereich geplante Umsätze nicht realisieren könnte. Die aktuelle Marktlage ließe dies nicht zu. Daraufhin fragte Reinhold Würth seine Führungskräfte, wie hoch denn der Marktanteil sei. Der Anteil liege im betreffenden Segment in Deutschland bei 3,4 bis 3,6 %. Daraufhin erklärte er seinen Führungskräften, dass selbst bei einer aktuellen Rezession der dadurch bedingte aktuelle Umsatzrückgang, der der Marktsituation geschuldet ist, niemals mehr als 4 bis 6 % vom Gesamtmarktvolumen betragen könne. Dies wäre volkswirtschaftlich entsprechend zu belegen und in Studien nachzulesen. Er fragte also nach, was denn mit den restlichen über 90 % Marktanteil sei und wer denn diesen Marktanteil decken würde. Er wartete die Antwort gar

TRENDS IM AUSSENDIENST: DER MARKT

nicht erst ab. Sondern er zeigte seinen Führungskräften damit auf, dass der Markt groß genug sei und dass es nur darum ginge, sich den entsprechenden Teil vom Kuchen zu sichern.

Reinhold Würth beschrieb seine Philosophie mit klaren Worten: Unsere Kernkompetenzen sind Marketing und Vertrieb. Sicherlich ist es überflüssig an dieser Stelle zu erwähnen, dass Reinhold Würth selbst mehrere Jahrzehnte im Außendienst gearbeitet hat.

Unsere Kernkompetenzen sind Marketing und Vertrieb

Natürlich sind Controlling, Finanzen, Logistik, Produktion, Qualitätssicherung usw. wichtige Faktoren für den Erfolg eines Unternehmens. Doch vielen Unternehmen, gerade in der aktuellen Zeit, würde es gut tun, ihre Kernkompetenzen stärker auf den Bereich Marketing und Vertrieb zu verlagern.

Was bedeutet das jetzt für Sie als Außendienstmitarbeiter? Verkauf hat immer Zukunft! Wenn Sie den Stellenteil der großen Tageszeitungen wie „FAZ" oder „Süddeutsche Zeitung" aufschlagen, so werden Sie dort immer Dutzende von Stellenangeboten für den Vertrieb finden.

GUTE VERTRIEBLER WERDEN IN JEDER BRANCHE UND ZU JEDER ZEIT GESUCHT. GUTE VERTRIEBLER SIND DIE GARANTEN FÜR DEN ERFOLG EINES UNTERNEHMENS.

Wenn Sie jemand sind, der gerne an seiner Leistung gemessen wird, der sich an seinen Ergebnissen orientiert, dann ist der Vertrieb das Richtige für Sie. In welchem Bereich bekommen Sie so schnell eine Rückmeldung darüber, ob Sie erfolgreich waren oder nicht? Im Vertrieb, je nachdem, welche Branche und welches Produkt, bekommen Sie diese Rückmeldung unmittelbar. Der Kunde kauft oder er kauft nicht.

In welchem Bereich der Wirtschaft haben Sie die Möglichkeit, derart selbstbestimmt zu arbeiten? Sich selbst zu organisieren und Ihre Erfolge selbst zu erarbeiten?

Selbstbestimmt arbeiten

Zum Thema Entlohnung: ein guter Verkäufer bekommt auch, was er verdient. In welchem Bereich ist es möglich, sein Einkommen derart selbst zu bestimmen?

Entlohnung

Natürlich gibt es auch im Vertrieb Bereiche, in denen keine variablen Komponenten in der Entlohnung enthalten sind. Doch eine klare Trendaussage für die Zukunft ist, dass die Unternehmen noch stärker ergebnisorientiert entlohnen wer-

Trends im Aussendienst: der Markt

den. Ich kenne Unternehmen, in denen die besten Verkäufer mehr verdienen als ihre Führungskräfte.

Einstieg in den Vertrieb

Betrachten wir den Einstieg in den Vertrieb. Noch einmal Reinhold Würth: Auf die Frage danach, was aus seiner Sicht die Schlüsselqualifikationen sind, die kritischen Erfolgsfaktoren für einen erfolgreichen Vertriebsmitarbeiter, antwortete er: „Ein Vertriebsmitarbeiter muss bereit sein, acht Stunden am Tag volle Leistung zu bringen." Auch nach zweimaligem Nachfragen gab es für Reinhold Würth kein weiteres wirkliches Argument, was für oder gegen einen Vertriebsmitarbeiter spricht.

Persönlichkeitsstruktur

Wie interpretieren wir diese Aussage? Welche Persönlichkeitsstruktur sollte bei einem Vertriebsmitarbeiter vorherrschen? Hier unterscheiden wir zwischen harten und weichen Faktoren der persönlichen Eigenschaften.

Jeder Mensch hat seine eigenen Vorlieben, Stärken und Schwächen. Das macht seine Persönlichkeit aus. Nicht jeder ist für den Vertrieb geeignet. Das wissen vor allem die, die in diesem Bereich arbeiten. Gerade deshalb ist es sehr wichtig, von Anfang an sensibel mit der Beurteilung bestimmter Eigenschaften umzugehen, die aussagekräftig in Bezug auf die Fähigkeit zur Vertriebsarbeit sind:

- Einatzbereitschaft,
- Geltungsbedürfnis, Durchsetzungsvermögen,
- Zuverlässigkeit,
- Ziele,
- Anerkennung und Bestätigung,
- Ehrlichkeit, Offenheit, Freundlichkeit,
- Persönlichkeitsstruktur.

Zumindest ein kleines bisschen extrovertiert sollten Vertriebsmitarbeiter von ihrer Persönlichkeitsstruktur her sein. Introvertierten Menschen wird die Arbeit im Vertrieb nicht leicht fallen. Natürlich gibt es auch hier immer wieder Ausnahmen. Doch dem Extrovertierten wird der Kontakt mit anderen Menschen eher Freude bereiten. Und er wird eher auf Menschen zugehen, sich öffnen und eine offene Kommunikation führen.

Dies wird durch die Verhaltensforschung belegt, die besagt: Alles, was Sie in Ihrem Leben erreichen wollen, können Sie zu 90 % erlernen. Ein Grundtalent, eine Grundfähigkeit von etwa 10 % muss allerdings gegeben sein. Wenn Sie im Sport gerne eine Bestzeit im Marathon aufstellen wollen und Sie wiegen eher 130 kg, dann ist dies durchaus machbar, nur zu den Olympischen Spielen werden Sie mit diesem Gewicht nie kommen. Dann sind Sie wohl eher für Kugelstoßen oder ähnliche Sportarten geeignet. Doch bis zu 90 % sind Sie in der Lage, sich die entsprechende Kondition für Ihren Marathonlauf anzutrainieren.

Genau wie im Sport ist auch im Vertrieb die Tatsache, dass Fleiß wichtiger ist als Talent, ein entscheidendes Grundgesetz: *„Erfolg besteht zu 5 % aus Inspiration und 95 % aus Transpiration."* (Albert Einstein)

Beispiel zu Persönlichkeitsmerkmalen von Verkäufern

Ein anschauliches Beispiel für die verschiedenen Persönlichkeitsstrukturen für Verkäufer im Außendienst ist die Vertriebsorganisation für Business-Kunden bei einem bekannten Telekommunikationsanbieter:

In Deutschland sind sechs Vertriebsstandorte mit jeweils etwa 20 Mitarbeitern im Außendienst aktiv im Geschäftskundenvertrieb. Diese 20 Verkäufer sind aufgeteilt in zehn Hunter und zehn Farmer. Ein Hunter, zu deutsch Jäger, hat nur den Auftrag, neue Kunden zu gewinnen, neue Geschäftsfelder und neue Märkte zu erobern. Der Hunter weiß, dass er einen Neukunden automatisch nach sechs Monaten an einen Kollegen, den Farmer, zu deutsch etwa Bauer, verliert. Der Farmer hegt und pflegt den Kunden. Er baut das Geschäft aus, er schöpft das Kundenpotenzial aus und bindet den Kunden an das Unternehmen.

Das Prinzip der Hunter und Farmer hat sich bei dieser Firma gut bewährt.

Nun – was denken Sie, was wäre eher eine Aufgabe für Sie?

Mit Ihrer Antwort werden Sie sich Ihrer Persönlichkeitsstruktur als Verkäufer im Außendienst sicher etwas klarer.

HINTERGRUND

„Vertrieb 2010"
Wird die Kundenloyalität zukünftig sinken? Werden Produktlebenszyklen kürzer?
Antworten auf Fragen wie diese liefert die Studie „Agenda Vertrieb 2010", die von Mercuri International Deutschland und der Hochschule für Wirtschaft in Trier gemeinsam durchgeführt wurde. Die hier abgedruckten Thesen sind einer Zusammenfassung der Studie entnommen, die man unter www.mercuri.net herunterladen kann.
Im Jahre 2003 wurden Vertriebs- und Marketingführungskräfte aus 1.000 großen und mittelständischen Unternehmen im B2B-Bereich aus Industrie, Handel und Dienstleistung befragt. 175 Unternehmen beteiligten sich an der Studie.
Fortschreitende Globalisierung und das damit verbundene Zusammenrücken der Märkte bei zunehmender Veränderungsgeschwindigkeit bei Organisationsformen, Produkten, Leistungen haben die Anforderungen insbesondere an den Vertrieb von morgen drastisch verändert. Auch konjunkturelle Schwächen auf den Märkten tragen in Vertrieb und Marketing dazu bei, dass sich Schwerpunkte und Aufgaben langfristig verschieben werden.
Der Stellenwert des Vertriebs wird weiter zunehmen und nachhaltiger zum Unternehmenserfolg beitragen. Schlagworte sind hier Customer Relationship Management, flexible Vertriebsformen und Prozessmanagement.

Die Notwendigkeit, „up to date" zu sein und vor allem zu bleiben, spiegelt sich in den Ergebnissen der Studie eindeutig wider.

Zukunftsszenarien zu Kooperationen, Fusionen und Allianzen
Drei Viertel der Unternehmen geben an, ihre Vertriebsstrategie stärker auf Allianzen bzw. Wertschöpfungspartnerschaften auszurichten. Wachsende Bedeutung der Fusionen sehen über die Hälfte. Dabei wird versucht, gemeinsam mit anderen Unternehmen Wertschöpfungsverbände einzugehen. Ziel ist es, in Zukunft nicht ausschließlich eigene Produkte oder Leistungen anzubieten, sondern sich durch die Nutzung von Know-how oder Ressourcen der Partner entweder in Form einer Allianz Vorteile gegenüber anderen Wettbewerbern zu verschaffen oder mit Partnern innerhalb der Wertschöpfungskette die Leistung in Richtung Kunde zu optimieren.

Kürzere Produktlebenszyklen
Etwa die Hälfte der befragten Unternehmen sind der Meinung, dass sich zukünftig die Produktlebenszyklen weiter verkürzen werden. Damit kommt dem Innovationsmanagement eine zunehmende Bedeutung zu. Ebenso wird es wichtig sein, über den richtigen Mix an marktbezogenen Aktivitäten – Analysen, Beobachtungen, Dialoge – schneller an die entscheidenden Informationen heranzukommen oder die richtigen Trends zu erkennen.

Die Zukunft der Preisfindung

Als Konsequenz von Internet und Globalisierung (größere Markttransparenz) ist ein noch härter werdender Preiswettbewerb in Zukunft zu erwarten.

Innerhalb der Preispolitik gewinnt die kundenorientierte Preisfindung an Boden. Da Kunden zunehmend preissensibel reagieren, müssen sie schon im Vorfeld in die Preisfindung einbezogen oder durch mehr Verhandlungsoptionen und Flexibilität überzeugt werden.

„Traditioneller Verkäufer" versus „Verkäufer 2010"

Neben der Fachkompetenz wird zunehmend das Managen von Kundenbeziehungen verlangt (Sozialkompetenz nach innen und außen). Ein sicherer Umgang mit IT/E-Commerce wird ebenfalls zum Anforderungsprofil gehören.

Über zwei Drittel der Befragten messen der Kundenbetreuung im Team wachsende Bedeutung zu. Dies begründet die Notwendigkeit sehr intensiver Pflege vor allem international agierender Kunden, die von einem Verkäufer alleine nicht mehr professionell zu betreuen sein werden.

Multi-Channel-Kommunikation

Für zwei Drittel der befragten Unternehmen kommt der Multi-Channel-Kommunikation eine wachsende Bedeutung zu. Es gilt, den Kunden nicht allein über traditionelle Vertriebskanäle anzusprechen, sondern u. a. auch über das Internet zu erreichen.

Kundenanforderungen von morgen

Der Überzeugung, dass steigende Kundenanforderungen eine der größten Herausforderungen im Zukunftsszenario „Vertrieb 2010" sein werden, sind die Hälfte der Befragten. Hauptgrund: sinkenden Kundenloyalität, die aus kürzeren Produktlebenszyklen, zunehmender Transparenz und schwieriger werdenden persönlichen Bindungen resultiert. Zusammen erzeugt dies mehr „Moments of truth" in kürzerer Zeit und damit potenzielle Wechselsituationen.

Customer Relationship Management

Bei der Unternehmensbefragung stellte sich heraus, dass der Aufbau von Kundendatenbanken von drei Vierteln aller Unternehmen zukünftig regelmäßig genutzt wird. Die meisten Unternehmen haben festgestellt, dass nur Zufriedenheit Kunden langfristig an ein Unternehmen und dessen Leistungen/Produkte bindet. Mit Hilfe des CRM lassen sich Kunden individueller und bedarfsgerechter betreuen, was abnehmender Kundenloyalität entgegenwirkt. Für die meisten der Unternehmen wird die Bedeutung der Kundenbindung wachsen.

Key Account Management

Die Erstellung von Kundenwertanalysen wird als wachsend beurteilt. Daraus kann man einen Zukunftstrend in Richtung Potenzialkunden erkennen. Verstärkte Konzentration auf Potenzialkunden ist das Key Account Management, das für die befragten Unternehmen eine wachsende Rolle spielt.

3 Wie kommen Sie nun in den Vertrieb?

Grundlegend sollten Sie sich entscheiden, ob Sie
- als angestellter Reisender oder
- als selbstständiger, so genannter freier Handelsvertreter

aktiv sein wollen.

Freie Handelsvertreter

Freie Handelsvertreter werden definiert nach dem HGB (Handelsgesetzbuch). Sie sind selbstständig und bekommen Provisionen von den erwirtschafteten Umsätzen oder Erträgen des vertretenen Unternehmens.

Man unterscheidet zwischen Einfirmen- und Mehrfirmenvertretern. Wie das Wort Einfirmenvertreter sagt, vertreten Sie nur die Produkte und Interessen eines Unternehmens bzw. Sie arbeiten exklusiv für eine Marke. Oftmals erhalten Sie aus diesem Grund eine etwas höhere Provision oder haben möglicherweise eine gewisse Kostenerstattung.

Der Mehrfirmenvertreter arbeitet für unterschiedliche Unternehmen. Meistens sind es Produkte, die sich ergänzen. Für einen Handelsvertreter ist es ausgeschlossen, dass er Konkurrenzfirmen vertritt. Bei dieser Variante werden das Risiko und die Einnahmen entsprechend gestreut.

Beispielsweise übernimmt ein Handelsvertreter eines Küchenherstellers gleichzeitig noch Vertretungen für die Produkte eines Stuhlherstellers, er übernimmt noch ein Unternehmen, das Granitarbeitsplatten für Küchen herstellt oder auch noch eine Software, die das Planen von Küchen in Küchenstudios erleichtert.

All dies sind Produkte und Unternehmen, die sich ergänzen und dadurch sowohl für den Handelsvertreter als auch für den Kunden einen Sinn machen. So hat der Handelsvertreter einen entsprechenden Stellenwert beim Kunden. Oftmals ist es so, dass der Handelsvertreter mit einem Produkt beim Kunden „reinkommt" und dann die weiteren Produkte je nach Situation und Bedarf zusätzlich verkauft.

Handelsvertreter werden unter der Hand vermittelt

Unternehmen, die mit Handelsvertretern zusammenarbeiten und neue Mitarbeiter suchen, schreiben diese Vertretungen selten öffentlich aus. Handelsvertreter werden unter der Hand vermittelt. Das heißt, man fragt befreundete Unternehmen oder eben die Kunden selbst, welcher Handelsvertreter diese entsprechend gut betreut und bei dem die eigenen Produkte eben noch gut ins Sortiment passen würden. Eine

Wie kommen Sie nun in den Vertrieb?

andere Quelle ist die CDH. Die CDH ist die **Centralvereinigung Deutscher Handelsvertreter** und Makler mit Sitz in Berlin, im Internet zu finden unter www.cdh.de. Hier werden den Mitgliedern Vertretungsangebote zugänglich gemacht, und Sie können Vertretungsgesuche entsprechend platzieren. Weiterhin werden freie Vertretungen auch in der entsprechenden Fachpresse sowie in den großen Stellenmärkten der Tageszeitungen ausgeschrieben.

Wenn Sie ernsthaft eine Vertretung suchen, sollten Sie auch Initiativbewerbungen versenden.

Denn auch Vertretungen werden zu einem großen Teil nicht öffentlich ausgeschrieben.

Unternehmen, die Vertretungen vergeben, interessieren sich besonders für den **aktuellen Kundenstamm** und die Kundendaten eines Handelsvertreters. Diese Mitgift ist oftmals die Kundenliste der Unternehmen, die der Handelsvertreter aktiv besucht bzw. betreut, zu denen eine Geschäftsverbindung besteht. Für Unternehmen ist sie das Potenzial, die Möglichkeit einer Zusammenarbeit entsprechend einzuschätzen. Aus diesem Grund werden Kundendaten und Kundenlisten von Handelsvertretern natürlich entsprechend gepflegt.

Mitgift: Kundendaten eines Handelsvertreters

Der Handelsvertreter an sich hat vom Beruf her, wie schon erwähnt, kein besonders gutes Image. Doch ich kenne eine ganze Reihe von Handelsvertretern, die in ihrem Beruf bestens verdient haben, was oft verkannt wird. Neben den Provisionszahlungen werden von Handelsvertretern so genannte Ausgleichszahlungen fest einkalkuliert. Das bedeutet: Wird der Vertrag mit dem vertretenen Unternehmen aufgelöst, ohne dass der Handelsvertreter dabei eine Schuld trägt, steht ihm eine Jahresprovision, errechnet nach dem Durchschnitt der letzten drei Jahre, als Abfindung zu. Das Besondere: Diese Abfindung wird nur mit dem halben Steuersatz versteuert!

Wenn der Handelsvertreter nichts für Sie ist und Sie lieber die „Sicherheit" einer Festanstellung haben möchten, so ist der **Beruf des angestellten Reisenden** die zweite Variante. Als Reisender haben Sie ein festes Einsatzgebiet, klar vorgegebene Ziele und werden entsprechend mit einem Fixum und oftmals einem variablen Anteil bezahlt.

Angestellte Reisende

Wie kommen Sie nun in den Vertrieb?

Wie kommen Sie an eine solche Position? Möglichkeiten sind der Anzeigenmarkt in den überregionalen Tageszeitungen, ferner Jobbörsen im Internet und, nicht zu verkennen, Initiativbewerbungen. Die wenigsten Positionen werden öffentlich ausgeschrieben, die meisten unter der Hand vergeben. Hierbei haben Sie die Möglichkeit zu recherchieren. Fragen Sie die möglichen zukünftigen Kunden, wie die Unternehmen strukturiert sind und welche Möglichkeiten es gäbe, dort in den Vertrieb hineinzukommen bzw. wen Sie am besten ansprechen können. Was zählt, ist Erfahrung im Vertrieb: Viele Unternehmen möchten fertig ausgebildete Vertriebsmitarbeiter einsetzen. In der heutigen Zeit haben die wenigsten Unternehmen noch die Ressourcen, Mitarbeiter, die noch nicht über die entsprechende Vertriebserfahrung verfügen, auszubilden. Hier bietet sich als Alternative möglicherweise ein nebenberuflicher Einstieg in den Vertrieb an. Gerade im Bereich von Versicherungen und Finanzdienstleistungen gibt es ein enormes Potenzial an nebenberuflichen Stellen. Je nachdem, bei welchem Unternehmen Sie sind, erhalten Sie eine hervorragende vertriebliche Ausbildung und haben die Möglichkeit, entsprechendes Geld zu verdienen. Ob Sie später dann in dieser Branche bleiben, ob Sie bei diesen Produkten bleiben und ob Sie das Ganze nebenberuflich machen, können Sie dann immer noch selbst entscheiden.

Nebenberuflicher Einstieg in den Vertrieb

4 Die drei kritischen Erfolgsfaktoren im Aussendienst

Aus jahrelanger Praxis weiß ich, dass sich der Erfolg eines Vertrieblers auf drei kritische Erfolgsfaktoren begrenzt. Das sind die Faktoren, die nachher das Gesamtergebnis bestimmen. Haben Sie in einem dieser Erfolgsfaktoren eine bestimmte Schwäche, bestimmt diese Schwäche Ihr Gesamtergebnis. Sie kennen das Bild der Kette, wo das schwächste Glied die gesamte Reißfestigkeit bestimmt. Alle drei Erfolgsfaktoren sind gleich wichtig und entscheidend, es gibt keine Prioritäten:

- Ihr Organisationstalent, Ihr Selbstmanagement, Ihre Strategien und Methoden,
- Ihre verkäuferischen Fähigkeiten,
- Ihre persönliche Einstellung.

Teil B   Kritischer Erfolgsfaktor I:

Ihr Organisationstalent, Ihr Selbstmanagement, Ihre Strategien und Methoden

Wenn Sie unbedingt einmal einen schönen Sonnenuntergang sehen möchten und schauen dabei ständig nach Osten, so wird das nie etwas. Entscheidend ist die richtige Strategie, mit der Sie vorgehen. Im Vertrieb gilt das unabhängig davon, ob Sie seit Jahren tätig sind oder ob Sie erst frisch beginnen. Sie können der Fleißigste sein, doch ohne Strategie werden Sie keinen Erfolg haben.

Die richtige Strategie

Wofür werden Sie bezahlt? Eine spannende Frage. Wenn ich dies in Seminaren mit Vertriebsmitarbeitern kläre, so höre ich oft: für Umsätze, für Neukunden, für Zielerreichung, für Besuche und so weiter. Aber wirklich sicher ist sich keiner der Seminarteilnehmer, wofür er wirklich bezahlt wird. Die wenigsten haben auch ihre Chefs einmal danach gefragt. Mitarbeiter, die oft Jahrzehnte ihren Job machen, schauen etwas ratlos, wenn diese Frage gestellt wird. Im Vertrieb wie auch sonst im Leben geht es immer um das Verhältnis zwischen Absicht und Wirkung. Sie können ja die Absicht haben, sehr fleißig und sehr erfolgreich zu sein, doch die Wirkung billigt dies nicht. Sie können der Fleißigste sein, doch Sie bringen nicht die Aufträge. Der Chef sagt Ihnen, wir sind eine große Familie, doch Sie will er jetzt zur Adoption freigeben, weil Ihre Absicht und die Wirkung nicht übereinstimmen.

„Wer schreibt, der bleibt.": Sie werden nicht für Kundenbesuche bezahlt! Es geht nicht nur darum, fleissig zu sein, es geht darum, erfolgreich zu sein!

Wollen Sie mit dem gegebenen Einsatz den größtmöglichen Erfolg erwirtschaften, gibt es eine ganze Reihe von Erfolgsprinzipien. In diesem ersten Teil des Buches stelle ich Ihnen vor, was ich nach meiner langjährigen Erfahrung als wesentlich ansehe. Im Vordergrund steht das Prinzip 1 – 3 – 7+, das die Kundengewinnung und -betreuung betrifft. Nicht minder wichtig ist Prioritätensetzung und darüber hinaus muss die organisatorische und arbeitstechnische Seite stimmen bis hin zur Tourenplanung.

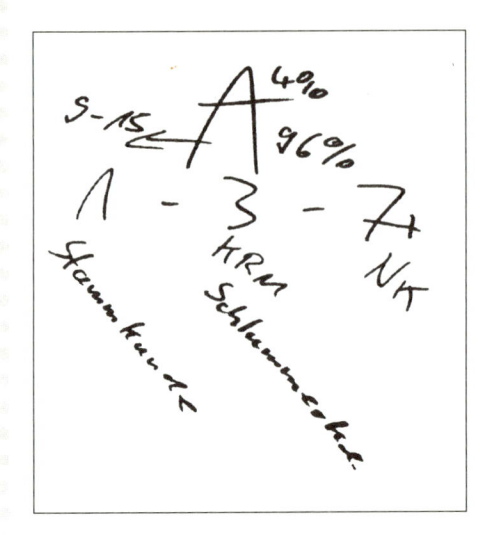

1 Das Prinzip 1 – 3 – 7+

Diese Formel steht für Arbeitsorganisation und Vertriebseffizienz.

1.1 Bestandskunden

Faktor 1

Faktor 1 kostet es Ihr Unternehmen an Geld und Sie an Zeit und Aufwand sowie Energie, einen Bestandskunden, einen Stammkunden, einen kaufenden Kunden zu pflegen und zu hegen, auf dass er weiterhin mit Ihnen Geschäfte macht.

Der geringste Aufwand ist es also Stammkunden zu halten. Nun geht es darum zu schauen, ob Sie innerhalb dieser

Das mögliche Potenzial für Ihre Geschäfte ausreizen

Stammkunden schon das mögliche Potenzial für Ihre Geschäfte ausgereizt haben. Mit Potenzial ist Folgendes gemeint: Wenn Ihr Kunde bei Ihnen die Produkte A und B kauft, wäre er in der Lage, auch noch C und D zu kaufen? Oder wenn Ihr Kunde ein Umsatzpotenzial mit Ihren Produkten von 100.000 € hat, er jedoch aktuell nur 50.000 € Umsatz macht, so ist die Frage: Wie kommen Sie an das Potenzial der anderen 50.000 € heran?

Es lohnt sich, bei den Stammkunden zu beginnen. Es lohnt sich, das Potenzial Ihrer Stammkunden zuerst auszuschöpfen.

Ein Stammkunde arbeitet mit Ihnen regelmäßig zusammen. Er kennt Sie, er vertraut Ihnen, er schätzt die Vorteile, die Sie ihm bieten. Hier ist es der einfachste Weg, der schnellste Weg und der sicherste Weg, bei den Stammkunden das Potenzial auszubauen. Das bedeutet im Umkehrschluss: Sollten Sie ein neues Gebiet übernehmen, so schauen Sie sich die Stammkunden genau an und klären Sie auch, über welches Potenzial diese Stammkunden entsprechend verfügen. Entwickeln Sie Strategien und Maßnahmen, dieses Potenzial weitestgehend auszuschöpfen. Erst wenn Sie 80 % des Potenzials Ihrer vorhandenen Kunden, Ihrer Bestandskunden ausgeschöpft haben, erst dann sollten Sie zum nächsten Schritt übergehen, nämlich dem Faktor 3.

Der Faktor 3 entspricht dem dreifachen Aufwand der Potenzialausschöpfung und der Pflege eines Bestandskunden. Mit Faktor 3 sind zwei Punkte gemeint: *Faktor 3*
1. die Rückgewinnung von abgesprungenen Kunden und
2. das Aktivieren von so genannten Schlummerkunden.

1.2 Kundenrückgewinnung

Unternehmen gewinnen neue Kunden und verlieren Bestandskunden. So ist der Wirtschaftsfluss. Entscheidend ist, dass sie das Verlieren und Gewinnen von Kunden kontrolliert durchführen. Beim Thema Kundenrückgewinnung gibt es in Deutschland nur zwei Branchen, die sich damit professionell beschäftigen. Erstens Banken und zweitens die Telekommunikation.

Kennen Sie die Situation, wenn Sie häufig mit Ihrem Handy telefonieren und Ihr Vertrag demnächst ausläuft? In dieser Situation werden Sie meist per Brief oder telefonisch vom Kundenberater Ihres Netzbetreibers kontaktiert und er teilt Ihnen mit, dass er gerne mit Ihnen diesen Vertrag verlängern möchte. Wenn Sie ein Kunde sind, der entsprechend viel Umsatz generiert, so können Sie eher von einem Anruf ausgehen. Wenn Sie ein Kunde sind, der eher ein durchschnittliches Volumen telefoniert, so erhalten Sie ein entsprechendes schriftliches Angebot. Meist geht es um bessere Vertragskonditionen oder um ein neues kostenloses Handy.

Die Unternehmen beugen so Ihrer Abwanderung als Kunde vor. Doch Kundenrückgewinnung beginnt an der Stelle, an der Sie den Vertrag mit Ihrem Netzbetreiber gekündigt haben.

Wenn Sie zu den lukrativen Kunden zählten, so werden Sie umgehend kontaktiert, meist angerufen, und es wird Ihnen ein neues Angebot unterbreitet. Denn in diesen Märkten geht es nicht mehr um die Akquise neuer Kunden, sondern es geht nur noch darum, die vorhandenen Marktanteile zu verteilen und abzusichern.

Was steckt psychologisch hinter dem Thema Kundenrückgewinnung? Einer Studie zufolge beschweren und reklamieren Kunden, die unzufrieden sind, nur mit einem Anteil von vier Prozent beim Anbieter direkt. 96 %, und hiermit ist der Endkundenmarkt gemeint, wechseln den Anbieter ohne Angaben von Gründen. Als Lieferant bekommt man das oftmals gar nicht mit. Und nicht nur, dass die wenigsten wirklich reklamieren, sondern die, die weggehen, erzählen es rein statistisch auch noch neun bis 15 anderen Menschen, warum sie gewechselt haben. Wenn Sie dieser Tatsache nicht Rechnung tragen, so wird auch Ihre Neukundengewinnung deutlich erschwert. Viele Kunden treten Ihren Produkten und Ihrem Unternehmen allein durch die kritische Mundpropaganda skeptisch entgegen.

Was bedeutet das nun im Tagesgeschäft für Sie?	**PRAXIS**

Überprüfen Sie jedes Quartal oder noch besser jeden Monat Ihre Kundenumsatzlisten. Überprüfen Sie, wo ein Kunde in der näheren Vergangenheit abgesprungen ist. Wo haben sich die Umsätze verschlechtert – hierbei ist nicht nur verschlechtert im Sinne von einigen Prozent Rückgang gemeint, sondern: wo sind die Umsätze weggebrochen? Der Kunde hat vielleicht im ersten Quartal noch einen Umsatz von 30.000 € gemacht und im zweiten Quartal hat er noch genau 500 € Umsatz gemacht. Wenn Sie so eine Zahl entdecken, dann ist es Ihre vornehmlichste Aufgabe, Ihre Hauptpriorität, diesen Kunden kurzfristig zu kontaktieren und herauszufinden, was der Grund für diese Umsatzentwicklung ist.

Zögern Sie nicht. Warten Sie nicht.

Studien haben ergeben, dass das Rückgewinnen eines Kunden umso schneller und erfolgreicher ist, je schneller

Sie diesen Kunden kontaktieren, nachdem Sie das Problem erkannt haben.
Es gibt drei Gründe, warum Kunden wegfallen.

Drei Gründe, warum Kunden wegfallen

1. Pushed away! Das bedeutet, Sie haben den Kunden verärgert. Sie haben seinen Wünschen nicht entsprochen, und aus dieser Verärgerung heraus wechselt der Kunde zu einem Wettbewerber.
2. Pulled away! Das bedeutet, dass ein Wettbewerber Ihren Kunden akquiriert hat. Er hat ihm ein besseres Angebot gemacht.
3. Broken away! Das bedeutet, dass dieser Kunde nicht mehr am Markt teilnimmt. Er hat sein Geschäft aufgegeben. Er ist z. B. in Konkurs gegangen oder übernommen worden.

Beim Letztgenannten haben Sie nur noch geringe Aussichten auf die Fortführung des Geschäftes. Anders sieht es bei den beiden erstgenannten Punkten aus. Wenn Sie hier schnell sind und Gegenmaßnahmen ergreifen, so ist die Wahrscheinlichkeit, dass Sie diesen Kunden zurückgewinnen, sehr groß. Dieser Kunde kennt Sie, dieser Kunde hat mit Ihnen in der Vergangenheit gute Geschäfte gemacht, und wenn Sie ihm zeigen, dass Sie sich um ihn bemühen, so ist die Wahrscheinlichkeit, dass er mit Ihnen als Stammkunde zukünftig Geschäfte macht, sehr hoch. Rein statistisch ist es so, dass 94 % aller Kunden, die abgesprungen waren und dann wieder zurückgekommen sind, anschließend Stammkunden werden, die gegen Abwerbungsversuche der Wettbewerber fast resistent und gegenüber Fehlern des eigenen Unternehmens deutlich toleranter sind.

Also: Kontrollieren Sie monatlich bzw. quartalsmäßig Ihre Umsatzlisten und handeln Sie sofort.

1.3 Schlummerkunden

Schlummerkunden sind solche Kunden, die Sie zwar in Ihrer Kundenliste führen, die aber nicht die entsprechenden Umsätze machen. Die Frage ist, warum machen diese Kunden die Umsätze nicht? Haben sie nicht das Potenzial? Oder haben sie das Potenzial, decken den Bedarf aber über andere Lieferanten? Sind Sie in diesem Fall nur Notnagel, Nebenlieferant? Kauft Ihr Kunde nur dann bei Ihnen, wenn Sie ein Angebot haben oder wenn alle anderen Lieferanten gerade die gewünschte Ware nicht liefern können? Wenn der Kunde über das entsprechende Potenzial verfügt, so sollten Sie dieses Potenzial auch entsprechend realisieren.

KONTAKTIEREN SIE SCHLUMMERKUNDEN UND SCHAUEN SIE, UNTER WELCHEN BEDINGUNGEN DIESE BEREIT WÄREN, EIN GRÖSSERES POTENZIAL AN SIE ZU VERGEBEN.

1.4 Faktor 7+/Neukundengewinnung

Der siebenfache Aufwand im Vergleich zum Halten eines Stammkunden

Mindestens der siebenfache Aufwand im Vergleich zum Halten eines Stammkunden wird für das Gewinnen neuer Kunden angesetzt. Wobei der siebenfache Aufwand nur das unterste Limit ist. Im Investitionsgüterbereich kann der Faktor der Neukundengewinnung teilweise das Hundertfache und mehr sein. Denken Sie einmal an so ein Investitionsgut wie ein Luxus-Kreuzfahrtschiff, wie es in der Meyer-Werft in Papenburg gebaut wird oder an die Netzstruktur der UMTS-Technologie für einen Mobilfunkbetreiber. Hier einen neuen Kunden zu akquirieren, der ein neues Schiff oder die Netzstruktur in Auftrag gibt, liegt bei einem Vielfachen des Aufwands, einem Kunden, der schon ein Kreuzfahrtschiff dort hat bauen lassen, einen Folgeauftrag zu akquirieren.

BEI DER GEWINNUNG VON NEUEN KUNDEN GIBT ES VERSCHIEDENE METHODEN UND STRATEGIEN, WIE SIE VORGEHEN KÖNNEN. NICHT JEDE METHODE PASST IN JEDER BRANCHE, ZU JEDEM ANGEBOT UND ZU JEDEM VERKÄUFERTYP. OFT MACHT DER PASSENDE AKQUISEMIX ERST DEN ERFOLG AUS!

An Methoden zur Neukundengewinnung steht Ihnen ein breites Spektrum zur Verfügung, wovon Ihnen das meiste bekannt sein dürfte. Wir stellen alle wesentlichen Methoden in einer Checkliste zusammen und gehen anschließend auf eine Auswahl näher ein. Ferner kommen wir auf das Thema Neukundengewinnung noch einmal in Teil C, Kapitel 4 zurück.

FAKTOR 7+/NEUKUNDENGEWINNUNG

Methodenspektrum zur Neukundengewinnung

- Aktives Empfehlungsmarketing,
- Messebesuch und Ausstelleransprache,
- Faxakquise,
- Kaltbesuche,
- Telefonakquise,
- Mailings,
- interner Verbesserungsvorschlag,
- Recherche über Markterkundungen,
- Internet-Website,
- Kundenveranstaltungen,
- Networking,
- Vorträge,
- PR,
- Publikationen,
- klassische Werbung.

Ausgewählte Methoden im Einzelnen

AKTIVES EMPFEHLUNGSMARKETING

Wenn Sie schon einige Zeit im Vertrieb tätig sind und eine ansprechende Leistung bei Ihren Kunden hinterlassen, dann werden Sie es schon erlebt haben, dass Sie plötzlich von einem Stammkunden an einen Interessenten empfohlen wurden. Dies nennt man „passives Empfehlungsmarketing". Heute reicht das Warten darauf, dass ein zufriedener Kunde Sie empfiehlt, nicht aus.

HEUTE MÜSSEN SIE DIE EMPFEHLUNG AKTIV SELBST AUSLÖSEN.

Wie dies im Detail funktioniert, erfahren Sie ab Seite 145.

MESSEBESUCH – AKTIVE AUSSTELLERANSPRACHE

Eine Variante der Kaltakquise ist der Besuch von Fachmessen, auf denen Ihre Zielgruppe ausstellt. Auf einer Messe haben Sie die höchste Konzentration von Angebot und Nachfrage auf engstem Raum und in kürzester Zeit! Entweder Sie planen

DAS PRINZIP 1 – 3 – 7+

schon vor dem Besuch der Messe, welchen potenziellen Kunden Sie wo kontaktieren wollen, indem Sie sich den etwa zwei bis drei Wochen vor der Messe erscheinenden Messekatalog von der Messegesellschaft/vom Veranstalter schicken lassen, oder Sie arbeiten sich von Stand zu Stand bzw. von Halle zu Halle durch. Bei der Kontaktaufnahme auf dem Stand ist es entscheidend, den richtigen Ansprechpartner zu finden. Ihr Ziel sollte immer die Potenzialeinschätzung des Kunden sein sowie die Terminvereinbarung für einen Kontakt nach der Messe.

Terminvereinbarung für einen Kontakt nach der Messe

MAILING (DREI EMPFÄNGER, VERSTÄRKER, GEZIELTES ANSCHREIBEN)

Die Responsequote, d. h. die Antwortwahrscheinlichkeit auf ein Mailing, ist in der heutigen Zeit im Promille-Bereich wiederzufinden. Sicherlich kommt es darauf an, über welche Adressen Sie verfügen, wie gut diese gepflegt sind und auf welchen Wegen Sie diese bekommen haben. Natürlich gibt es Mailings, die überdurchschnittlich erfolgreich sind.

Rein statistisch erhält jeder Bundesbürger 155 Werbebriefe pro Jahr, d. h. die meisten Menschen lesen Ihre Post schon über dem Mülleimer. Sie haben durchaus Möglichkeiten, Ihr Mailing erfolgreich zu gestalten:

Möglichkeiten, Ihr Mailing erfolgreich zu gestalten

1. Achten Sie auf die Qualität der Adressen.
2. Personifizieren Sie Ihr Mailing in jedem Fall, d. h. Ansprechpartner mit korrekt geschriebenem Vor- und Nachnamen.
3. Verschicken Sie Ihre Post zum richtigen Zeitpunkt. Der Brief muss an einem Dienstag, Mittwoch oder Donnerstag ankommen.
4. Achten Sie auf eine Responsemöglichkeit für Ihren Empfänger, d. h. eine Faxrückantwort oder eine Postkarte.
5. Bieten Sie einen Anreiz, auf Ihr Schreiben zu reagieren. Eine Verlosung, eine wichtige Information oder Ähnliches.
6. Arbeiten Sie mit Verstärkern, achten Sie darauf, dass Ihr Kunde den Brief tatsächlich öffnet. Doch sollte dies etwas Originelles sein. Bitte sparen Sie sich Briefe mit dem üblichen Samentütchen für Vergissmeinnicht-Pflanzen – das ist doch in der heutigen Zeit wirklich zu abgedroschen.

Faktor 7+/Neukundengewinnung

Die Unterstützung durch eine professionelle Agentur in diesem Bereich lohnt sich zumeist. Allein schon wegen der Portooptimierung und den kreativen Ideen.

Praxisbeispiel:
Ein Unternehmen wollte seine Zielkunden auf den Messestand einladen. Es wurde ein Mailing verfasst, das dann an die entsprechenden Entscheider ging. Bei diesem Unternehmen waren die Entscheider bei den Zielkunden sowohl der Einkauf als auch Forschung und Entwicklung und die Geschäftsleitung. Also wurde ein Brief formuliert, der anschließend an alle drei ging. Im PS – und Sie wissen selbst, dass das PS in einem Brief meist sehr früh gelesen wird – wiesen wir daraufhin, dass die beiden Kollegen die gleiche Einladung erhalten haben. Der psychologische Effekt war, dass die Einladung in der Regel aufbewahrt wurde, weil man sich möglicherweise bei irgendeinem Meeting noch einmal darüber unterhalten würde. Die Wahrnehmung dieser Einladung war sehr hoch und damit sehr erfolgreich.

Interner Verbesserungsvorschlag

Manchmal kommen Sie als Außendienstler mit dem Einkauf nicht weiter. Die Verhandlungen sind irgendwann fest gefahren. Eine letzte Möglichkeit stellt der interne Verbesserungsvorschlag dar. Das bedeutet, dass Mitarbeiter aus der Fertigung und aus der Planung die Möglichkeit haben, Verbesserungsvorschläge einzureichen. Gerade bei größeren Unternehmen ist das ein lukratives Nebeneinkommen für viele Mitarbeiter. Der besondere Vorteil bei dem Verbesserungsvorschlag ist, dass die Vorschläge auf jeden Fall angesehen werden müssen. Wenn Ihr Produkt oder Ihre Dienstleistung im Unternehmen tatsächlich einen Vorteil bringt und dieser wirklich zu errechnen ist, so haben Sie hier die Möglichkeit, am Einkauf vorbei ins Geschäft zu kommen und damit einem Mitarbeiter noch zu einem lukrativen finanziellen Bonbon zu verhelfen. Abgesehen davon, dass Sie etwa sechs bis neun Monate einplanen müssen, um hier Ergebnisse zu sehen, ist der einzige Nachteil dieser Methode, dass Sie mit Ihrem Einkäufer in diesem Fall sicherlich keinen gemeinsamen Urlaub planen werden.

DAS PRINZIP 1 – 3 – 7+

DIPLOMARBEIT – MARKTANALYSE

Einer meiner Kunden ist Hersteller von elektronisch gesteuerten Schweinefütterungsanlagen. Sein Marktpotenzial liegt im Export, nur: Wie kommt er möglichst zielgerichtet, möglichst effizient an neue Kunden? Interessant sind für ihn die Märkte im Osten. Also stellte er Praktikanten ein, die muttersprachlich aus den entsprechenden Zielländern stammen: Rumänien, Bulgarien, Weißrussland usw. Diese recherchierten zu Beginn im Internet und über andere Informationsquellen, welches die potenziellen Kunden sein könnten. Anschließend wurden diese potenziellen Kunden telefonisch kontaktiert. Unter dem Hinweis, dass der Gesprächspartner gerade an einer Diplomarbeit arbeiten und als Student gerne einige Fragen stellen würde, arbeiteten die Praktikanten ihren Fragenkatalog ab: Wie viele Tiere, welche Futterart, wie wird aktuell gefüttert und wie wird sich die Budgetlage in Zukunft entsprechend entwickeln usw.? Unter dem Vorwand der Diplomarbeit, unter dem Vorwand des Studenten waren die Kunden meistens sehr auskunftsfreudig. Anschließend konnte der Vertrieb seine Kräfte gezielt dort einsetzen, wo entsprechendes Potenzial war.

Ob Sie nun tatsächlich über Ihre Universität oder Fachhochschule eine entsprechende Diplomarbeit lancieren oder ob Ihr Student bzw. Praktikant zwar an einer Diplomarbeit arbeitet, doch zu einem ganz anderen Thema, ist Ihre Sache. Aus meiner Sicht haben Sie so die Möglichkeit, Ihr Marktpotential entsprechend schnell zu erkennen. Ihre Investitionen für eine solche Tätigkeit halten sich sehr im Rahmen.

INTERNET-WEBSITE

Die meisten Unternehmen nutzen ihre Präsenz im Internet eher mit dem olympischen Gedanken „Dabeisein ist alles". Wenn der Internetauftritt professionell umgesetzt wird, ist es jedoch durchaus möglich, eine Menge Neukunden auch im Business to Business-Bereich über das Internet zu werben.

Einige kritische Erfolgsfaktoren

Hierbei gibt es einige kritische Erfolgsfaktoren:
1. Haben Sie die richtige Domain? Mit „richtig" ist eine Gattungsdomain gemeint. Eine Domain, in der sich nach dem „www" der Suchbegriff im Idealfall wiederfindet. Wenn sie also einen Verkaufstrainer suchen, dann geben 15 % aller Suchenden in ihren Browser www.verkaufstrainer.de ein.

FAKTOR 7+/NEUKUNDENGEWINNUNG

Wenn sie ein Messetraining suchen, dann geben 15 % aller Suchenden im Internet www.messetraining.de ein. Was geben Ihre Kunden im Internet ein, um Sie zu finden?
2. Achten Sie auf Ihre Position in den Suchmaschinen. Wenn Sie etwas suchen, wie viele Treffer schauen Sie sich an? Ich bin da – ähnlich wie meine Kunden – eher ungeduldig und schaue mir maximal die Suchergebnisse auf der ersten Seite an. Entscheidend ist für Sie also, dass Sie mit Ihren Dienstleistungen und Produkten in den angesagten Suchmaschinen wie z. B. www.google.de unter den ersten zehn Treffern erscheinen. Wenn Sie sich fragen, wie so etwas möglich ist, dann finden Sie mehr Informationen auf der Seite www.suchmaschinentricks.de. Oder Sie kontaktieren Profis, die sich damit auskennen. Wo finden Sie solche Profis? Nun, geben Sie in verschiedenen Suchmaschinen Begriffe wie „Suchmaschinenranking" oder „Top-Platzierungen in Suchmaschinen" ein. Die Agentur, die dann mehrfach unter den ersten Zehn vertreten ist, weiß, wie das Geschäft funktioniert. Wenn diese Agentur in der Lage ist, sich selbst so zu positionieren, ist sie normalerweise auch in der Lage, Sie so zu positionieren.
3. Seien Sie in den entsprechenden Branchenportalen vertreten.
4. Sorgen Sie dafür, dass Ihr Kunde das, was er auf Ihrer Webseite sucht, auch findet.
5. Machen Sie Ihrem Kunden den Kontakt so leicht wie möglich. Gebührenfreie Telefonnummern (0800-) oder ein „Call me back"-Button fördern dies.

Eine Besonderheit beim Akquirieren von Neukunden über das Internet ist das Auswerten Ihrer Website-Statistik. Im Hintergrund hat der Betreiber Ihrer Webseite, bei dem Ihre Seite gehostet ist, eine Statistik. In dieser Statistik können Sie sehen, wer wann wie lange welche Seiten aufgerufen hat. Nicht genau mit der E-Mail-Adresse und dem Namen, doch Sie können sehen, von welchem Server der Besucher kam. Das heißt, dass Sie bei mittleren und großen Unternehmen, die eigene Server nutzen und nicht über T-online, AOL oder Ähnliches ins Netz gehen, die Möglichkeit haben, direkt diese Firmen im Anschluss zu kontaktieren.

Das Auswerten Ihrer Website-Statistik

Wenn also ein bestimmtes Unternehmen mehrfach auf Ihrer Seite war, dann lohnt es sich in jedem Fall, dort einmal an-

zurufen und zu schauen, welche Möglichkeiten sich für Sie ergeben.
Das Internet wird als Marketinginstrument von den allermeisten Branchen auch heute noch völlig unterschätzt!!!

KUNDENVERANSTALTUNGEN

Ideale Plattformen, um neue Kunden zu akquirieren

Die meisten Unternehmen nutzen Kundenveranstaltungen immer nur dazu, ihre Stammkunden zu pflegen und an das Unternehmen zu binden. Doch Kundenveranstaltungen sind auch ideale Plattformen, um neue Kunden zu akquirieren.

Ein Praxisbeispiel:

Einer meiner Kunden arbeitet mit Hausverwaltern zusammen. Jedes Jahr im September veranstaltet dieses Unternehmen einen Tag mit spannenden und informativen Vorträgen in einer ansprechenden Umgebung. Das ist meist ein Hotel mit gehobenem Ambiente. Vormittags hält meist ein etablierter Experte einen Vortrag, der dann nach dem Mittagessen durch zwei kürzere Vorträge ergänzt wird. Hier werden jedoch nur etwa 30 bis 50 % der Stammkunden zu den Veranstaltungen eingeladen. Der Rest wird mit potenziellen Neukunden aufgefüllt. Neukunden werden natürlich ebenso wie die Stammkunden kostenfrei eingeladen, freuen sich über das ansprechende Ambiente, sind begeistert von den informativen Vorträgen und tauschen sich aus. Die Sitzordnung wird vorgegeben. Meist Stammkunde neben Neukunde, Neukunde neben Stammkunde. Beim Mittagessen wird die Sitzordnung nach dem gleichen Prinzip noch einmal neu gemischt, und nach dem Mittagessen wird die Sitzordnung wieder verändert, sodass jeder Gast an jedem Tag mindestens sechs neue Sitznachbarn hat. Was passiert an dem Tag? Die Verkäufer sind natürlich auch da, tragen ihr Namensschild, haben aber einen Maulkorb, d. h. sie dürfen nicht aktiv mit Kunden über das Geschäft reden – es sei denn, der Kunde wünscht es ausdrücklich. Das heißt, die Neukunden und die Stammkunden tauschen sich im Laufe des Tages aus. Die Stammkunden werden in der Regel berichten, wie gut die Zusammenarbeit mit dem Unternehmen funktioniert, und machen die Neukunden auf diese Weise neugierig. Zeugenumlastung in Perfektion.

Die Vertriebsmitarbeiter kontaktieren die potenziellen Neukunden in der Regel einige Tage nach der Veranstaltung.

Faktor 7+/Neukundengewinnung

Bedanken sich dafür, dass sie teilgenommen haben, erkundigen sich danach, wie es ihnen gefallen hat und was für sie die wichtigsten Erkenntnisse waren, fragen, ob der Kunde im nächsten Jahr wieder eingeladen werden möchte, und stellen dann die entscheidende Frage: inwieweit es für den potenziellen Kunden interessant ist, mal ein unverbindliches Gespräch über Alternativen, die ihnen das Untenehmen bietet, zu führen. Die Terminquote bei dieser Vorgehensweise liegt nahe der 100 %. Die Interessenten haben meist das Gefühl, in der Schuld des Unternehmens zu stehen, und sind gerne bereit als Gegenleistung mal ein unverbindliches Gespräch zu führen.

Haben Sie keine eigenen Veranstaltungen, die Sie mit Ihrem Unternehmen durchführen, so gibt es Alternativen: Ein Landhändler organisiert immer die Fahrgemeinschaften für Landwirte, die sich dann bei einem Feldtag einmal die Ergebnisse der Industrie ansehen. Meist finden diese Feldtage einige Kilometer von den Höfen entfernt statt. Die Außendienstler organisieren dann die Fahrgemeinschaften in der Regel so, dass zwei überzeugte Stammkunden mit einem potenziellen Neukunden gemeinsam im Fahrzeug zu der Veranstaltung fahren und auch wieder zurück fahren. In den zwei oder drei Stunden, die sie gemeinsam im Fahrzeug verbringen, werden sie natürlich auch darüber sprechen, wie sie gerade zu dieser Fahrgemeinschaft gekommen sind. Und der Außendienst kommt so meist gut dabei weg. Anschließend gilt es wieder nachzutelefonieren. Gleiche Formulierungen und gleiche Vorgehensweisen wie bei hausinternen Veranstaltungen.

Sie sehen: Etwas Kreativität macht Ihnen das Leben deutlich leichter.

Alternativen

Netzwerk – mit ergänzenden Unternehmen

Versetzen Sie sich in den Kopf Ihres Kunden, bieten Sie Ihrem Kunden einen Zusatznutzen. Netzwerke funktionieren auf zwei Ebenen. Entweder Sie schließen sich mit Kollegen zusammen, um entsprechende Großprojekte heben zu können, oder aber Sie bündeln ergänzende Leistungen zu einem Paket.

Beispiel: Ein Raumausstatter empfiehlt einen Maler, einen Fliesenleger, einen Sanitärhändler, einen Innenarchitekten, einen Immobilienmakler, einen Gartenbauer. All diese in Kom-

DAS PRINZIP 1 – 3 – 7+

bination bieten dem Kunden eine sinnvolle Lösung. Unsere Kunden machen gute Erfahrungen damit, dass wir mit einer Werbeagentur zusammenarbeiten, die beispielsweise unsere Formulierungen und Ideen aus den 33 guten Gründen, warum ein Kunde kaufen soll, entsprechend umsetzen, die aber auch entsprechende Mailings formulieren. Weiterhin haben wir eine Direktmarketing-Agentur im Netzwerk, die bei breit angelegten Aktionen unterstützt. Auch eine Personalberatung unterstützt unsere Kunden, wenn es darum geht, Vertriebsteams aufzustocken oder entsprechende Führungskräfte zu gewinnen usw.

Überlegen Sie einmal, welche Dienstleistungen und Produkte Ihr Kunde neben den Ihren zusätzlich benötigt. Was ist sinnvoll? Wen können Sie für ein Netzwerk mobilisieren? Wer passt sinnvoll dazu? Wichtig ist: Finden Sie klare Spielregeln und sorgen Sie dafür, dass Sie sich regelmäßig austauschen. Treffen Sie sich mindestens einmal in Quartal, vielleicht sogar öfter. Vielleicht sind Sie sogar derjenige, der dieses ganze Netzwerk moderiert und am Leben erhält. Wir haben darüber schon viele Kunden glücklich gemacht und viele Kunden neu gewonnen.

Klare Spielregeln regelmäßig austauschen

VORTRÄGE

Halten Sie auf Messen, Großveranstaltungen, Kongressen usw. Vorträge zu Ihren Produkten und Ihren Dienstleistungen. Wenn Sie sich dazu nicht in der Lage sehen, so suchen Sie sich Experten, die über Ihre Dienstleistungen und Produkte positiv berichten. Sie haben so die Möglichkeit, eine Menge neuer Kontakte zu knüpfen, im Anschluss Visitenkarten zu tauschen und Termine zu vereinbaren.

PR-ARTIKEL

Ihre Neukundengewinnung wird dadurch sehr unterstützt, dass Sie in den entsprechenden Fachmedien mit so genannten Success-Stories (Erfolgsgeschichten) präsent sind. Die Fachmedien gelten hier als neutraler Zeuge. Sie sollten also dafür sorgen, dass die Vorteile Ihrer Dienstleistungen bzw. Produkte von Journalisten entsprechend dokumentiert werden. Sie können dabei selbst Erfolgsgeschichten mit einigen Ihrer Kunden formulieren oder aber eine professionelle PR-Agentur damit beauftragen. Ziel ist es, immer ein Projekt über

Success-Stories in Fachmedien

Faktor 7+/Neukundengewinnung

ein oder zwei Seiten mit den entsprechenden Ergebnissen vorzustellen. Sie haben nachher die Möglichkeit, einen entsprechenden Sonderdruck Ihrer Erfolgsgeschichte zu bestellen und diese dann aktiv in der Neukundengewinnung einzusetzen. Sie werden feststellen, dass es auch eine ganze Reihe von Kunden gibt, die sich von ganz alleine melden werden, weil sie das, was in dieser Erfolgsgeschichte beschrieben wurde, auch gern in ihrem Unternehmen hätten.

Sonderdruck Ihrer Erfolgsgeschichte aktiv in der Neukundengewinnung einsetzen

Eigenes Buch

Autorität kommt von Autor: In Deutschland hat ein Buchautor ein enormes Ansehen, einen enormen Stellenwert. Sie können sich als Experte für Ihre Dienstleistungen, für Ihre Produkte entsprechend im Markt positionieren, wenn Sie zu diesem Thema ein Buch verfasst haben. Vielleicht schreiben Sie es nicht ganz alleine, möglicherweise sind Sie „nur" der Herausgeber und binden unterschiedliche Dienstleistungen und Produkte in einem Buch zusammen. Hier gibt es verschiedenste Dienstleister auf dem Markt, die Sie dabei unterstützen. Sowohl beim Schreiben, bei der Konzeption, beim Finden eines Verlages als auch bei der Vermarktung. Gerade wenn Sie erklärungsbedürftige Dienstleistungen oder Produkte haben, macht ein Buch zu diesem Thema einen riesigen Unterschied. Sie haben die Möglichkeit, anschließend dieses Buch mit dem Hinweis, dass die Inhalte sicherlich interessant sind, signiert an potenzielle Kunden zu verschicken.

Huckepack Networking

Der unumstrittene Experte für diese Art der Neukundengewinnung ist der Positionierungs- und Marketingexperte Alexander Christiani. Er hat verschiedene Kundenprojekte umgesetzt, unter anderem ein Beispiel:

Ein Feinkostgeschäft macht in einer Kleinstadt auf. Der befreundete Fleischer, der über eine Kundenkartei verfügt, schreibt alle seine Kunden mit dem Hinweis darauf an, dass dieses Feinkostgeschäft demnächst eröffnet, dass die Qualität hervorragend ist und dass jeder Kunde anbei einen Gutschein über 30 € findet, den er gerne dort einlösen könne. Über eine Rückmeldung, wie es denn geschmeckt hat, würde sich der Fleischer freuen.

DAS PRINZIP 1 – 3 – 7+

In diesem Projekt sind mehr als 80 % aller Gutscheine eingelöst worden und das Feinkostgeschäft hat einen fulminanten Start hingelegt. Sechs Monate später war es möglich, die gleiche Maßnahme einmal zu drehen, und das Feinkostgeschäft schrieb seine Kunden an und empfahl den Fleischer. Die Rücklaufquote war ähnlich hoch.

Alexander Christiani setzt diese Methode in vielen Bereichen sehr erfolgreich ein. Egal ob im Business to Business- oder im Business to Consumer-Bereich.

Finden Sie also jemanden, der für Sie als Zeuge fungiert und Sie seinen Kunden, seiner Zielgruppe weiterempfiehlt. Dies macht einen sehr guten Eindruck bei Ihrem potenziellen Kunden.

Vor einiger Zeit haben wir ein Mailing für eine Großveranstaltung verschickt. Mit eher mäßigem Erfolg. Doch unter anderem erreichten wir den Marketing Club Köln/Bonn. Dieser Club verfügt über etwa 1.200 bis 1.500 Mitglieder und ist einer der wenigen Clubs in Deutschland, die zum damaligen Zeitpunkt ihre Mitglieder noch jeden Monat auf dem Postweg zu den aktuellen Veranstaltungen eingeladen hat. Der Marketing Club Köln/Bonn machte uns das Angebot, unsere Informationen für die Großveranstaltung an ihre Mitglieder zu verschicken, wenn wir im Gegenzug Porto und Verpackung übernehmen und der Marketing Club so die monatliche Einladung versenden könne. Wir baten den Marketing Club dann noch, auf unsere Veranstaltung positiv hinzuweisen. Die Rückläufer aus dieser Aktion waren hervorragend!

2 Prioritäten setzen im Vertrieb

Neben dem Faktor 1 – 3 – 7+ beherrscht ein zweiter Punkt die Vertriebseffizienz: Es gibt kein Patentrezept für den Erfolg im Vertrieb, aber es gibt ein Patentrezept, wie Sie garantiert scheitern werden. Sie werden garantiert scheitern, wenn Sie versuchen, es allen Kunden recht zu machen. Wenn Sie versuchen, alle Kunde gleich zu behandeln! So werden Sie nie erfolgreich sein.

Lassen Sie mich dieses Thema zunächst anhand einer Geschichte deutlich machen:

Prioritäten setzen im Vertrieb

Beispiel:

Eine Gruppe von amerikanischen Topmanagern ist für zwei Tage an einer französischen Universität. Sie sollen lernen, wie erfolgreiches Management in Europa funktioniert. Am zweiten Tag, nach dem Mittagessen, die Teilnehmer sind schon etwas müde, hat ein alter französischer Professor die Aufgabe, das Thema Zeit- und Selbstmanagement innerhalb von einer Stunde zu präsentieren.

Der Professor betritt den Raum, schaut prüfend in die Augen der Teilnehmer und sagt nach einigen Sekunden: „Eine Stunde für das Thema ist sehr knapp bemessen, deshalb lassen Sie uns ein Experiment wagen." Er holt unter dem Pult einen Glaskrug hervor. Er schüttet in diesen Glaskrug aus einer Kiste Kieselsteine hinein, jeder etwa so groß wie ein Tennisball. Nachdem der Krug bis zum Rand gefüllt ist, fragt er seine Zuhörer: „Ist der Krug jetzt voll?" Die Teilnehmer nicken und bestätigen „Ja, der Krug ist jetzt voll." Der Professor antwortet: „Falsch, der Krug ist noch nicht voll." Wieder unter seinem Pult holt er eine Kiste mit Kies hervor, diesmal kleinere Steinchen. Er schüttet den Kies in den Krug hinein, er rührt kräftig um, sodass sich die kleinen Steine zwischen den großen Steinen verteilen, füllt die Zwischenräume. Nachdem der Krug wieder bis zum Rand gefüllt ist, fragt er seine Zuhörer: „Ist der Krug nun voll?" Lernfähig wie die Teilnehmer sind, antworten sie sofort: „Nein, er ist noch nicht voll." „Richtig." Der Professor holt einen Eimer mit Sand. Schüttet ihn hinein, rührt nochmals kräftig um und fragt wieder: „Ist der Krug jetzt voll?" Wiederum bestätigen die Teilnehmer: „Nein, der Krug ist nicht voll." „Richtig." Er holt eine Kanne mit Wasser, schüttet das Wasser hinein und als der Krug bis zum Rand gefüllt ist, fragt er seine Teilnehmer: „Ist der Krug nun voll?" Die Teilnehmer nicken und sagen „Ja, jetzt ist er voll." Der Professor fragt die Teilnehmer: „Und? Was lernen Sie aus diesem Experiment?"

Einer der Teilnehmer hebt die Hand, denkt an das Thema des Vortrags „Zeit- und Selbstmanagement" und antwortet: „Wir lernen daraus, dass, selbst wenn wir meinen, wir hätten viel zu tun, selbst wenn wir meinen, wir hätten einen stressigen Tag, selbst wenn wir meinen, unser Terminkalender sei bis zum Anschlag gefüllt, so gibt es doch noch die eine oder andere Möglichkeit, eine Aufgabe zu erledigen. Noch schnell

Prioritäten setzen im Vertrieb

ein Telefonat, eine E-Mail, ein kurzes Fax oder vielleicht auf dem Heimweg noch schnell ein Kundenbesuch."
Der Professor schüttelt den Kopf. „Nein, das ist es nicht, was Sie aus diesem Experiment lernen. Was Sie aus diesem Experiment lernen ist, dass Sie immer zuerst die großen Steine in den Krug legen müssen, dann den Kies, dann den Sand und dann erst das Wasser. Denn wenn Sie es umgekehrt machen, werden am Ende nicht mehr alle großen Steine in den Krug passen. (Oder: Wie packen Sie Ihren Kofferraum, wenn Sie in die Ferien fahren? Dabei packen Sie ja auch erst die großen Koffer ein und dann den Kleinkram. Denn wenn Sie die Reihenfolge ändern, können Sie sicher sein, dass noch mindestens ein Koffer draußen steht!)"
Der Professor fragt weiter: „Was sind die großen Steine in Ihrem Leben? Die großen Steine sind Ihre Gesundheit, Ihre Familie, Ihre Kinder, Ihre Partnerschaft, Ihre Ziele, die Sie im Leben haben, Ihre Wünsche und Träume, Ihre Hobbys, Ihr Beruf."
Mit diesen Worten verließ der Professor den Vortragsraum.

Was lernen Sie aus dieser Geschichte?

Über das Thema Zeit- und Selbstmanagement werden wir an anderer Stelle noch sprechen. Doch im Vertrieb geht es um das Thema Kundenmanagement. Wenn Sie erfolgreich im Vertrieb arbeiten wollen, so gilt es, Ihre Energie auf die großen „Steine" in Ihrer Kundschaft zu konzentrieren. Bündeln Sie Ihre Energie auf das Wesentliche, auf die wirklich wichtigen Kunden.

Bündeln Sie Ihre Energie auf die wirklich wichtigen Kunden

Bei all den Vertriebsorganisationen, die ich jedes Jahr sehe, erlebe ich immer ein und dasselbe. In der Analyse, bevor wir ein Training durchführen, reise ich in der Regel mit zwei Außendienstlern. Dabei möchte ich immer eine entsprechende Bandbreite sehen. Das heißt, ich wünsche mir von der Vertriebsleitung einen Mitreisetag mit dem erfolgreichsten Außendienstler im Team und auch mit dem schlechtesten Außendienstler, mit der „roten Laterne" im Vertrieb. Reise ich mit dem erfolgreichsten Außendienstler, so treffen wir uns meist zu einer humanen Zeit, frühstücken in einer Bäckerei ein zweites Mal, sprechen in Ruhe den Tag durch und fahren dann gemeinsam im Wagen des Außendienstlers zum ersten

Prioritäten setzen im Vertrieb

Kunden. Nachdem wir dann den einen oder anderen Kunden besucht haben, machen wir eine Mittagspause und nach der Mittagspause und noch einigen Kundenbesuchen wird frühzeitig der Tag beendet. Das Besondere dabei: Wir haben zwar nicht allzu viele Kunden besucht, doch jeder Kundenbesuch war sehr gut vorbereitet, es war der richtige Kunde und wir waren zum richtigen Zeitpunkt dort. Es geht nicht immer darum, dass wir Aufträge an diesem Tag schreiben, doch jeder dieser Besuche war erfolgreich. Dies ist unabhängig von Branche oder Unternehmen. Die besten Außendienstler sind immer zum richtigen Zeitpunkt mit dem richtigen Angebot beim richtigen Kunden.

Die besten Außendienstler sind immer zum richtigen Zeitpunkt mit dem richtigen Angebot beim richtigen Kunden

Die so genannte „rote Laterne": Wir treffen uns in aller Herrgottsfrühe an irgendeinem Autobahnrastplatz. Schon beim Vorgespräch sagt mir der Mitarbeiter, dass ich mir meine Butterbrote schmieren und mir etwas zu Trinken einpacken sollte, denn für Pausen sei an diesem Tag die Zeit zu knapp, er habe für uns ein straffes Programm geplant. Nachdem wir dann den ganzen Tag endlos viele Kunden besucht haben und ich irgendwann völlig erschöpft wieder an meinem Auto abgesetzt werde, stellen wir fest, dass die Besuche nicht wirklich effizient waren. Wir haben schon auch etwas verkauft, wenn es denn die Branche so hergibt. Doch waren das dann doch mehr Gefälligkeitsaufträge: *„Wenn Sie schon mal da sind, dann können Sie auch gleich mal was aufschreiben!"* Meist haben wir dann jedoch niemanden angetroffen. Wie auch, wenn fast immer ohne Termin gearbeitet wurde.

Längst haben wir nicht diesen Erfolg gehabt, den ich mit dem Topverkäufer hatte. Dieses Beispiel – und das wiederholt sich in nahezu jedem Unternehmen – soll deutlich machen:

Sie werden nicht für Kundenbesuche bezahlt, es zählt nicht die Absicht, es zählt nur die Wirkung!

In dem zweiten Beispiel haben wir oftmals Kunden ohne Termin besucht. Die Kunden wussten nicht, dass wir kommen, und waren dementsprechend auch nicht auf uns eingestellt. Meistens wurde ein Kaffee getrunken und man hat dem Kunden kostbare Zeit gestohlen. Auch ein klares Besuchsziel wurde nie definiert. Man hat ihn halt besucht, weil er auf dem Weg lag oder weil man schon lange nicht mehr dort war.

Diese Art von Verkäufern stirbt mehr und mehr aus. Außendienst ist keine Regalpflege. Dafür hat man mittlerweile elektronische Systeme geschaffen. Ein Kunde kauft auch nicht aus Mitleid oder weil man gerade da ist. Diese Gefälligkeitsgeschäfte sind nicht die Zukunft.

Wie wichtig Ihnen Ihr Erfolg sein sollte, möchte ich Ihnen auch noch mit folgender Überlegung ganz plastisch vor Augen führen:

Vor einigen Jahren hat die Firma Porsche eine Anzeigenkampagne gestartet. Dabei war in den Zeitungen ein Porsche von hinten fotografiert und darunter stand: *„Möchten Sie Ihren Enkeln später erzählen, was Sie gerne gemacht hätten oder was Sie gemacht haben?"*

Nun, ich gehöre zu den Menschen, die ihren Enkeln später gerne erzählen, was sie in ihrem Leben geschafft haben, welche Ziele und Wünsche ich mir erfüllt habe. Wollen Sie später der Opa sein, der den Enkeln immer wieder tolle Geschichten erzählt und dessen Enkel dann irgendwann bemerken: *„Opa, du hast schon immer tolle Geschichten auf Lager. Aber wirklich was gemacht hast du ja eher nicht in deinem Leben, oder?"*

ABC-Kunden	**PRAXIS**

Setzen Sie Prioritäten im Vertrieb. Definieren Sie Ihre Kunden. Was sind die Erfolgskriterien Ihrer Kunden? Worauf kommt es Ihnen an?

Einige Beispiele:
- aktueller Umsatz,
- Umsatzpotenzial,
- aktuelle Deckungsbeiträge,
- Deckungsbeitragspotenzial,
- Cross-Selling-Potenzial,
- Meinungsmacher,
- Betreuungsaufwand,
- Empfehlungspotenzial,
- Preissensibilität.

Definieren Sie Ihre Kunden bzw. Ihre Zielkunden nach Ihren Kriterien. Im Idealfall legen Sie die Kriterien mit Ihrer

Geschäftsleitung fest. Wenn Sie Handelsvertreter sind, so bestimmen Sie die Kriterien natürlich allein. Auch das spätere Klassifizieren der Kunden nach den Kriterien sollten Sie mit der Geschäftsleitung und mit dem Innendienst vornehmen.

Dieses Prinzip der Großen Steine muss leben: Überprüfen Sie regelmäßig alle sechs Monate, was sich verändert hat, wo sich Kunden entwickelt haben – oder das Gegenteil eingetreten ist. Passen Sie Ihre Strategie, Ihre Tourenplanung entsprechend an.

Prinzip der Großen Steine

Aber Vorsicht! In den meisten Unternehmen in Deutschland werden Kunden zwar nach A-, B- und C-Kunden gegliedert, aber nur die aktuellen Umsatzzahlen herangezogen. Beispielsweise wird ein Kunde, der einen aktuellen Umsatz von bis zu 50.000 € macht, als C-Kunde kategorisiert. Kunden bis 100.000 € werden dann als B-Kunden kategorisiert und alle Kunden über 100.000 € sind dann so genannte A-Kunden. Und demgemäß erhält jeder Kunde seine Betreuung. Der A-Kunde wird natürlich entsprechend intensiv betreut, der B-Kunde etwas weniger intensiv, aber trotzdem bevorzugt, und der C-Kunde erhält den geringsten Betreuungsaufwand. Was ist der Knackpunkt an diesem Modell? Was ist der Fehler in der Grundüberlegung, wenn Sie mit diesem Modell im Vertrieb erfolgreich arbeiten wollen?

Der Faktor aktueller Umsatz ist nur einer unter vielen. Etliche andere Faktoren, die wir oben genannt haben, finden in diesem Beispiel keine Berücksichtigung. Dies ist zu kurzfristig gedacht. Wenn ein Kunde mit Ihnen 60.000 € (wie in dem oben genannten Beispiel) Umsatz realisiert, Sie aber alleiniger Lieferant sind und der Kunde auch an sich pflegeleicht ist: Wieso wollen Sie dann so viel Zeit in den Kunden investieren? Ist es da nicht wesentlich sinnvoller, Ihre Energie in einen Kunden mit einem Potenzial von 100.000 € zu investieren, der bei Ihnen aktuell nur 10.000 € Umsatz macht und bisher lediglich bei Ihnen kauft, wenn Sie ein besonderes Angebot haben oder wenn andere Lieferanten gerade nicht liefern können? Nutzen Sie Ihre Energie, um diesen Kunden davon zu überzeugen, in Zukunft mit Ihnen intensivere Geschäfte zu machen!

Prioritäten setzen im Vertrieb

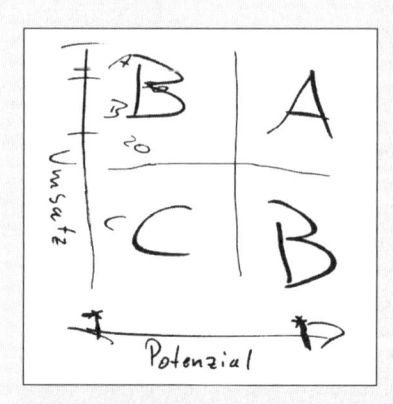

[Handgezeichnete Matrix mit Achsen "Umsatz" (vertikal) und "Potenzial" (horizontal); Quadranten A (oben rechts), B (oben links, mit Markierungen bei 30 und 20), C (unten links), B (unten rechts)]

Vier verschiedene Kundentypen:

Schauen Sie sich die beiden Faktoren aktueller Umsatz und Umsatzpotenzial an. Wir finden hier **vier verschiedene Kundentypen:**

1. Einen Kunde, der schon jetzt einen großen Umsatz macht, aber kein weiteres Potenzial hat, weil er „keine Götter neben Ihnen hat", gilt es zu halten, weil Sie dort kein weiteres Potenzial ausbauen können. In unserem Beispiel ist dies ein B-Kunde.
2. Ebenfalls ein B-Kunde ist ein Kunde, der über ein enormes Potenzial verfügt, jedoch bisher relativ wenig Umsatz mit Ihnen macht. Das kann auch ein potenzieller Neukunde sein, mit dem Sie bisher noch keine Geschäfte machen.
3. Ein A-Kunde ist ein Kunde, der jetzt schon überdurchschnittliche Umsätze macht, aber immer noch entsprechendes Potenzial hat, mit dem Sie rechnen können. In diesen Kunden gilt es besondere Aktivitäten zu investieren.
4. Ein C-Kunde ist ein Kunde, der weder aktuell entsprechende Umsätze generiert noch überhaupt über ein Potenzial verfügt. Bei diesem Kunden sollten Sie sich überlegen, ob Sie diesen wirklich noch betreuen.

Dies ist natürlich nur ein Beispiel für die Kombination von zwei Faktoren. Natürlich sollten Sie auch die anderen Faktoren, die für Sie und Ihr Unternehmen wichtig sind, individuell in eine solche Kundenbewertung einbauen.

3 Besuch versus Kontakt

Wie schon erwähnt, werden Sie nicht für Kundenbesuche bezahlt. Es geht nicht darum, dass Sie möglichst viele Kunden besuchen, es geht darum, im richtigen Moment mit dem richtigen Angebot beim Kunden zu sein. Es geht um intelligentes Verkaufen. Nicht die Besuchsfrequenz ist ein Garant dafür, dass Sie Erfolge vorweisen können. Der Besuch ist eines der teuersten Kontaktmittel zum Kunden.

Der Besuch ist eines der teuersten Kontaktmittel zum Kunden

Was kostet Ihr Unternehmen ein Kundenbesuch? Wenn Sie Handelsvertreter sind: Was kostet Sie ein Kundenbesuch?

Wenn Sie alle Vertriebskosten, die Sie über ein Jahr verursachen, zusammenrechen: Ihr Gehalt, die Lohnnebenkosten, die Lohnnebenkosten Ihres Arbeitgebers, Ihre Reisekosten, Ihr Firmenfahrzeug, Ihren Urlaub, Ihre Weiterbildung, Ausfallzeiten durch Krankheit, verschiedene Vertriebsmeetings usw. – wenn Sie diese Kosten zusammenzählen und sie durch die Anzahl der Besuche, die Sie in einem Jahr machen, teilen, so kommen Sie je nach Branche auf eine Zahl von 60, 80, 120 €. Im Investitionsgüterbereich liegen diese Zahlen oft deutlich höher und können in die Tausender gehen. Jede Zahl beschreibt die Kosten pro Besuch.

Wenn Sie also nun von einem Kundenbesuch wieder in Ihr Auto steigen und Sie vorher errechnet haben, dass Ihre Firma ein Kundenbesuch 100 € kostet, dann sollten Sie sich jedes Mal fragen, ob dieser Besuch 100 € wert war.

Hätten Sie für diesen Besuch 100 € investiert? Wenn Sie diese Frage nicht jedes Mal bejahen können, dann arbeiten Sie nicht effizient. Dann sollten Sie an Ihrer Strategie etwas ändern.

Es ist ein sehr schönes Bild, sich immer wieder den Geldschein vorzustellen und zu fragen: Wäre ich als Unternehmer bereit gewesen, für das, was bei diesem Besuch herausgekommen ist, einem Mitarbeiter 100 € zu bezahlen? Viele Servicebesuche, bei denen doch nur Kaffee getrunken wird, Kekse gegessen werden und allerlei Jägerlatein ausgetauscht wird, würden sich so erledigen.

BESUCH VERSUS KONTAKT

BEISPIELHAFTE ZEIT- UND KOSTENANALYSE FÜR DEN AUSSENDIENST

Vorgaben		Besuche
Besuchsvorgabe pro Tag	3,0	
Arbeitszeit pro Reisetag	10	Std.
Fahrleistung p.a.	50.000	km
Durchschnittsgeschwindigkeit	60	km/h
Kfz-Kostensatz	0,40	€/km
Sozialkostensatz	42	Prozent

Tage	365		
./. Wochenenden	- 104		
./. Urlaub und Feiertage	- 38		
./. Sonderurlaub	- 1		
./. Stammhaus	- 5		
./. Regionalbüro (12 x 0,5)	- 6		
./. Tagungen	- 1		
./. Sonstiges, Seminare etc.	- 1	Gesamtzahl Besuche	
Besuchstage	**209**	gemäß Vorgabe: 627	

Arbeitszeit p.a.	2.090	Stunden	
Reisezeit p.a.	- 833	Stunden	
./. Pausen, Staus, Ausfälle	- 240	Stunden	
verkaufsaktive Zeit p.a.	**1.017**	Stunden	

AD-Einkommen fix + variabel	60.000 €	Kosten pro Reisetag:	
Sozialkosten	25.200 €	584,19 €	
Kfz-Kosten	20.000 €	Kosten pro Besuch:	
Spesen, Kommunikation	12.000 €	199,40 €	
Sonstiges	5.000 €	Kosten pro Besuchsstunde:	
Bruttokosten gesamt	**122.200 €**	120,16 €	

Besuch versus Kontakt

Erfolgreiche Verkäufer machen solche Servicebesuche nicht. Erfolgreiche Verkäufer konzentrieren ihre Energie auf die wesentlichen Kunden. Es geht um eine hohe Kontaktfrequenz. Es ist wichtig, dass Ihr Kunde häufigen Kontakt zu Ihrem Unternehmen hat. Kontakte sind aber auch

- Faxe,
- E-Mails,
- Telefonate,
- Mailings,
- Messebesuche,
- Treffen auf Veranstaltungen
- usw.

Es geht um eine hohe Kontaktfrequenz

Der Besuch ist mit Abstand eines der teuersten Instrumente.

In der alten Verkäuferschule sagten die Führungskräfte immer: Der Außendienst gehört auf die Straße, der Außendienst gehört zum Kunden. Dies ist heutzutage nur noch bedingt richtig. Natürlich gehört der Außendienst zum Kunden. Aber nur, wenn der Besuch entsprechend vorbereitet ist, wenn es der richtige Kunde ist und wenn es der richtige Zeitpunkt ist.

Überdurchschnittlich erfolgreiche Verkäufer besuchen unterdurchschnittlich viele Kunden.

An dieser Stelle kommt in Seminaren oft der Einwand, dass die Geschäftsleitung eine bestimmte Anzahl von Besuchen an jedem Tag oder in jeder Woche vorschreibt. Wenn Sie nun jeden Tag acht, zehn oder zwölf Kunden besuchen müssen, so ist diese Vorgehensweise einmal zu überprüfen.

Ist dies wirklich der effektive Weg? Meistens werden dann Kunden besucht, nur um im Wochenbericht die entsprechende Anzahl von Besuchen aufführen zu können. Da werden dann Kunden besucht, bei denen man vor kurzem ohnehin schon war, die keinen aktuellen Bedarf haben, die auf dem Weg liegen oder die man auch privat sehr schätzt. Das Schummeln in den Besuchsberichten ist so alt wie der Besuchsbericht selbst. Wer hier wem damit einen Gefallen tut, ist die Frage. Es ist also entscheidend, dass die Kontaktfrequenz an den Status des Kunden angepasst wird. Um im Beispiel zu bleiben:

Es ist also entscheidend, dass die Kontaktfrequenz an den Status des Kunden angepasst wird

Besuch versus Kontakt

Ein A-Kunde sollte die höchste Kontaktfrequenz bekommen und die höchste Aufmerksamkeit.

Der B-Kunde mit dem besonderen Potenzial bekommt die zweitstärkste Kontaktaufmerksamkeit. Jetzt bleiben noch zwei Sonderfälle. Nämlich erstens der B-Kunde, der jetzt schon zum Hauptumsatzträger im Unternehmen gehört, doch über kein weiteres Potenzial mehr verfügt, und natürlich der C-Kunde, auf den wir später eingehen.

Beispiel für zu viel Kontaktaufmerksamkeit:

Einer meiner Freunde ist Leiter der Lackiererei in einem metallverarbeitenden Betrieb. Bei einem Gespräch erzählte er, dass der Außendienstler seines Lacklieferanten ganz dringend mal in ein Training müsste. Nachdem ich zurückfragte, ob dieser schlecht verkaufe, entgegnete mein Freund: *„Doch – doch, verkaufen tut der sehr gut."* Und er kaufe auch alles bei ihm. Alle Farben und Lacke, die er brauche, und das seien im Monat einige Tonnen, die kaufe er bei ihm. Er sei ein überzeugter und treuer Kunde. Also fragte ich zurück, warum es wichtig sei, den Außendienstler zu schulen. Er sagte: *„Dieser Außendienstler steht alle zwei Wochen bei mir auf der Matte. Alle zwei Wochen will er mit mir ein Gespräch führen, obwohl es nicht wirklich viel Neues gibt."* Er muss auch keine Aufträge mitnehmen, denn diese Aufträge werden automatisch platziert. *„Er stiehlt mir alle zwei Wochen mindestens eine Stunde meiner Zeit. Ich will aber auch nicht so unhöflich sein und ihm sagen, dass er gar nicht so oft kommen muss. Ich kaufe ja schon alles bei ihm und ich werde auch bei ihm bleiben. Nur: Mir würde es reichen, wenn er ein- bis zweimal im Halbjahr vorbeikommen würde und mich ansonsten hin und wieder einmal anruft."*

Dieses Beispiel soll verdeutlichen: Die zeitsparendste Frage ist bei einem B-Kunden, bei dem der Umsatz stärker ist als das Potenzial, in welchem Rhythmus er betreut werden möchte, wie viele Besuche er wirklich wünscht und ob ihm zwischendurch auch mit einem Anruf gedient ist. Die spannende Erkenntnis hieraus ist: Diese B-Kunden benötigen den geringsten Betreuungsaufwand. Haben Sie Ihre B-Kunden schon einmal danach gefragt?

B-Kunden benötigen den geringsten Betreuungsaufwand

Besuch versus Kontakt

Jetzt bleibt noch die Gruppe der C-Kunden. Welchen Betreuungsaufwand sollten diese bekommen?

C-Kunden sind die Kunden, die weder über ein Potenzial verfügen noch aktuell Umsätze generieren. Bei diesen Kunden sollten Sie überlegen, ob sie es wirklich wert sind, von Ihnen persönlich betreut und regelmäßig von Ihnen besucht zu werden. Reicht hier nicht ein turnusmäßiges Fax oder hin und wieder ein Anruf oder mal ein Mailing? Denn was soll denn passieren, wenn dieser Kunde tatsächlich abspringt? Gut, in Seminaren höre ich dann immer: *„Zehn C-Kunden machen auch Umsatz, bzw. Kleinvieh macht auch Mist."* Ich halte dagegen und meine: Wie viel Betreuungsaufwand verlangen diese Kunden? Wie oft müssen Sie diese Kunden besuchen? Wie oft müssen Sie mit diesen Kunden telefonieren?

Wenn Sie schon längere Zeit im Vertrieb sind, dann überprüfen Sie doch einmal Folgendes: Wie viele der Anrufe, die Sie in der letzten Woche auf Ihrer Mobilbox hatten, kommen von A-Kunden, B-Kunden und wie viele von den Anrufern waren C-Kunden? Und Sie werden etwas Spannendes feststellen: Über 90 % der Nachrichten auf Ihrer Box kommen aus dem Lager der C-Kunden. C-Kunden erwarten den höchsten Betreuungsaufwand und die höchste Betreuungsintensität. C-Kunden fressen Zeit.

C-Kunden fressen Zeit

> WENN SIE IM VERTRIEB ERFOLGREICH SEIN WOLLEN, DANN KONZENTRIEREN SIE SICH AUF DIE A- UND B-KUNDEN. VERNACHLÄSSIGEN SIE DIE C-KUNDEN. VIELLEICHT GEHEN SIE SOGAR SO WEIT, DASS SIE DIE C-KUNDEN ZUKÜNFTIG NICHT MEHR BETREUEN MÖCHTEN!

Ein Vertriebstrend der Zukunft ist **Key Account Management**. Bei Key Account Management geht es darum, dass sich das Unternehmen und der Vertrieb des Unternehmens schwerpunktmäßig auf die Kunden konzentrieren, die das entsprechende Potenzial und die entsprechende Bedeutung für das Unternehmen haben. Diese Kunden werden extrem gepflegt und versorgt. Alle anderen Kunden werden nachrangig behandelt bzw. dafür werden andere Lösungen der vertrieblichen Betreuung geschaffen (siehe nachfolgend).

Key Account Management

43

Besuch versus Kontakt

Das Pareto-Prinzip

Im achtzehnten Jahrhundert lebte in Italien ein Ökonom mit dem Namen Wilfredo Pareto. Pareto stellte zu diesem Zeitpunkt fest, dass 20 % der italienischen Bevölkerung 80 % des italienischen Kapitals besitzen. Heute gilt diese Erkenntnis von Pareto immer noch als das so genannte Pareto-Prinzip oder die 80-20-Regel. Damit ist gemeint, dass diese 80-20-Verteilung in allen möglichen Bereichen immer wieder auftaucht. Beispielsweise in Ihrem Kleiderschrank. Wenn Sie sich Ihre Kleidung anschauen, so werden Sie feststellen, dass 20 % der Kleidungsstücke, die dort hängen, regelmäßig von Ihnen getragen werden. Die restlichen 80 % der Kleidungsstücke ziehen Sie auch schon mal an, doch eher selten. Manchmal hängen dort Dinge, die Sie noch nicht einmal anhatten. Oder: Man hat festgestellt, dass in den USA 20 % der Menschen verantwortlich sind für 80 % der Scheidungen. Oder, und das ist auf den Vertrieb bezogen: Mit 20 % Ihrer Kunden realisieren Sie meistens 80 % Ihrer Ergebnisse, mit 20 % Ihrer Kundenkontakte erwirtschaften Sie 80 % der relevanten Aufträge, mit 20 % Ihres Sortimentes machen Sie 80 % Ihrer Umsätze usw.

Dieser Grundregel, dem Pareto-Prinzip, liegt das Key Account Management zugrunde. Beim Key Account Management konzentriert man sich auf diese 20 % Schlüsselkunden, mit denen man 80 % der wirklichen Ergebnisse realisiert.

Ein neuer Markt für Handelsvertreter

Hier entsteht gerade ein neuer Markt für Handelsvertreter. Es gibt eine ganze Reihe von Unternehmen, je nach Branche, die ihren Vertrieb so umstrukturieren, dass sie nur noch eigene Key Account Manager beschäftigen, die sich um die 20 % der A- und B-Kunden kümmern, und dass alle C-Kunden an Handelsvertreter abgegeben werden. Für das Unternehmen besteht der Vorteil darin, dass der Kostenaufwand für die C-Kunden sich linear mit den Umsätzen dieser Kunden entwickelt und daher genau zu kalkulieren ist. Die lukrativen A- und B-Kunden werden von den eigenen Mitarbeitern betreut. Wirtschaftlich ist das eine intelligente und Erfolg versprechende Lösung. Auch für den Handelsvertreter ist dieser Trend von Vorteil. Als Mehrfirmenvertreter hat er durchaus die Möglichkeit, mit drei, vier oder mehr Produkten bei C-Kunden entsprechende Umsätze zu generieren und somit trotzdem wirtschaftlich erfolgreich zu arbeiten.

Andere Unternehmen betreuen die C-Kunden nur noch telefonisch und richten zu diesem Zweck entsprechende Kapazitäten in internen oder externen Call Centern ein.

Was bedeutet das jetzt für die Betreuung der C-Kunden? Aus meiner Sicht:

STELLEN SIE DIE BESUCHE BEI C-KUNDEN NAHEZU EIN. BESUCHEN SIE EINEN C-KUNDEN NUR NOCH EIN- ODER ZWEIMAL IM JAHR UND SCHAUEN SIE, OB ES IHN NOCH GIBT. ANSONSTEN BESCHRÄNKEN SIE DIE BETREUUNG EINES C-KUNDEN AUF TELEFON, E-MAIL, MAILING ODER FAX.

Und wenn die Kunden dann zum Wettbewerber gehen?

Dann wünschen Sie Ihrem Wettbewerber damit viel Erfolg! Das sind die Kunden, die Sie Ihrem Wettbewerber gönnen sollten!

Sie trauen Ihren Augen nicht bei dem, was Sie gerade gelesen haben? Dann lassen Sie es mich mit dem folgenden Beispiel verdeutlichen:

Wissen Sie, wie man in Afrika einen Affen fängt? Es gibt die so genannte Affenfaust. Man sucht sich einen hohlen Baumstamm oder ein hohles Astloch. Man sucht sich einen Gegenstand, vielleicht einen Stein, der gerade eben in dieses Astloch hineinpasst. Wenn der Affe Sie beobachtet, schieben Sie diesen Gegenstand in das Astloch hinein. Sie treten zur Seite. Der Affe kommt, neugierig wie ein Mensch, zu diesem Astloch. Er greift hinein und bekommt den Gegenstand zu fassen. Mit dem Gegenstand in der Hand ist es nicht mehr möglich, die Faust aus dem Astloch herauszuziehen. Nun kommen die Menschen und werfen ein Netz über den Affen. Der Affe sieht die Menschen kommen. Er steht dort. Er kreischt. Er zappelt. Aber er lässt nicht los. Er könnte ganz einfach fliehen, doch er tut es nicht.

Besuch versus Kontakt

Viele Unternehmen, viele Vertriebsorganisationen und viele Verkäufer werden von ihrem Markt regelrecht erdrückt, bloß weil sie ihre C-Kunden nicht loslassen! Ein Gedanke, über den es sich lohnt, einmal nachzudenken.

Beispiel:

Ein schönes Beispiel für das C-Kunden-Management hat die Firma L'Oréal in Deutschland gebracht. L'Oréal hat mit der Marke Kérastase Friseure in Deutschlad beliefert. Rund 65.000 Friseure gibt es in Deutschland, doch nur der kleinere Teil ist in der Lage, diese exklusiven, hochwertigen und hochpreisigen Haarpflegeartikel aus dem Hause L'Oréal auch wirklich an seine Kunden zu verkaufen. Ein neuer Verkaufsleiter analysierte die Zahlen im Unternehmen. Er stellte fest, dass der Großteil der Kunden nicht rentabel ist. Er führte eine umfangreiche Kundenanalyse durch, bei der jeder Außendienstmitarbeiter 42 Fragen für einen Kunden beantworten musste. 42 Punkte, aufgrund derer das Potenzial des Kunden eingeschätzt wurde. Nach Auswertung dieser Daten kam L'Oréal zu dem Schluss, den belieferten Kundenkreis auf rund ein Drittel zu reduzieren. Das heißt, zwei Drittel der bisherigen Friseurgeschäfte hatten schlagartig nicht mehr die Möglichkeit, Produkte der Marke Kérastase zu beziehen. Sie können sich vorstellen, dass die Außendienstler sehr verunsichert waren. Viele bangten um ihren Job, weil sie davon ausgegangen sind, dass mit 2.000 Kunden deutschlandweit nicht mehr alle Außendienstler benötigt werden. Doch das war nicht die Absicht der Vertriebsleitung. Diese wollte, dass mit den richtigen Kunden intensiv gearbeitet wird, um dort entsprechende Vertriebserfolge zu generieren. Die Vertriebserfolge ließen nicht lange auf sich warten. Der Friseurmarkt ist aktuell rückläufig, doch Kérastase wächst gegen den Markt nennenswert. Die Kunden, die nach dieser „Bereinigung" übrig geblieben sind, fühlen sich besser betreut. Sie engagieren sich stärker für die Marke und haben mehr Freude und mehr Erfolg beim Verkauf. Dem Endkunden wird übrigens (im Internet) die Möglichkeit geboten, gezielt Kérastase-Salons in seiner Umgebung aufzufinden.

Fazit: Dies ist ein Unternehmen, das C-Kunden fallen gelassen hat, um mit seinen A- und B-Kunden zu wachsen.

4 Kundendaten sammeln: CRM

CRM steht für Customer Relationship Management. Das heißt im Klartext, dass Sie Kundendaten zu dem Zweck sammeln, um mit dem richtigen Angebot im richtigen Moment bei dem richtigen Kunden zu sein. Beginnen wir mit einem sehr anschaulichen, authentischen Fallbeispiel.

CRM steht für Customer Relationship Management

Beispiel:

Bei der Mitfahrt mit einem Verkäufer eines Landhändlers kamen wir zu einem potenziellen Neukunden, um ihm Viehfutter zu verkaufen. Leider lief das Gespräch nicht so, wie wir erwartet hatten, denn der Kunde sagte uns, dass er erst vor zwei Tagen beim Wettbewerber vor Ort seine Bestellung platziert hatte. Er bekam vorher jahrelang sein Futter von einem holländischen Lieferanten. Und jetzt auf einmal wechselt er den Lieferanten? Landwirte sind, das muss man wissen, keine wirklichen Wechselkäufer. Wenn ein Landwirt einmal seinen Lieferanten gefunden hat, wird es äußerst schwierig, als neuer Lieferant einen Fuß in die Tür zu bekommen. Was war geschehen?

Aufgrund eines Hormonskandals wurde kurzfristig die Grenze für Futtermittellieferungen zwischen Holland und Deutschland geschlossen. Der holländische Lieferant musste also sein Futter bei seinen deutschen Kunden wieder abholen und hatte aber jetzt kurzfristig keine Möglichkeit, anderes, unverdächtiges Futter nachzuliefern. Das heißt, alle Kunden, alle Landwirte, die bei diesem holländischen Lieferanten ihr Futter bezogen, hatten nun ein Problem, denn sie hatten kein Futter!

Wieder im Auto fragte ich den Verkäufer, ob jetzt nicht die Situation so wäre, dass alle Landwirte in seinem Gebiet, die bei betreffenden holländischen Firmen Futter kaufen, aktuell ein Problem haben und wir jetzt nicht eine Riesenchance hätten, diese Kunden zu akquirieren. Der Außendienstler bestätigte. Dann bat ich ihn, dass wir die Tour komplett umwerfen und nur noch diese Landwirte gezielt angehen. Leider fielen ihm nur noch zwei weitere Landwirte ein, die infrage kamen. Natürlich waren es viel mehr, denn schließlich hatte er 300 Kunden in seinem Gebiet betreut. Doch leider führte er keine Kundenkartei. Er hatte nicht die Möglichkeit, gezielt vorzugehen und gezielt diese Aufträge zu akquirieren.

Kundendaten sammeln: CRM

Als ich am Abend mit dem Geschäftsführer des Unternehmens diese Situation besprach, erkannte auch er dieses als riesige Chance. Er informierte die anderen zwölf Außendienstmitarbeiter und gab den Hinweis, vornehmlich diese Kunden zu akquirieren. Von allen zwölf Außendienstmitarbeitern hatte aber nur einer eine Kundenkartei geführt. Nur ein Außendienstler dieses Unternehmens wusste, welche Kunden ihr Viehfutter aus Holland beziehen. Dreimal dürfen Sie raten, welcher Außendienstmitarbeiter aus dieser Situation heraus die größten Erfolge in seinem Gebiet erwirtschaftet hatte!

Was soll Ihnen dieses Beispiel verdeutlichen?

Wie wollen Sie Ihre vertrieblichen Aktivitäten steuern? Wie wollen Sie eine Strategie für Ihre Handlungen entwickeln, wenn Sie nicht wissen, wo Sie Ihr Potenzial haben? Wenn in Ihrem Markt ein Wettbewerber kurzfristig aufgeben würde, wüssten Sie dann genau, welche Kunden bisher bei ihm gekauft haben und was dort gekauft wurde? Wüssten Sie genau, welche Kunden Sie jetzt aktiv akquirieren würden? Welchen Kunden Sie jetzt ein Alternativangebot unterbreiten würden? Wenn Sie diese Fragen nicht klar mit Ja beantworten können, lohnt es sich für Sie, noch einmal darüber nachzudenken.

Egal ob Ihr Unternehmen eine entsprechende IT-Infrastruktur zur Verfügung stellt, ob Sie mit Notebook und/oder einer CRM-Software unterwegs sind oder ob Sie einfach nur Karteikarten führen und handschriftliche Notizen machen: Die Form ist sekundär. *Entscheidend ist, dass Sie die entsprechenden Daten auf Abruf zur Verfügung haben.* Wie soll Ihr Unternehmen entscheiden können, ob es ein bestimmtes Produkt oder eine Dienstleistung ins Sortiment aufnimmt oder ein entsprechendes Produkt herausnimmt? Auch bei Produkten gilt die 80-20-Regel. Mit 20 % der Produkte machen Sie 80 % Ihrer relevanten Ergebnisse.

Als Handelsvertreter: Wie wollen Sie entscheiden, ob eine Vertretung in Ihr Portfolio passt oder nicht, wenn Sie nicht die entsprechenden Kundendaten gesammelt haben und nicht von Anfang an eine Entscheidungsgrundlage haben, ob diese Vertretung mit möglichst geringem Aufwand für Sie Erfolge trägt oder nicht? Davon abgesehen: Wenn Sie sich um eine neue Vertretung bewerben, so ist *Ihre Kundendatenbank die Eintrittskarte für das neue Unternehmen.*

Tages-/Tourenplanung

Wenn Sie Kundendaten sammeln, so achten Sie nicht nur auf die harten Faktoren, die Sie zahlenmässig erfassen können, wie zum Beispiel Mitarbeiterzahl, weitere Produkte, Deckungsbeiträge usw., sondern achten Sie auch auf die weichen Faktoren.

Weiche Faktoren, deren Kenntnis hilfreich ist, sind z. B. Hobbys, Kaufmotivation, weitere Endscheider im Unternehmen usw. Gerade die weichen Faktoren werden von den meisten Vertrieblern unterschätzt.

Gerade die weichen Faktoren werden von den meisten Vertrieblern unterschätzt

5 Tages-/Tourenplanung

Vertriebler suchen immer nach einem Patentrezept für eine optimale Tourenplanung, doch dieses Patentrezept gibt es nicht. Eine intelligente Tourenplanung ist sehr individuell und ergibt sich aus den Vertriebszielen und -prinzipien:
1. Beachten Sie den Faktor 1 – 3 – 7+: Setzen Sie Schwerpunkte in der Potenzialausschöpfung Ihrer Stammkunden, verfolgen Sie permanent und aufmerksam ein „Kundenrückgewinnungsmanagement", aktivieren Sie Schlummerkunden und akquirieren Sie Neukunden.
2. Beachten Sie das Prinzip der großen Steine: Entwickeln Sie einen Kriterienplan für die Bewertung Ihrer Kunden und Zielkunden und beginnen Sie damit, Ihre Tourenplanung an den „großen Steinen" auszurichten. A- und B-Kunden sowie potenzielle Zielkunden haben Besuchspriorität.

Eine Tourenplanung lebt: Natürlich können Sie in den Grundzügen eine Tourenplanung über Monate im Voraus entwerfen. Doch sollte eine Tourenplanung an den Vertriebszielen ausgerichtet sein und damit auch immer wieder an die aktuellen Marktgegebenheiten angepasst werden.

Ziel muss es jenseits aller Vorplanung immer sein, im richtigen Moment mit dem richtigen Angebot beim richtigen Kunden zu sein. Vermeiden Sie lange Fahrzeiten und setzen Sie Ihre Tourenplanung so um, dass Sie möglichst viel produktive Zeit beim richtigen Kunden verbringen. Vermeiden Sie „Lieferfahrten". Erfordert es der Service, kann es sinnvoller sein, Dinge mit einem Kurierdienst dem Kunden zuzustellen und nicht Ihre teure Außendienstzeit zu missbrauchen.

Auf der ganz praktischen Seite sind die Verkehrsverhältnisse zu berücksichtigen (Ferienbeginn, Brückentage mit viel Verkehr, Messezeiten in den Messestädten etc.).

Zusätzlicher Tipp: Prüfen Sie, ob es in Ihrer Branche möglich und üblich ist, Besuche ohne ganz konkrete Terminabsprache durchzuführen. Wenn ja, ist es sinnvoll, Termine mit A-Kunden zum Beispiel frühmorgens, in der Mittagszeit oder als letzten Tagestermin zu vereinbaren. Die Zeiten zwischen diesen drei Hauptterminen können dann mit Kaltbesuchen bei B-Kunden aufgefüllt werden.

6 Zeit- und Selbstmanagement im Vertrieb

Zeitmanagement bedeutet, die eigene Zeit und Arbeit zu beherrschen, anstatt sich von ihr beherrschen zu lassen!

Wenn wir alle etwas gemeinsam haben, so sind es 24 Stunden Zeit am Tag. Der Unterschied zwischen erfolgreichen und weniger erfolgreichen Verkäufern ist oft die effektive Nutzung dieser Zeit!

Alle wirklich Erfolgreichen haben eines gemeinsam: Irgendwann in ihrem Leben haben sie sich einmal hingesetzt und über Verwendung und Nutzen ihres persönlichen Zeitkapitals gründlich nachgedacht.

6.1 Zeitmanagement orientiert sich an Zielen

Ziele sind der Maßstab, an dem jede Aktivität zu messen ist. Ziele machen Ihnen bewusst, warum Sie etwas tun und was es zu erreichen gilt. Ohne Ziele nutzt auch die beste Zeitplanung und Arbeitsmethodik nichts, denn der Endzustand jeder Handlung bleibt unklar, wenn Sie ihn nicht vorher festgelegt haben. Nur wer seine Ziele auch definiert hat, behält in der Hektik des Tagesgeschehens den Überblick, setzt auch unter größter Arbeitsbelastung die richtigen Prioritäten und versteht es, seine Fähigkeiten optimal einzusetzen, um schnell und sicher das Gewünschte zu erreichen. Dies gilt im Beruf ebenso wie für Freizeit und Familie.

Ziele müssen motivierend hoch gesteckt sein – aber realistisch

Ziele müssen motivierend hoch gesteckt sein – aber realistisch. Unrealistisch hohe Ziele wirken demotivierend! Wer bewusst Ziele hat und verfolgt, richtet auch seine unbewuss-

ZEITMANAGEMENT ORIENTIERT SICH AN ZIELEN

ten Kräfte auf sein Tun aus (Selbstmotivation und Selbstdisziplin). Ziele dienen der Konzentration der Kräfte auf den eigentlichen Schwerpunkt. Es kommt nicht nur darauf an, was Sie tun, sondern wozu Sie etwas tun.

Ziele dienen der Konzentration der Kräfte auf den eigentlichen Schwerpunkt

Ein **permanenter Zielsetzungsprozess** vollzieht sich in vier Schritten:

① Ziele definieren,
② Maßnahmen planen,
③ Aktivitäten realisieren,
④ Zielerreichung kontrollieren.

Permanenter Zielsetzungsprozess in vier Schritten

Veranschaulichen lässt sich dies gut beispielhaft am Sport.

Beispiel für zielorientiertes Zeitmanagement/Marathonlauf:

① Zieldefinition: Ich werde am 30. September 2005 den Berlin-Marathon in einer Zeit von unter 3:30 Stunden gelaufen haben. Dies ist
- messbar,
- vereinbar,
- überprüfbar,
- realistisch.

② Maßnahmen planen: 12 Wochen Planung zum Marathon – Anzahl der Trainingstage pro Woche:
- Wochen 1 – 4   /   4 Trainingstage
- Wochen 5 – 8   /   5 Trainingstage
- Wochen 9 – 12 /   6 Trainingstage

Wochen-Kilometer planen:
- Phase 1 = 60 km
- Phase 2 = 80 km
- Phase 3 = 100 km

③ Aktivitäten realisieren: Training sofort starten: Trainingspartner/-gruppe/-verein suchen; das Ziel offen an persönlich wichtige Menschen kommunizieren.

④ Zielerreichung kontrollieren:
Berlin, 30. September 2005, 12.30 Uhr
Selbstanalyse
Erfolgsfaktoren
neue Zieldefinition

ZEIT- UND SELBSTMANAGEMENT IM VERTRIEB

Auch hier lässt sich wieder das Pareto-Prinzip anwenden.

Das Pareto-Prinzip beim Zeit- und Selbstmanagement
Manche Menschen verbringen ihre meiste Zeit damit, sich um viele, relativ nebensächliche Probleme und Aufgaben zu kümmern, statt sich auf wenige, aber lebenswichtige Aktivitäten zu konzentrieren. Oft erbringen bereits 20 % der strategisch richtig eingesetzten Zeit und Energie 80 % des Ergebnisses!
80-20-Regel/Pareto-Prinzip:
- 20 % der Kunden oder Waren bringen 80 % des Umsatzes.
- 20 % der Kundenbesuche ermöglichen 80 % des Arbeitserfolges.
- 20 % der Besprechungszeit beim Kunden bewirkt 80 % der Beschlüsse.

Anwendung beim Telefonieren

Das Telefon als effektives Werkzeug zur Kundenbindung und zur Neukundengewinnung

→ Nicht jeder Kunde ist gleich zu behandeln!
→ Nicht jeder Kundenkontakt muss auch ein Kundenbesuch sein!
→ Nutzen Sie das Telefon als effektives Werkzeug zur Kundenbindung und zur Neukundengewinnung!

6.2 Generelle Empfehlungen zur Planung

PLANEN SIE SCHRIFTLICH! JE BESSER WIR UNSERE ZEIT EINTEILEN (= PLANEN), DESTO BESSER KÖNNEN WIR SIE FÜR UNSERE PERSÖNLICHEN UND BERUFLICHEN ZIELVORSTELLUNGEN NUTZEN.

Planung bedeutet Zeitgewinn

Planung bedeutet Vorbereitung zur Verwirklichung von Zielen. Der größte Vorteil, wenn Sie Ihre Arbeit planen: Planung bedeutet Zeitgewinn.

DIE ALLGEMEINE ERFAHRUNG IN DER VERTRIEBLICHEN PRAXIS ZEIGT, DASS MAN MIT EINEM MEHRAUFWAND AN PLANUNGSZEIT WENIGER ZEIT FÜR DIE DURCHFÜHRUNG BENÖTIGT UND INSGESAMT ZEIT EINSPART.

ARBEITEN MIT DER ZEITPLANUNG

Zeitpläne, die man nur „im Kopf" hat, lassen schnell den Überblick verlieren („Aus den Augen – aus dem Sinn") und werden leichter umgeworfen. Schriftliche Zeitpläne bedeuten Arbeitsentlastung des Gedächtnisses. Ein schriftlich fixierter Plan hat den psychologischen Effekt einer Selbstmotivation zur Arbeit. Ihre Aktivitäten bei der Bewältigung des Tagesgeschäftes werden zielorientierter und auf die straffe Befolgung des Tagespensums ausgerichtet. Dadurch lassen Sie sich weniger ablenken (Konzentration) und werden angehalten, die vorgenommenen Aufgaben eher zu erledigen als ohne feste Leitlinie in Form eines Tagesplanes. Durch die Kontrolle des Tagesergebnisses geht Ihnen das Unerledigte nicht verloren (Übertrag auf einen anderen Tag). Sie können darüber hinaus Ihren Erfolg steigern, indem Sie durch Tagespläne Ihren Zeitbedarf und die **Störzeiten** besser einschätzen. So können Sie z. B. realistischere **Pufferzeiten** für Unvorhergesehenes einplanen.

Schriftliche Zeitpläne bedeuten Arbeitsentlastung des Gedächtnisses

ORDNUNG/ORDNER

Schriftliche Zeitpläne, in einem separaten Ordner gesammelt, stellen automatisch eine Dokumentation über Ihre geleistete Arbeit dar und können Ihnen in bestimmten Fällen als Nachweis und Protokoll für Ihre Aktivitäten oder Ihr Nicht-Aktiv-Werden (-Können) dienen.

6.3 Arbeiten mit der Zeitplanung

TAGESPLÄNE

Wenn man beginnt, mit Zeitplänen zu arbeiten, empfiehlt sich als erster und wichtigster Schritt zum Einstieg die Planung jedes einzelnen Tages: Der Tag ist die kleinste und überschaubarste Einheit einer systematischen Zeitplanung. Man kann jeden Tag neu beginnen, wenn ein Tag nicht erfolgreich gelaufen ist. Wer seine Tagesabläufe nicht durch Planung im Griff hat, wird auch längere Perioden wie Monats- oder Jahrespläne nicht einhalten können. Ein realistischer Tagesplan sollte grundsätzlich nur das enthalten, was Sie an diesem Tag erledigen wollen bzw. müssen und auch können! Denn je mehr Sie die gesetzten Ziele für erreichbar halten, umso mehr

Erster und wichtigster Schritt zum Einstieg ist die Planung jedes einzelnen Tages

Zeit- und Selbstmanagement im Vertrieb

konzentrieren sich auch Ihre Kräfte darauf und mobilisieren sich, die Tagesziele zu erreichen.

Länge (Dauer) der Aktivitäten schätzen – Zeitbedarf

Notieren Sie hinter jeder Aktivität den Zeitbedarf, den Sie ungefähr veranschlagen müssen. Zeit ist knapp. Die Erfahrung zeigt, dass häufig die geplante Gesamtzeit überschätzt und mehr vorgesehen wird als tatsächlich erreicht werden kann. Dies führt nur zu unnötiger Frustration und Abneigung gegen Tagespläne. Schätzen Sie daher – grob – das Zeitbudget, den Ihre geplanten Aktivitäten in Anspruch nehmen. Zeit ist mehr als Geld. Bei Ihren Geldausgaben überschlagen Sie ja auch, wie viel in etwa ein Produkt kosten soll, das Sie anbieten oder kaufen wollen, wenn Sie nicht sogar auf den Cent genau kalkulieren! Warum nicht auch bei Ihrem Zeitkapital?

Eine andere Erfahrungsregel besagt, dass für eine Arbeit oft so viel Zeit benötigt wird, wie Zeit zur Verfügung steht. Bei einer konkreten Vorgabezeit für Ihre Aufgaben zwingen Sie sich wie bei Ihrem Geldbudget dazu, das Limit auch einzuhalten. Sie arbeiten zudem erheblich konzentrierter und unterbinden Störungen wesentlich konsequenter, wenn Sie sich für eine bestimmte Aufgabe auch eine bestimmte Zeit vorgegeben haben.

Bei einer konkreten Vorgabezeit für Ihre Aufgaben zwingen Sie sich wie bei Ihrem Geldbudget dazu, das Limit auch einzuhalten

Pufferzeiten reservieren

„Erstens kommt es anders, zweitens als man denkt."
Verplanen Sie nur einen bestimmten Teil Ihrer Arbeitszeit. Unvorhergesehene Ereignisse, Störgrößen, Zeitdiebe und persönliche Bedürfnisse erfordern es, sich nicht restlos zuzuplanen.

Entscheidungen treffen: Prioritäten, Kürzungen und Delegation

Da man in Hinblick auf die Grundregel der Zeitplanung dazu neigt, mehr als 50 bis 60 % der verfügbaren Arbeitszeit zu verplanen, müssen Sie Ihren Aufgabenkatalog rigoros auf ein realistisches Maß zusammenstreichen, indem Sie:
- Prioritäten setzen,
- Kürzungen vornehmen und
- delegieren.

Arbeiten mit der Zeitplanung

Der Rest muss verschoben, gestrichen oder abgearbeitet werden.

Nachkontrolle – Unerledigtes übertragen

Wenn Sie eine Aktivität mehrfach übertragen haben, wird sie Ihnen lästig und es gibt zwei Möglichkeiten: Sie werden diese Aufgabe endlich anpacken – womit sie nunmehr erledigt ist. Oder Sie werden sie streichen, weil die Sache sich dann von selbst erledigt hat. Eines der Hauptprobleme vieler Menschen ist der ständige Versuch, zu viel auf einmal zu tun, und die Gefahr, sich in einzelnen Aufgaben zu verzetteln. Am Ende eines harten Arbeitstages steht dann meist die Erkenntnis, dass man zwar viel gearbeitet hat, wichtige Dinge aber oft liegengeblieben oder nicht fertiggestellt worden sind.

Erfolgreiche Menschen zeichnen sich u. a. dadurch aus, dass sie sowohl vieles als auch ganz verschiedenes erledigen, indem sie sich während einer bestimmten Zeit jeweils nur einer einzigen Aufgabe widmen.

Sie erledigen also immer nur eine Sache auf einmal, diese jedoch konsequent und zielbewusst. Voraussetzung dafür ist, eindeutige Prioritäten festzulegen und sich auch daran zu halten.

Eindeutige Prioritäten festlegen und sich auch daran halten

Prioritätensetzung

Damit ist gemeint, darüber zu entscheiden, welche Aufgaben erstrangig, zweitrangig und welche nachrangig zu behandeln sind. Aufgaben mit höchster Priorität müssen zuerst erledigt werden. Das bedeutet im Einzelnen:
- Zunächst nur an wichtigen oder notwendigen Aufgaben arbeiten.
- Die Aufgabe ggf. auch nach ihrer Dringlichkeit bearbeiten.
- Sich jeweils nur auf eine Aufgabe konzentrieren.
- Die Aufgaben in der festgelegten Zeit effizienter erledigen.
- Die gesetzten Ziele unter den gegebenen Umständen noch am besten erreichen.
- Alle Aufgaben ausschalten und delegieren, die von anderen durchgeführt werden können.

- Am Ende der Planungsperiode (z. B. eines Arbeitstages) zumindest die wichtigsten Dinge (Effektivität!) erledigt haben.
- Die Aufgaben, an denen Sie und Ihre persönliche Leistung gemessen werden (Umsatz/Beziehungsmanagement), nicht unerledigt liegen lassen.

WERTANALYSE DER ZEITVERWENDUNG

Oft wird die meiste Zeit mit vielen nebensächlichen Problemen (C) vertan, während wenige, lebenswichtige Aufgaben (A) in der Regel zu kurz kommen. Der Schlüssel für ein erfolgreiches Zeitmanagement liegt darin, den geplanten Aktivitäten eine eindeutige Priorität zu verleihen.

„EISENHOWER-PRINZIP"

Ein einfaches, praktisches Hilfsmittel zur Aufgabenpriorisierung bildet das auf Dwight D. Eisenhower (1890 – 1969) zurückgehende Entscheidungsraster, insbesondere wenn schnell entschieden werden muss, welchen Aufgaben der Vorzug einzuräumen ist. Prioritäten werden nach den Kriterien Wichtigkeit und Dringlichkeit gesetzt. Je nach hoher und niedriger Wichtigkeit oder Dringlichkeit einer Aufgabe lassen sich vier Möglichkeiten der Bewertung und (anschließenden) Erledigung von Aufgaben unterscheiden:

Vier Möglichkeiten der Bewertung und (anschließenden) Erledigung von Aufgaben

1. Aufgaben, die sowohl dringend als auch wichtig sind, müssen Sie sich selbst widmen und sofort in Angriff nehmen (A-Aufgabe).
2. Aufgaben von hoher Wichtigkeit, die aber noch nicht dringlich sind, können zunächst warten, sollten aber geplant, d. h. terminiert bzw. kontrolliert delegiert werden (B-Aufgaben). Delegation hat immer eindeutig und klar nachvollziehbar zu sein!
3. Aufgaben, die keine hohe Wichtigkeit haben, aber dringend sind, sollten delegiert bzw. nachrangig erledigt werden (C-Aufgaben).
   Beispiel: Kunde fragt telefonisch neuen Prospekt an → Versand kann vom Innendienst übernommen werden.
4. Von Aufgaben, die sowohl von geringer Dringlichkeit als auch geringer Wichtigkeit sind (D), sollten Sie unbedingt Abstand nehmen (Papierkorb oder Ablage). Wobei der Papierkorb kein Freibrief für „unangenehme" Aufgaben dar-

stellt. Delegation hat immer eindeutig und klar nachvollziehbar zu sein! Haben Sie mehr Mut zum Risiko und entscheiden Sie sich öfter für den Papierkorb, den besten Freund des Verkäufers. Manches erledigt sich von selbst, wenn es lange genug liegen bleibt. Was hindert Sie daran, ab heute mehr Aufgaben als bisher zu delegieren?

DELEGATION

Führungskräfte haben es in der Regel leichter als Außendienstmitarbeiter, die Delegation zu nutzen, da eine Sekretärin oder Assistent(inn)en zur Verfügung stehen. Trotzdem darf dieses sinnvolle Instrument für den Außendienst nicht ungenutzt bleiben, selbst wenn direkte Delegation an Unterstellte nicht möglich ist.

Beispiele für Aufgabendelegation an Kunden:
Wie oft haben Sie Tätigkeiten an Ihre Kunden delegiert? Sie fragen sich, wie so etwas funktionieren soll? Zwei Beispiele:

In einem Trainingsprojekt beklagten sich die Außendienstmitarbeiter teilweise über eine zeitliche Arbeitsbelastung von bis zu 70 Stunden in der Woche. Doch nicht alle der knapp 80 Vertriebler waren davon betroffen. Manche waren mit ihrem Zeitaufwand sehr zufrieden, andere wiederum hatten keinerlei Freizeit mehr. In der Analyse der Mitreise wurde dann ein Punkt schnell klar: Die Kunden, es handelte sich um Tankstellenpächter, nutzten die Außendienstler auch für Tätigkeiten, mit denen diese nichts zu tun hatten. Bei einem Außendienstbesuch hatte der Pächter ein Problem mit der Warenwirtschaft. Er hatte Telefonkarten falsch in die EDV eingepflegt und bekam nun den Datensatz nicht mehr heraus. Also bat er den Außendienstler, dieses Problem für ihn zu lösen, was der Außendienstler auch sofort bereitwillig übernahm. Fazit: 65 Minuten für das Ausbuchen und das richtige Wiedereinbuchen. Darin enthalten waren noch zwei längere Telefonate mit der technischen Hotline in der Hamburger Zentrale – natürlich mit dem Firmenhandy des Außendienstlers.

Da Telefonkarten zum Eigengeschäft des Pächters gehören und somit nicht in den Aufgabenbereich des Außendienstes, musste der nächste Kundenbesuch aus Zeitmangel abgesagt werden.

Zeit- und Selbstmanagement im Vertrieb

Natürlich ist der Pächter von der Zusammenarbeit mit dem Außendienst begeistert! Natürlich ist dies ein exzellenter Kundenservice, doch dann soll sich der Außendienstler auch nicht darüber beschweren, dass er zu viel zu tun hat und seine Kunden nicht alle entsprechend betreuen kann!

Der „Hey-Joe-Effekt"

Für dieses Situationsbeispiel gibt es in der Trainer- und Beratersprache sogar einen Begriff: Der **„Hey-Joe-Effekt"**. Ein Mitarbeiter kommt mit einer neuen Software nicht zurecht. Immer wenn er nicht weiterkommt, ruft er einen Kollegen, der ihm weiterhilft. *„Hey Joe, ich komme nicht weiter. Kannst du mir mal helfen?!"* Obwohl er genau wie sein Kollege auf der entsprechenden Softwareschulung war. Wenn er nun ein Problem hat, sind immer zwei Mitarbeiter beschäftigt! Die Lösung für den „Hey-Joe-Effekt": Schritt für Schritt mit dem Kunden/Kollegen den Lösungsweg beschreiten. Der lernt dann nämlich schnell, dass er es selbst machen muss.

Die Lösung für den „Hey-Joe-Effekt": Schritt für Schritt mit dem Kunden/Kollegen den Lösungsweg beschreiten

In der Umsetzung würde dies bei unserem Beispiel mit dem Tankstellenaußendienst bedeuten, dass er mit dem Pächter gemeinsam die Ware aus- und einbucht, damit der Kunde den Vorgang zukünftig selbst erledigen kann. Er würde so lernen, diese Aufgaben nicht an den gutmütigen Außendienst zu delegieren.

WENN SIE ALSO IN DER PRAXIS IMMER WIEDER AUFGABEN ODER ANFRAGEN IHRER C-KUNDEN ERHALTEN, DIE SIE VON DER ERREICHUNG IHRER VERTRIEBSZIELE ABHALTEN, DANN ACHTEN SIE AUF DEN „HEY-JOE-EFFEKT".

Das Prinzip der Rückdelegation

Im Vertrieb hat sich hier auch das **Prinzip der Rückdelegation** bewährt: Ihr Kunde ruft Sie an und Sie bitten ihn, weil Sie ja gerade mit dem Pkw unterwegs sind und nichts notieren können, Ihnen kurz einen Dreizeiler auf das Fax zu legen. Sie würden sich dann heute Abend sofort darum kümmern, wenn Sie wieder im Büro/Home-Office sind. Was ist die Folge dieser Vorgehensweise? Die meisten Kleinigkeiten erledigen sich von allein, weil kaum noch ein Fax ankommt.

Effizienz im Außendienst bedeutet keinen Verzicht auf Kundenorientierung

Wie gesagt: Sie entscheiden, ob oder bei welchem Kunden Sie so vorgehen! Denn ein Missverständnis muss vermieden werden: Effizienz im Außendienst bedeutet keinen Verzicht auf Kundenorientierung.

58

Arbeiten mit der Zeitplanung

Verwenden Sie ein Zeitplan-Tool!

Ein bewährtes Arbeits-, Ordnungs- und Selbstdisziplinierungsmittel stellt das Ziel- und Zeitplanbuch dar. Es ist weit mehr als ein konventioneller Terminkalender, der in der Regel nur eine Erinnerungshilfe für Termine und Daten darstellt, aber keine Aktivitätenlisten, Prioritäten, Zeitdauer und Zielsetzungen von Aufgaben enthält, die man selbst erledigen oder delegieren will: Das Ziel- und Zeitplanbuch mit Ringmechanik und Loseblatt-Konzeption ist Terminkalender, Tagebuch, Notizblock, Planungsinstrument, Erinnerungshilfe, Adressen-, Telefon- und Faxregister, Nachschlagewerk, Ideenkartei und Kontrollwerkzeug zugleich. Als ständiger persönlicher Begleiter ist es auch schriftliches Gedächtnis, mobiles Büro und Datenbank im Kleinformat. Das Ziel- und Zeitplanbuch ist der wichtigste, praktische Teil eines konsequenten und flexiblen Zeitplansystems, nämlich der persönliche Arbeitsspeicher aller (Tages-)Zeitpläne, Formulare und Checklisten für die tägliche Praxis; diese können jederzeit eingefügt und ausgetauscht werden. Das Ziel- und Zeitplanbuch sorgt für eine Transparenz der Ziel-, Aufgaben- und Projektplanung, d. h. Erfassen und Zerlegen in kleine Schritte einschließlich Erledigungskontrolle. Es bietet Terminüberblick und Erinnerungshilfe (kein Vergessen, Prinzip der Schriftlichkeit). Sie haben einen ständigen und vollen Überblick über sämtliche Dispositionen, Pläne und größere Vorhaben und können flexibel auf jede geänderte Situation reagieren. Durch den Einsatz und die Anwendung eines Ziel- und Zeitplanbuches kann die tägliche Arbeit besser geplant, organisiert, koordiniert und rationeller durchgeführt werden.

Der wichtigste, praktische Teil eines konsequenten und flexiblen Zeitplansystems

Das Zeitplanbuch verbessert die Qualität und den Erfolg der eigenen Arbeit.

Bei nur ca. 10 Prozent Rationalisierung – die Anbieter solcher Systeme versprechen 15 bis 40 % mehr Zeit – lässt sich durch ein effektives „Management mit Zeitplanbuch" täglich eine ganze Stunde Zeit einsparen!

Ob Sie nun die Papiervariante nutzen oder lieber auf einen PDA (Personal Digital Assistant) à la Palm oder ähnliches zurückgreifen, hängt von Ihren Vorlieben und Ihrer Büroorganisation ab.

Zeit- und Selbstmanagement im Vertrieb

Ich persönlich habe es immer genossen, am Ende eines Arbeitstages alle Termine und Aufgaben abgehakt zu haben oder auf einen späteren Termin zu verlegen. Dann habe ich das Tagesblatt aus dem Planer gerissen und weggeworfen. Das war für mich immer das Zeichen: Das war's für heute. Auch gedanklich habe ich mich dann nicht mehr mit dem Tag befasst. Das Herausreißen war mein Tagesritual!

Seit einigen Jahren mache ich meine Termine nicht mehr selbst. Damit meine Mitarbeiter auf aktuelle Termine zurückgreifen können, stellte ich dann auf den Palm um. Hierbei habe ich immer alle Termine, Aufgaben, Wiedervorlagen und Kundendaten in meinem kleinen Organizer. Selbst wichtige Office-Dokumente sind hier gespeichert. An jedem Bürotag werden die Daten entsprechend synchronisiert.

Sicher, es hat einige Wochen gedauert, bis ich mich von Papier auf Elektronik umgestellt hatte. Doch es hat sich für mich gelohnt.

Neben dem Ziel- und Zeitplanbuch ist auch eine stationäre – am Arbeitsplatz befindliche – Wiedervorlage(-mappe) ein hervorragendes ergänzendes Selbstorganisations-Werkzeug.

Eine stationäre – am Arbeitsplatz befindliche – Wiedervorlage(-mappe) ist ein hervorragendes ergänzendes Selbstorganisations-Werkzeug

Zehn Zeitgewinn-Regeln für Ihren Erfolg — **PRAXIS**

- Zielen
  Die Zeit wie Pfeil und Bogen einsetzen: zuerst zielen! Sein tägliches Tun an eigenen Zielen ausrichten!
- Vorbereiten
  Am Abend den neuen Tag – schriftlich – planen. Zeit für Unerwartetes und Routine einplanen!
- Prioritäten setzen
  Wichtiges zuerst tun – Unwichtiges lassen. Vorsicht bei der Tyrannei der Dringlichkeit!
- Zusammenfassen
  Gleichartige Aufgaben in je einen Zeitblock packen: Telefonate, Post, Kurzbesprechungen!
- Vereinfachen
  Schwierige Aufgaben in kleine Schritte aufteilen! Reihenfolge und Erledigungs-Termine festlegen.

- Delegieren
  Andere tun lassen! Was? Wer? Warum? Wie? Bis wann?
- Nein-Sagen
  Zeitdiebe freundlich abwehren!
- Abschirmen
  Nicht immer für alle erreichbar sein wollen!
  Termine mit sich selbst vereinbaren und nutzen!
- Rücksicht nehmen
  Kein Verlegen, kein Verspäten, kein Überziehen!
  Vorher jeweils Zielsetzung und Ende vereinbaren.
  Telefonieren: Statt zu stören die passende Zeit erfragen!
  Telefontermine und Rückrufe vereinbaren!
- Erfolge genießen
  Erledigtes als Erfolg wahrnehmen!

6.4 Büroorganisation für Außendienstler

EIN WICHTIGES INSTRUMENT DER VERTRIEBSUNTERSTÜTZUNG IST DIE KUNDENKARTE.

Die Kundenkarte

Auf dieser Karte wird jede Information, die vom Kunden bekannt ist, eingetragen. Auf diesem Wege kann, auch wenn längere Zeit kein Kontakt bestand, sofort der Wissensstand über den Kunden wieder ins Gedächtnis gerufen werden. Bei besonderen Aktionen zeigt ein Blick auf die Karte, ob der Kunde dafür geeignet ist. Auch die Frage, wie der Kunde am besten erreicht werden kann, wird hier aufgeführt. Dieses spart unnötige Wege und Kosten. Jede Information, die vom Markt kommt und eventuell verwertet werden könnte, wird notiert. Von jedem Gespräch wird eine ausführliche Notiz gemacht. Das bringt Sicherheit bei späteren Streitfragen. Es gibt keine Notiz ohne Datum. Das geordnete Vorliegen derart vieler Informationen führt dazu, dass die Arbeitszeit jederzeit effektiv genutzt werden kann. Kaltakquise entfällt bei diesem System, da immer „halbwarme" oder „heiße" Informationen vorliegen, die verfolgt werden können.

Leider ist eine negative Folge dieses Systems, dass sich nach einiger Zeit derart viele Informationen ansammeln, dass nicht alle verfolgt werden können. Man kann sich das heraussuchen, was am einfachsten und schnellsten den Erfolg bringt.

Viele Dinge können schneller und effektiver vom Büro aus erledigt werden als bei einem Besuch beim Kunden. Selbstverständlich muss der Kunde am Anfang der Betreuung besucht werden, um einen persönlichen Kontakt aufzubauen.

Wenn man sich namentlich kennt, sollte das Geschäft aufs Telefon verlegt werden

Wenn man sich jedoch namentlich kennt, sollte das Geschäft aufs Telefon verlegt werden, da vom Büro aus eine bedeutend höhere Anzahl an Vorgängen täglich bearbeitet werden kann. Damit wird dem Problem Rechnung getragen, dass der Außendienst eine enorme Menge Papier bearbeiten muss und, da die meisten Aufträge relativ klein sind, viele Aufträge monatlich abgegeben werden müssen.

Das Zusammenfassen der Termine auf wenige Tage fordert, dass insgesamt wenig Strecke zwischen den einzelnen Terminen bewältigt werden muss. Die Etappen werden größer und somit effektiver. Im Büro werden alle Vorgänge, die bearbeitet werden müssen, **nach Priorität geordnet**. Zumindest der Bereich, der am gleichen Tage bearbeitet werden soll, muss morgens einmalig durchsortiert werden. Zwar kostet dies Zeit, bringt aber im Laufe des Tages aufgrund des konzentrierten Abarbeitens des Stapels von oben nach unten entsprechend hohe Effektivität, da die unten liegenden Vorgänge nicht mehr bedacht werden müssen.

Weitere Entlastungen und Konzentration auf den gerade zu bearbeitenden Vorgang bringt die **Wiedervorlage**. Hier werden alle Vorgänge abgelegt, die derzeit nicht bearbeitet werden müssen. Es können z. B. Informationen sein, die im Moment noch nicht aktuell sind oder Vorgänge, die durch einen Geschäftspartner oder Mitarbeiter bearbeitet werden. Die Wiedervorlage wird jeden Tag geleert. Nicht jeder Vorgang, der entnommen wird, muss zwangsläufig an dem Tag bearbeitet werden. Die Wiedervorlage ist lediglich Anlass, diesen Vorgang erneut auf Priorität zu prüfen und in einen der anderen Stapel zu integrieren.

Wichtig ist noch zu bemerken, dass grundsätzlich jeder Vorgang auf DIN A4-Format dokumentiert wird. Selbst wenn die Information auf einem kleinen Zettel notiert wurde, wird diese in eine Klarsichthülle gelegt. Damit ist sichergestellt, dass kein Minizettel verschwinden kann.

Ein weiterer wichtiger Punkt für die Effektivität ist, dass grundsätzlich **nur ein Vorgang in Bearbeitung** ist. Sollte eine Störung eintreten, z. B. durch ein Telefonat, wird das Gespräch selbstverständlich angenommen, anschließend eine Notiz gemacht und beiseite gelegt, bis der Vorgang, der aktuell bearbeitet wird, erledigt ist. Keine eingehende Sache kann so wichtig sein, dass sie ein Chaos auf dem Schreibtisch rechtfertigt.

Auch bei der Kundenkartei gilt: Ob Sie die Papiervariante bevorzugen oder das Ganze zeitgemäßer durch eine entsprechende Software organisieren, kommt auf Ihre Arbeitsweise und die Organisationsform Ihres Unternehmen an.

Wichtiger Punkt für die Effektivität: grundsätzlich nur einen Vorgang bearbeiten

WICHTIG: KEINE KUNDENINFORMATION DARF VERLOREN GEHEN!

7 Erfolgreich arbeiten im Home-Office

Als Außendienstler arbeiten Sie in der Regel von zu Hause aus. Meist ist Ihr Firmensitz zu weit von Ihrem Reisebezirk bzw. von Ihrem Wohnort entfernt, als dass es sich lohnen würde, für die Bürotage dorthin zu fahren. Ihr Büro, Ihren Arbeitsplatz, den Sie sich in den eigenen vier Wänden einrichten, nennt man Home-Office.

Das Arbeiten von zu Hause aus funktioniert nach anderen Regeln, als wenn Sie im Büro bei Ihrem Arbeitgeber vor Ort tätig sind. Jeder, der vom Home-Office aus arbeitet, läuft Gefahr, die selben Fehler zu machen.

Eine berufliche Tätigkeit, die Sie von zu Hause aus verrichten, erfordert besonders viel Disziplin und organisatorisches Geschick. Wenn die Tätigkeit auf selbstständiger Basis erfolgt, gibt es auch noch steuerliche Regeln einzuhalten.

Disziplin und organisatorisches Geschick

Auch die Ausstattung Ihres heimischen Büros ist mitentscheidend für Ihren Erfolg.

Wer im Home-Office nicht diszipliniert und nach festen Regeln arbeitet, wird es schwer haben, etwas auf die Beine zu stellen. Denn es ist etwas ganz anderes, in der heimischen Umgebung arbeiten zu wollen als vom externen Büro aus.

GANZ ALLGEMEIN LÄSST SICH SAGEN, DASS SIE SO ARBEITEN SOLLTEN, ALS WENN SIE GAR NICHT „ZU HAUSE" WÄREN.

Vom Home-Office aus lässt es sich sehr bequem und effektiv, ohne Staus und Anfahrtswege, arbeiten. Doch bei all den Vorteilen birgt es auch viele Hürden, die es zu überwinden gilt. Disziplin und Organisationstalent sind daher unbedingt notwendig. Denn das Home-Office hält viele Tücken und Fußangeln bereit. Wer sie kennt, kann sie umgehen oder ihnen vorbeugen.

7.1 Persönliches Verhalten im Home-Office

BEGINNEN SIE IHREN ARBEITSTAG SO FRÜH WIE MÖGLICH.
Nur weil Sie das Haus für Ihre Büroarbeit nicht mehr verlassen müssen, heißt das nicht, dass Sie „etwas länger" oder vielleicht sogar so lange schlafen, wie Sie möchten. Es ist richtig, dass Vertriebler an ihrem Bürotag gewissermaßen privilegiert sind, denn sie können sich ihre Zeit relativ frei selbst einteilen. Dennoch: Wer nicht lernt, mit der Zeiteinteilung richtig umzugehen, wird scheitern. Und das richtige Zeitmanagement im Home-Office ist schwieriger, als man annehmen könnte.

Gerade wem es schwer fällt, morgens aus den Federn zu kommen und wem es an der nötigen Disziplin und am richtigen Schwung fehlt, sollte sich selbst feste Bürozeiten vorschreiben, die unbedingt eingehalten werden müssen.

Sich selbst feste Bürozeiten vorschreiben

Werfen Sie einmal morgens um sechs Uhr einen Blick auf die Straße – sehr viele Menschen sind um diese Zeit bereits auf dem Weg zur Arbeit. Warum sollten Sie dann noch im Bett liegen dürfen? Im Schlaf wurde bisher kaum jemand erfolgreich. Bevor Sie also „versumpfen", disziplinieren Sie sich selbst und fangen Sie so früh wie möglich mit Ihrer Arbeit an. Umso mehr Arbeit können Sie bewältigen. Unter Umständen können Sie so umso früher den Feierabend einläuten. Bedenken Sie: Der frühe Vogel fängt den Wurm! Gerade vor acht oder neun Uhr, wenn der Wirtschaftskreislauf in Ihrer Branche noch nicht richtig in Schwung gekommen ist, haben Sie die Chance, in Ruhe und ungestört einige „Papierjobs" abzuarbeiten.

WIDERSTEHEN SIE DER VERLOCKUNG DES BÜROSCHLAFS.
Nur weil Sie weder Chef noch Kollegen sehen können, ist das noch lange nicht der Freibrief für ein Nickerchen – zudem während der Arbeitszeit. Sollte Ihre Konzentration nachlassen

Persönliches Verhalten im Home-Office

oder Sie sich von der Müdigkeit überrollt fühlen, legen Sie lieber eine kurze Pause ein, gehen Sie an die frische Luft und wechseln Sie die Tätigkeit, mit der Sie beschäftigt waren. Aber: Legen Sie niemals einen Mittagsschlaf ein.

Setzen Sie sich ein Limit für Ihre Pausen.
Machen Sie einen großen Bogen um den Kühlschrank. Ständiges Essen und Naschen schadet nicht nur der Figur, sondern hält auch von der Arbeit ab. Selbstverständlich ist es völlig in Ordnung, wenn Sie eine Mittagspause einlegen. Hauptsache, Sie finden den Weg zum Schreibtisch zurück.

Um abzuschalten, sollte eine Stunde in jedem Fall genügen. Wenn Sie eine Mittagspause einlegen, verbringen Sie diese effektiv und gehen Sie zum Beispiel an die frische Luft.

Verhalten und kleiden Sie sich so, als würden Sie Kunden besuchen.
Auch wenn Sie in Ihrem Home-Office nicht unter Menschen sind, sollten Sie nie im Trainingsanzug oder Schlafanzug tätig werden. Das Büro-Outfit legen Sie nicht für Ihre Kunden an, sondern in erster Linie für sich selbst. Sie werden feststellen, dass Ihre Arbeitshaltung um ein Vielfaches ernsthafter ist und dass Sie viel motivierter sind, wenn Sie nicht den ganzen (Arbeits-)Tag im Schlafanzug verbringen.

Rühren Sie in Ihrem Haushalt keinen Finger.
Auch wenn Ihr Haushalt noch so schlimm aussehen mag – ketten Sie sich am Schreibtisch fest. Würden Sie zum Arbeiten außer Haus gehen, könnten Sie die Hausarbeit ebenfalls erst nach Feierabend oder am Wochenende erledigen. Das gleiche Verfahren gilt auch, wenn Sie Ihre Arbeit in den eigenen vier Wänden verrichten.

Wenn es Ihnen schwer fällt darüber hinwegzusehen, müssen Sie es lernen. Konzentrieren Sie sich ausschließlich auf Ihren Bürotag. Durch eine saubere Wohnung werden Sie nicht satt. Geld verdienen Sie mit Ihrer Arbeit.

Lassen Sie sich niemals, durch wen auch immer, aus dem Konzept bringen und sich von Ihrer Tätigkeit ablenken.
Erfahrene „Heimarbeiter" kennen sicher das Problem: Freunde und Verwandte kommen gerne einmal auf einen Überra-

schungsbesuch vorbei und rufen gerne nur mal so zum Klönen an. Außendienstler mit festem Bürotag sind ja schließlich zu Hause ...

Das ist jedoch eine böse Falle. Jeder, der kein Kunde oder Geschäftspartner ist, sollte wieder der Tür verwiesen oder am Telefon abgehängt werden. Für Plaudereien haben Sie keine Zeit – dadurch verdienen Sie schließlich nicht Ihr Geld.

7.2 Außenkontakte von und zum Home-Office

WAS TUN SIE, WENN SIE ALS HANDELSVERTRETER IN EINER GEGEND WOHNEN, DIE WENIG REPRÄSENTATIV IST UND ÜBER EINEN SCHLECHTEN RUF VERFÜGT?

Dieses Problem betrifft zweierlei: Ihre Post und Besuche.

Viele Außendienstler haben dasselbe Problem – was also tun, wenn Sie ein Kunde in Ihren „Geschäftsräumen" aufsuchen möchte, wenn Ihr Büro doch eigentlich „nur" aus einer Schreibtischecke im Wohnzimmer besteht?

Bereits bevor Sie in eine solche Situation geraten, sollten Sie sich Gedanken darüber gemacht haben, wie Sie reagieren, und gut vorbereitet Ihr Image pflegen. Denn das ist für einen Vertriebler, der von zu Hause aus arbeitet, nicht weniger wichtig als für alle anderen, die über Geschäftsräume verfügen.

Auch „schlechte" Adressen können sich auf Ihr Image übertragen und Sie weniger seriös erscheinen lassen. Ob das tatsächlich der Realität entspricht, ist in diesem Fall irrelevant. Eine „schlechte" Adresse bleibt auch dann noch schlecht, wenn Sie einen guten Service bieten.

Ein Postfach kann eine Lösung bieten

Ein Postfach kann hier eine Lösung bieten, denn hier müssen Sie Ihre Adresse nicht mehr preisgeben. Allerdings sollten Sie bedenken, dass auch diese „Adresse" misstrauisch machen kann, denn Sie geben auf diese Weise nicht preis, wo Sie im Zweifelsfall präsent und zu erreichen sind. Dies kann ebenso wie eine „schlechte" Adresse Ihre Kunden misstrauisch machen. Weiterhin müssen Sie beachten, dass Ihre Geschäftspost mit einem Postfach nicht mehr direkt zu Ihnen gebracht wird, sondern im Postamt zur Abholung bereit gelegt wird. Entsprechend sollte Ihr Weg Sie mindestens einmal täglich zu Ihrem Postfach führen.

AUSSENKONTAKTE VON UND ZUM HOME-OFFICE

ALTERNATIV KÖNNEN SIE ALS HANDELSVERTRETER NATÜRLICH AUCH EINEN BÜROSERVICE NUTZEN. Hier haben Sie eine repräsentative Geschäftsadresse für Ihre Post und auf Wunsch auch die Option, dass jemand professionell für Sie ans Telefon geht und sich in Ihrem Namen meldet. Sie nutzen dann eine Rufumleitung und ersparen Ihren Kunden somit den Anrufbeantworter.

Büroservice

Schwirig könnte es für Sie werden, wenn Ihr Kunde Sie persönlich in Ihrem „Büro" aufsuchen möchte. Der Wunsch, Sie als Geschäftspartner persönlich kennen lernen zu wollen, ist zwar nachvollziehbar. Aber:

Wie gehen Sie damit um, wenn Sie Ihren Kunden nicht bei sich zu Hause in Ihrem Home-Office empfangen wollen?   **PRAXIS**

Für solche „Notfälle" gibt es unterschiedliche Lösungen:
- Wenn ein Kunde Sie besuchen möchte, Sie das aber nicht wünschen, drehen Sie den Spieß einfach um. Schlagen Sie Ihrem Kunden vor, ihn in seinen Geschäftsräumen aufzusuchen, da Sie beispielsweise ohnehin gerade in der Nähe sein werden. Betonen Sie den Vorteil für Ihren Kunden – er spart Zeit und Geld. Auf diese Weise haben Sie auch gleichzeitig Gelegenheit, etwas mehr über das Unternehmen Ihres Kunden zu erfahren.

Drehen Sie den Spieß einfach um

- Treffen Sie sich mit Ihrem Kunden auf möglichst neutralem Boden. Sie könnten beispielsweise ein Treffen in einem Restaurant vorschlagen. Somit treffen Sie sich in der Mitte und machen aus dem Besuch ein Geschäftsessen. Wenn Sie den Restaurantvorschlag unterbreiten, hat das jedoch meist zur Folge, dass Sie Ihren Kunden auch gleichzeitig zum Essen eingeladen haben. Wägen Sie also ab, ob Ihnen das Treffen ein Essen wert ist oder ob Sie sich vielleicht für eine andere Variante entscheiden.

Ein Treffen auf möglichst neutralem Boden

- Wenn Sie häufiger Besuch empfangen und Termine vereinbaren, machen Sie sich den Service der Bürodienstleister zu nutze, wie oben schon beschrieben. Diese vermieten Ihnen Büros, Besprechungs- und Konferenzräume für längere Zeit oder auch kurzfristig. Sie

67

können die Räume mit oder ohne Ausstattung und Möbel nutzen. Darüber hinaus bieten Ihnen die Dienstleister Postadressen, Sekretariats- oder Telefonservice uvm. Vergleichen Sie die Preise der Anbieter sehr genau. Denn jeder Service – vom Büro bis zum Nutzen des Kopierers – wird in der Regel separat berechnet. Da können unter Umständen recht schnell hohe Summen zusammen kommen. Diese Lösung wird eher etwas für Selbstständige im Vertrieb sein. Doch auch Unternehmen bieten ihren Außendienstlern in Ausnahmefällen eine solche Gebietsrepräsentanz für den persönlichen Kundenkontakt.

Bürogemeinschaft ist eine ideale Lösung

- Es gibt sicher auch in Ihrer Nähe Geschäftsleute, die über Büroräume verfügen, die sie selbst nicht nutzen können beziehungsweise möchten und stattdessen lieber untervermieten. Um Kosten zu sparen, ist die Bürogemeinschaft eine ideale Lösung für alle Beteiligten. Häufig können Sie solche Büroräume auch je nach Bedarf für eine gewisse Tagespauschale mieten. Hier lohnt sich ein Blick in den Anzeigenmarkt der regionalen Presse auf jeden Fall.
- Bevor Sie alle Hebel in Bewegung setzen, damit Ihr Kunde auf keinen Fall erfährt, dass Sie lediglich über ein Home-Office verfügen, sollten Sie sich fragen, ob es nicht auch sinnvoll wäre, zu Ihrem „Wohnzimmer-Büro" zu stehen. In der IT-Branche ist es zum Beispiel nicht ungewöhnlich, dass Freelancer keine separaten Geschäftsräume besitzen und statt dessen von zu Hause aus arbeiten. Geben Sie sich selbstbewusst. Schließlich kommt es nicht darauf an, von wo aus Sie Ihre Arbeit verrichten, sondern wie Sie es tun. Ihre Kunden reagieren vielleicht gelassener, als Sie denken.

Das Treffen im vertretenen Unternehmen

- Eine gute Lösung ist auch das Treffen im vertretenen Unternehmen, wenn es nicht zu weit entfernt ist. Egal ob angestellter Reisender oder freier Handelsvertreter: Nutzen Sie die Räume Ihres Arbeitgebers bzw. Vertretungsgebers. Meist können Sie dort auf einen repräsentativen Konfrenzraum zurückgreifen, auch einmal die Kollegen im Innendienst kurz Ihrem Kunden vorstellen und im Idealfall auch einmal mit Ihrem Besuch in die Ausstellung oder Fertigung schauen.

7.3 Das Home-Office einrichten

Fast jeder kann von zu Hause aus arbeiten – Sie müssen den Platz nur richtig nutzen. Der Mangel an Platz muss dabei nicht zwangsläufig ein Hinderungsgrund sein, denn „Raum ist in der kleinsten Hütte". Doch bevor ein Home-Office eingerichtet ist, steht fast jeder „Heimarbeiter" vor der gleichen Frage: Wie nutze ich das vorhandene Raumangebot, ohne die Atmosphäre der Wohnung allzu sehr zu beeinträchtigen? Die optimale Lösung, um von zu Hause aus zu arbeiten, ist natürlich ein separates Arbeitszimmer. Doch nicht jeder kann einen Raum ausschließlich zum Arbeiten freimachen – dem bieten sich viele weitere Varianten:

Nicht jeder kann einen Raum ausschließlich zum Arbeiten freimachen

Viele weitere Varianten

HABEN SIE EIN SEPARATES GÄSTEZIMMER?

Dann ist Ihr Platzproblem schon gelöst. Sie gehören zu den Glücklichen, die über ein Zimmer verfügen, das nur zum Arbeiten genutzt werden könnte. Wie häufig brauchen Sie Ihr Gästezimmer wirklich? In der Regel wird es nur genutzt, wenn Besuch über Nacht bleibt. Ansonsten dient es als zusätzlicher Stauraum für Bügelwäsche oder Ähnliches. Machen Sie Ihr Gästezimmer zum Büro. Es wird sich rentieren. Und Ihr Besuch wird sich von nun an auch auf einem Reisebett wohlfühlen.

VERFÜGEN SIE ÜBER EINEN KELLER?

Es ist schon beinahe die „klassische Variante", hier ein Büro einzurichten. Dabei sollten Sie allerdings einige grundlegende Dinge berücksichtigen, denn nicht jeder Keller eignet sich für ein Büro ...
- Sind die Kellerräume beheizbar?
- Ist die Deckenhöhe ausreichend?
- Sind die Kellerräume trocken?
- Sind im Keller Fenster vorhanden, die für genügend frische Luft und Tageslicht sorgen?
- Sind Steckdosen vorhanden und können Sie gegebenenfalls ein Telefon und einen Computer anschließen?
- Ist es für Sie möglich, den Kellerraum gegebenenfalls zu renovieren?

Wenn Sie all dies positiv beantworten können, sind die Bedingungen optimal. Dem Büro im Keller steht nichts mehr im Wege. Anderenfalls müssen Sie schauen, ob und wie sich ein „Kellerbüro" mit Kompromissen einrichten lässt. So ist es beispielsweise nicht unbedingt nötig, einen Telefonanschluss legen zu lassen, wenn kein Anschluss im Keller vorhanden ist. Mit einem schnurlosen Telefon können Sie dieses Problem meist recht schnell und bis auf weiteres lösen. Schnurlose Telefone haben meist eine Reichweite von bis zu 300 Metern und mehr und kosten in der Anschaffung etwa ab 80 Euro. Gleiches gilt natürlich für Ihren Internetzugang. Hier bieten sich Funklösungen an.

Verfügen Sie über ein separates Esszimmer?

Dann sollten Sie sich fragen, ob Sie es wirklich unbedingt als solches brauchen oder Sie es vielleicht zum Büro umfunktionieren können. Denn wenn Ihre Küche oder Ihr Wohnzimmer genügend Platz bietet, können Sie alternativ dort Ihre Essecke stellen. Wenn Sie auf Ihr Esszimmer verzichten und dort Ihr Büro einrichten, hat das alle Vorteile eines separaten Büros. Sie können nach getaner Arbeit die Tür hinter sich schließen und – die Arbeit ist nicht mehr präsent, zumindest optisch nicht. Ein Büro, das im Wohnzimmer integriert ist, bietet Ihnen diesen Vorteil nicht. Es könnte sich also lohnen, auf das Esszimmer zu verzichten. Falls Sie es hin und wieder für eine größere Tafel brauchen sollten, lässt sich das Büro eventuell wieder zum Esszimmer umwandeln.

Passt der Arbeitsplatz in die berühmte „Ecke"?

Wohnzimmer Meist ist das Wohnzimmer der größte Raum einer Wohnung. Falls kein separater Raum für ein Büro vorhanden ist, können Sie überlegen, ob sich hier ein Arbeitsplatz einrichten lässt. Mit ein wenig Fantasie und Geschick wird das Wohnzimmer dadurch auch nicht unbedingt seiner wohnlichen Atmosphäre beraubt. Denn Bücherregale und Schubladenelemente sind häufig ohnehin Bestandteil einer Wohnzimmereinrichtung. Nutzen Sie dies aus für „Ihr" Büro. Vielleicht können Sie den Raum mit einer Regalwand oder einem Raumteiler optisch gliedern.

Schlafzimmer Auch das Schlafzimmer kann durchaus als Arbeitsplatz geeignet sein. Denn gerade in Altbau-Wohnungen sind oftmals Schlafzimmer neben dem Wohnzimmer die größten Räume, sodass sich dort vielleicht auch ein Schreibtisch unterbringen lässt. Voraussetzung ist natürlich, dass Sie in Ihrem „Büro" keinen Besuch empfangen müssen, und dass es Ihnen keine

Das Home-Office einrichten

Probleme bereitet, die Arbeit auch vorm Schlafengehen noch im Blick zu haben. Aber auch dieses Problem lässt sich lösen, wenn Sie die Arbeitsecke beispielsweise hinter einem Vorhang verschwinden lassen.

Einrichtung im Detail

Die Suche nach einem geeigneten Arbeitsplatz ist häufig dadurch erschwert, dass sich zwar beispielsweise ein Schreibtisch unterbringen lässt, für Ordner und Bücher am selben Platz aber zu wenig Raum vorhanden ist. Zudem nehmen Aktenordner einem Wohnzimmer häufig die wohnliche Atmosphäre. Häufig jedoch lassen sich Schreibtisch und Ablage auch räumlich trennen – und wenn es sich dabei nur um Teile der Ablage handelt. Ihre Aktenordner – zumindest die nicht so häufig gebrauchten – können Sie auch in einer Abstell- oder Besenkammer unterbringen. Um zusätzlichen Stauraum für Bücher und Ordner zu schaffen, sind Regale, die rund um die Tür angebracht sind, besonders geeignet. Denn häufig wird gerade dieser Platz nicht genutzt.

Die Zeit und die Technik arbeiten für Sie: Mehr und mehr lässt sich heute schon das papierlose Büro umsetzen. Fragen Sie sich bei allem Papier immer: Brauche ich das wirklich?! Fragen Sie sich auch, ob es eingescannt als Datei nicht auch reicht. So sparen Sie eine Menge Platz.

Das papierlose Büro

Eine Alternative zu dicken Aktenordnern sind Hängemappen. Denn oft sind Aktenordner nur zum Teil gefüllt, nehmen aber viel Platz in Anspruch.

Viele Einrichtungshäuser und Möbelhersteller bieten Lösungsmöglichkeiten für das Büro in den eigenen vier Wänden. Beispielsweise bietet IKEA – neben dem Büromöbelprogramm – jede Menge Ideen, wie Sie sich Ihren persönlichen Arbeitsplatz zu Hause schaffen können. Nutzen Sie die Möglichkeit, sich durch Kataloge, Fachzeitschriften, auf Schautagen in Möbelhäusern und Messen wie der Orgatec in Köln für die Einrichtung Ihres Home-Offices anregen zu lassen.

Familiäres Umfeld

Haben Sie Familie? Oder hören Sie zu Hause laute Musik? Es bellt der Hund im Hintergrund? Achten Sie darauf, dass nicht das große Tohuwabohu herrscht, wenn Sie telefonische oder persönliche Gespräche führen. Das wirkt nicht nur störend, sondern – je nachdem, was Sie tun – auch schnell unprofessionell.

Planen Sie innerhalb Ihrer Familie, dass Sie möglichst nicht gestört werden, wenn Sie arbeiten

Planen Sie innerhalb Ihrer Familie, dass Sie möglichst nicht gestört werden, wenn Sie arbeiten. Ich höre immer wieder von „Heimarbeitern", dass ihre Familie es nicht als „Arbeit" empfindet und ständig etwas möchte. Je nachdem wie klein Ihre Kinder sind und wie die Betreuung geregelt ist, sollten auch kleinere Kinder lernen, wann Mama oder Papa arbeitet.

Wenn Familienmitglieder Ihr **Geschäftstelefon** beantworten, achten Sie darauf, dass es professionell geschieht und die Nachrichten ordnungsgemäß aufgenommen und ausgerichtet werden. Wenn dies nicht möglich ist, schalten Sie lieber den **Anrufbeantworter** ein und rufen Sie zurück. Ich telefoniere immer wieder mit Kindern und Eheleuten von Außendienstlern, und teilweise zieht es mir regelrecht die Schuhe aus – von Desinteresse bis zur Unfreundlichkeit/Genervtheit ist alles vertreten. Natürlich gibt es auch das positive Beispiel: Ich möchte an dieser Stelle einfach sensibilisieren, dass Sie mit Ihren Familienmitgliedern besprechen, wie sie sich in Ihrem Sinne melden und was genau sie tun sollen.

Legen Sie sich einen zweiten Anschluss oder besser ISDN zu.

SO HALTEN SIE IHRE GESCHÄFTLICHE TELEFONNUMMER AUF JEDEN FALL SEPARAT VON IHRER PRIVATEN NUMMER. GEBEN SIE NUR IHRE GESCHÄFTLICHE NUMMER WEITER.

Eigenen Anrufbeantworter für die Firmennummer – mit einer eigenen, professionellen Ansage

Sie sollten einen eigenen Anrufbeantworter für die Firmennummer haben – mit einer eigenen, professionellen Ansage.

VORBEREITUNG 1: VORFELD

TEIL C KRITISCHER ERFOLGSFAKTOR II:

IHRE VERKÄUFERISCHEN FÄHIGKEITEN

In den folgenden Kapiteln erhalten Sie einen Überblick über den idealtypischen Ablauf eines Kundenbesuches. Hierbei wird schwerpunktmäßig der Besuch bei einem Neukunden betrachtet, wobei die genannten Elemente meist auch für einen Stammkundenbesuch zutreffen. Bei einem Stammkundenbesuch kommen natürlich noch weitere individuelle Themen hinzu.

Der Kundenbesuch in seine Bestandteile aufgeschlüsselt – Gesamtüberblick
- Vorbereitung 1 & 2
- Begrüßung
- Bedarfsermittlung
- Beratung/Präsentation
- Abschluss
- Verabschiedung
- Nachbereitung 1 & 2

1 VORBEREITUNG

1.1 Vorbereitung 1: Vorfeld

Mit Vorbereitung 1 ist die Vorbereitung an Ihrem Schreibtisch gemeint. Wenn Sie Ihre Tour geplant haben und nun Überlegungen anstellen, wie das Gespräch beim Kunden laufen soll, beachten Sie bitte:

Die Vorbereitung an Ihrem Schreibtisch

SAMMELN SIE FÜR DIE KONKRETE VORBEREITUNG AKTUELLE UND AUSREICHENDE INFORMATIONEN.

Nur wenn Sie top vorbereitet sind und die entsprechenden Informationen über Ihren Kunden, dessen möglichen Bedarf, seine möglichen Kaufmotive, die entsprechenden Entschei-

VORBEREITUNG

der im Vorfeld recherchiert haben, nur dann haben Sie die Möglichkeit, auch wirklich **alle Chancen** Ihres Besuches auszuschöpfen.

In der Vorbereitung geht es zum einen darum, die Informationen, die Sie in Ihrem CRM-System vorfinden, entsprechend aufzubereiten. Das betrifft Umsätze, Erträge, Mengen, Konditionen. Weiterhin geht es auch um so genannte Softfacts: Worauf legt Ihr Kunde besonderen Wert, welche Erfahrungen hat er in der Vergangenheit gemacht, was sind seine Hobbys und Interessen, was haben Sie beim letzten Besuch besprochen?

Die Suchmaschine Google™

Weitere Informationsquellen sind beispielsweise die Webseite des Kunden, die Sie in jedem Fall vor jedem Besuch ausgiebig studieren sollten. Auch Suchmaschinen geben entsprechende Informationen. Bei dem Verfassen dieses Buches ist die Suchmaschine Google™ besonders zu erwähnen.

GOOGLE™ HAT ZWEI FÜR DEN VERTRIEB ENTSCHEIDENDE SUCHFUNKTIONEN.

Einmal die Funktion „**Web**": Wenn Sie hier die Daten Ihres Ziel- oder Bestandskunden in das Suchfeld eingeben, so wirft Google™ die Trefferergebnisse aus, die im gesamten World Wide Web gefunden wurden. Auch lohnt es sich, die Kombination Ihres Gesprächspartners zusammen mit dem Firmennamen einmal einzugeben. Oftmals ist Ihr Gesprächspartner privat vielleicht in einer Sportart besonders aktiv oder Vorsitzender von Schützenvereinen. Diese Daten finden Sie in der Regel über die Websuchfunktion von Google™. Auch andere Suchmaschinen sind hier für den Einsatz gut geeignet.

Die Funktion „**News**" in der Suchmaschine Google™ ist besonders zu erwähnen. Wenn Sie hier in das Suchfeld die entsprechenden Schlüsselwörter eingeben, so wird von Google™ aus einem Verzeichnis von mehr als 700 Tageszeitungen und Fachzeitschriften ermittelt, wo in den letzten 14 Tagen Ihre Wortkombination/Ihr Kunde in der Presse erwähnt wurde. Sie haben somit die Möglichkeit, Ihren Kunden gezielt auf seine aktuellen Veröffentlichungen in der Presse bei Ihrem Besuch anzusprechen. Sie signalisieren Ihrem Kunden damit, dass Sie sich gut vorbereitet haben und diesen Besuch wie auch Ihren Gesprächspartner ernst nehmen.

VORBEREITUNG 1: VORFELD

Bei größeren Unternehmen gibt auch der **Geschäftsbericht** sehr viele Informationen über mögliches Potenzial für Ihre Geschäfte. Geschäftsberichte können Sie meist über die Internetseite Ihres Kunden bestellen oder auch im Internet, beispielsweise auf der Seite der Wirtschaftswoche (www.wiwo.de). Geschäftsberichte sind in der Regel kostenlos.
Wenn Sie sich über einen neuen Markt, eine neue Branche informieren wollen, so sind die Geschäftsberichte der führenden Marktteilnehmer hier besonders informativ.

Der Geschäftsbericht

IN DER VORBEREITUNGSPHASE GILT ES, EIN KLARES BESUCHSZIEL ZU DEFINIEREN.

Sie sollten dies schriftlich tun. Nur dann haben Sie die Möglichkeit, Ihre Ziele nach dem Gespräch entsprechend zu kontrollieren.
Ziele könnten sein: Neue Produkte zu platzieren, neuen Bedarf zu ermitteln usw.
Definieren Sie auch Ihre offenen Fragen. Welche Informationen benötigen Sie noch von Ihrem Gesprächspartner, um sich wirklich ein Bild von der Situation Ihres Kunden zu machen? Auch hier ist es sinnvoll, diese Vorbereitung schriftlich durchzuführen.

Besuchsziel schriftlich definieren

Ist es Ihnen schon einmal so ergangen, dass Sie telefonisch einen Termin vereinbart hatten, oder beim letzten Besuch bereits den Folgetermin direkt mit Ihrem Kunden fixiert haben, und Sie dann bei Ihrem Kunden feststellen, dass Ihr Ansprechpartner nicht da ist, den Termin vergessen hat oder einfach keine Zeit für Sie hat? Wenn Sie diese Situation kennen, dann wissen Sie auch noch, wie Sie sich damals gefühlt haben, nämlich nicht wirklich wichtig genommen. Das frustriert. Damit Ihnen so etwas zukünftig weniger passiert – ganz auszuschließen ist dies natürlich nicht – haben Sie folgende Möglichkeit:

LASSEN SIE IHREM KUNDEN NEBEN DER TELEFONISCHEN TERMINVEREINBARUNG VORAB PER FAX EINE AGENDA ZUKOMMEN.

Vorab per Fax eine Agenda

Warum per Fax?

Vorbereitung

In der Tagesflut von E-Mails wird eine Besuchsagenda zu schnell gelöscht. Der Kunde nimmt es gar nicht richtig wahr. Wenn Sie nochmals anrufen, kann dies als störend empfunden werden, weil Sie nicht wissen, in welcher Situation Sie Ihren Kunden gerade antreffen. Per Brief zeigt dies einen sehr offiziellen Charakter. So offiziell muss es nun auch wieder nicht sein. Das Fax hat den Vorteil, dass Ihr Kunde es mindestens einmal physisch in die Hand nehmen muss. Es wird in sein Körbchen gelegt oder kommt direkt aus seinem Fax, und er schaut es sich kurz an. Meistens – so zeigt es die Praxis – wird es nicht sofort weggeworfen, sondern Ihr Kunde bringt es zum Gesprächstermin mit. Aus der Erfahrung heraus: Die Kunden sind deutlich besser vorbereitet und haben das Gefühl, dass dieser Besuch eine entsprechende Priorität verdient.

Das Fax hat den Vorteil, dass Ihr Kunde es mindestens einmal physisch in die Hand nehmen muss

Was sollte in einer solchen Agenda enthalten sein?

Sie sollten noch einmal den Termin, die Uhrzeit, den Tag, den Ort des Treffens sowie die wichtigsten Gesprächspunkte aus Ihrer Sicht festhalten. Teilen Sie Ihrem Kunden auch mit, dass Sie sich auf dieses Gespräch freuen und er Sie für Rückfragen unter der genannten Telefonnummer jederzeit erreichen kann.

Setzen Sie es um! Sie werden sehen, es funktioniert sehr erfolgreich.

Eine besondere Einsatzmöglichkeit haben Sie für so ein Agendafax bei einem potenziellen Neukunden. Wenn Sie nun also einen Termin mit Ihrem potenziellen Neukunden vereinbart haben, so bestätigen Sie diesen Termin möglichst noch am gleichen Tag per Fax (siehe Beispiel).

VORBEREITUNG 1: VORFELD

Manfred Anbieter – Fax 02220-12346

Anbieter GmbH & CO.KG

Fax

An:	Herrn Helmut Musterkunde	**Von:**	Manfred Anbieter
Fax:	09556-998899	**Seiten:**	1
Telefon	09556-998888	**Datum:**	03.01.05

Kosteneinsparung im Produktionsprozess XYZ

Sehr geehrter Herr Musterkunde,

vielen Dank für das freundliche und informative Telefonat. Hiermit erhalten Sie unseren Gesprächstermin am 17. Februar um 11:00 Uhr in Ihrem Haus bestätigt.

Zu folgenden Themen erfahren Sie mehr:
1. Einsatzmöglichkeiten für Ihren Betrieb
2. Amortisationsrechnung auf drei Jahre ausgerichtet
3. Möglichkeiten für Testläufe
4. Weitere Schritte

Ich freue mich schon jetzt auf Ihre Fragen und unser Gespräch.

Damit Sie sich schon im Vorfeld über die Leistungen unseres Unternehmens informieren können, finden Sie unter www.anbieter.de weitere Informationen.

Eine weitere Informationsquelle für Sie sind die Herren

Peter Schmitz, Schmitz GmbH, in Musterstadt, Telefonnummer 01234-5678

Willy Müller, Müller OHG, in Musterkirchen, Telefonnummer 09876-3210

Die beiden Ansprechpartner arbeiten seit Jahren mit unserem Unternehmen erfolgreich zusammen. Sie sind informiert, dass Sie sich ggf. vorab über deren Erfahrungen austauschen möchten und stehen Ihnen dazu gerne zur Verfügung.

Bei Rückfragen erreichen Sie mich unter 0177-445566.

Ich freue mich auf unser Gespräch!

Mit freundlichen Grüßen

Manfred Anbieter

Vorbereitung

Vorvertrauensfax

Dies nennt man ein „Vorvertrauensfax". Welchen Eindruck hinterlassen Sie bei einem potenziellen Kunden nach der telefonischen Terminvereinbarung mit Erhalt eines solchen Faxes? Ihr Kunde wird beeindruckt sein. Er wird Ihnen einen Vertrauensvorschuss geben und das Gefühl haben, mit einem professionellen Unternehmen zusammenarbeiten zu können. In der Praxis zeigt sich immer wieder, dass bei 40 Schreiben dieser Art maximal ein Kunde die Chance nutzt, einen der genannten Referenzkunden tatsächlich im Vorfeld zu kontaktieren. Doch alle Kunden, die dieses Schreiben erhalten, sind von dieser Vorgehensweise beeindruckt.

Als letzten Punkt in der Vorbereitung sollten Sie natürlich Ihre **Unterlagen entsprechend packen,** Ihre Zahlen und Daten aufbereiten, möglicherweise ausdrucken und **Handouts** für den Kunden erstellen. Sie sollten Ihre Muster und Produkte, die Sie vorstellen wollen, jetzt einpacken.

„Ein Mann, der sich auf seine Chance nicht vorbereitet, macht sich nur lächerlich." (Pablo Picasso)

Ein Außendienstler wird nicht für Kundenbesuche bezahlt, sondern für Erfolge.

Überdurchschnittlich erfolgreiche Außendienstler besuchen unterdurchschnittlich viele Kunden. Dafür sind die Besuche entsprechend professionell vorbereitet.

1.2 Vorbereitung 2: Unmittelbar vor Termin

Ihre Vorbereitung auf dem Weg zum Kunden

Mit Vorbereitung 2 ist Ihre Vorbereitung auf dem Weg zum Kunden gemeint. Zumeist sind Sie mit dem Auto unterwegs. Und hier gilt es, bevor Sie auf den Parkplatz des Kunden fahren, noch einmal anzuhalten, sich noch einmal die entsprechend vorbereiteten Notizen durchzulesen, einige Visitenkarten in Ihre Sakkotasche zu stecken, sich die entsprechenden Besuchsziele ins Gedächtnis zu rufen, Ihre Tasche zu packen, und wenn Sie mit dem Notebook arbeiten, ist es sinnvoll, die lange Zeit, die der Rechner zum Hochfahren benötigt, zu verkürzen, indem Sie Ihren Rechner jetzt bereits im Auto hochfahren und in Standby versetzen. Somit haben Sie die Möglichkeit, für den Einsatz beim Kunden wertvolle Zeit zu sparen, da Ihr Rechner innerhalb weniger Sekunden einsatzbereit ist.

2 Die Begrüssungsphase

Wann beginnt Ihr Kundenbesuch, der Besuch, den Ihr Kunde auch wirklich wahrnimmt? Er beginnt in dem Moment, in dem Sie mit Ihrem Fahrzeug auf den Hof des Kunden fahren. Bitte kommen Sie nicht auf die Idee, jetzt erst noch einmal die McDonalds-Tüten auf den Rücksitz zu werfen, noch schnell zwei Telefonate über das Handy zu führen, Ihre Unterlagen zu ordnen, im Kofferraum rasch ein paar Muster zu holen, in Ruhe die Krawatte zu binden, das Sakko anzuziehen ... und erst dann zum Kunden zu gehen. In der Regel nimmt Ihr Kunde so etwas bereits wahr und sieht, dass Sie nicht wirklich professionell vorgehen.

Ihr Kundenbesuch beginnt in dem Moment, in dem Sie mit Ihrem Fahrzeug auf den Hof des Kunden fahren

Wenn Sie also auf den Hof des Kunden fahren, sollten Sie sofort aussteigen und mit Ihren vorbereiteten Unterlagen zum Kunden gehen.

Wo parken Sie? Wenn Ihr Kunde Kundenparkplätze ausgewiesen hat und diese weitestgehend besetzt sind, so sollten Sie Ihr Fahrzeug woanders parken, denn Sie sind schließlich nicht sein Kunde. Nichts ist schlimmer, als wenn Sie den Kunden Ihres Kunden die Parkplätze wegnehmen. Ein paar Schritte mehr tun Ihrer Gesundheit gut!

Die Hürde des Empfangs

In größeren Unternehmen haben Sie nun die Dame an der Information. Hier geht es darum – egal ob Sie einen Termin haben oder einen Kaltbesuch machen – sich anzumelden. Wenn Sie nun dort Ihren Namen nennen, das Unternehmen, für das Sie tätig sind und wen Sie sprechen möchten – wie werden Sie dann angemeldet? Wir reden hier nicht vom Besuch eines Stammkunden, bei dem die Dame an der Information Sie schon kennt, sondern von einem Erstbesuch bei einem Neukunden. In der Regel wird die Dame bei Ihrem Ansprechpartner anrufen und ihm sagen, *„Chef, hier ist ein Vertreter"* oder *„Chef, hier ist ein Vertreter von so einer Firma"*. Und getreu dem Motto „Jeden Meter ein Vertreter" ist das, was der Chef gerade nicht braucht, ein Vertreter. Die Aussicht auf ein Gespräch ist jetzt nicht wirklich hoch. Damit Sie schon an der Information die erste Hürde erfolgreich nehmen, nutzen Sie Ihre Visitenkarte.

Nutzen Sie Ihre Visitenkarte

Die Begrüssungsphase

GEBEN SIE BEREITS DER DAME AN DER INFORMATION IHRE VISITENKARTE, DAMIT SIE IHREN BESUCH ENTSPRECHEND TELEFONISCH ANKÜNDIGEN KANN.

Auf Ihrer Visitenkarte sind alle wichtigen Daten enthalten. Sie werden in einen Besprechungsraum geführt. Ein quadratischer Tisch ohne erkennbare Sitzordnung. Wo setzen Sie sich hin? Antwort: Bitte bleiben Sie stehen. Sie sitzen den ganzen Tag im Auto, also nutzen Sie diesen Moment, um einfach einmal ein paar Minuten zu stehen, bis Ihr Gesprächspartner zu Ihnen stößt. Wir Menschen sind da recht eigen, was unsere Gewohnheiten angeht. Stellen Sie sich vor, Ihr Partner/Ihre Partnerin hat einen Termin gemacht mit dem neuen Versicherungsvertreter. Jetzt kommen Sie leider fünf Minuten zu spät, und der Vertreter sitzt genau in Ihrem Lieblingssessel, sitzt genau auf Ihrem Stuhl am Küchentisch. Welchen ersten Eindruck haben Sie von Ihrem Gesprächspartner? Es ist der gleiche Eindruck, den Ihr Gesprächspartner von Ihnen hat, wenn er den Besprechungsraum betritt und Sie sitzen auf seinem Platz. Um diese Situation zu entschärfen: Bleiben Sie stehen.

Bleiben Sie stehen

Ihr Gesprächspartner betritt den Raum. Es folgt das Händeschütteln, eine kurze Vorstellung und in der Regel steigen Sie nun in den so genannten Smalltalk ein, die Aufwärmphase, in der man über dies und das redet. Schon diese Aufwärmphase bietet eine Menge Fettnäpfchen.

Die Aufwärmphase

KUNDEN KAUFEN NUR VON SIEGERN!

Bitte kommen Sie also nicht auf die Idee, von sich aus mit negativem Smalltalk zu beginnen. Damit ist gemeint, dass Sie nicht über die schwierige Anfahrt, den Termindruck, die schlechte Geschäftslage oder andere Dinge jammern sollten. Es ist auch schlimm, wenn Ihr Kunde damit beginnt zu jammern. Wenn Sie also wissen, dass Ihr Kunde einen Hang dazu hat, Sie regelmäßig bei Ihrem Besuch für seine Sozialhygiene zu missbrauchen, sich an Ihrer Schulter auszuheulen, so schauen Sie, dass Sie diese Situation geschickt umgehen. Meiden Sie Themen, die Ihren Kunden einladen zu jammern. Wenn Sie wissen, dass es Ihrem Kunden persönlich nicht gut geht, vermeiden Sie es, in der Begrüßung nach seinem Wohl-

Meiden Sie Themen, die Ihren Kunden einladen zu jammern

Die Begrüssungsphase

befinden zu fragen. Wenn Sie wissen, dass die geschäftliche Situation Ihres Kunden angegriffen ist, so begrüßen Sie ihn bitte nicht mit der Frage: *„Wie laufen die Geschäfte?"*. Wenn Ihr Kunde bereits jammert, so achten Sie darauf, dass Sie nicht mit einsteigen. Denn was wäre die schlimme Folge? Wenn beide jammern, befinden sich beide im Jammertal. Dort geht es beiden schlecht. O.K. Gemeinsamkeiten machen sympathisch, nur: diese Gemeinsamkeiten sind nicht gemeint. Kein Kunde kauft aus Mitleid – Kunden kaufen nur von Siegern.

Wenn Ihr Kunde jammert, so schauen Sie, dass Sie das Gespräch mit der Fragetechnik in positive Bahnen lenken.

Fokussieren Sie Bereiche, die in der Vergangenheit gut geklappt haben, fokussieren Sie ihn auf die gemeinsamen Erfolge in der Vergangenheit.

Nutzen Sie den Smalltalk, um eine entsprechende Gesprächsatmosphäre zu schaffen. Sigmund Freud hat gesagt: *„Gegen einen Angriff kann man sich wehren, gegen ein Lob ist man machtlos!"*.

Loben Sie Ihren Kunden schon im Smalltalk. Loben Sie die freundliche Dame an der Information, die großzügigen Parkmöglichkeiten, die gute Anfahrtsbeschreibung im Internet. Loben Sie Ihren Kunden für eine Pressenotiz, die Sie gelesen haben, für den neuen Internetauftritt, den Sie sich im Vorfeld angeschaut haben. Loben Sie ihn für seine neuen Produkte, für seine neue Montagehalle usw. Gegen ein Lob kann er sich nicht wehren. Sie signalisieren Ihrem Kunden damit Interesse an ihm und seinem Unternehmen. Sie können damit sehr schnell zeigen, dass Sie im Vorfeld Ihre Hausaufgaben gemacht haben und sich auf dieses Gespräch gebührend vorbereitet haben. Bitte, Ihr Lob muss immer authentisch sein. Wenn Sie also davon überzeugt sind, dass der Internetauftritt Ihres Kunden unpassend ist, dann loben Sie ihn nicht hierfür. Ihr Kunde spürt es, ob Sie ein Lob ehrlich meinen oder dieses nur aufgesetzt ist.

Bei Stammkunden bietet es sich an, den Gesprächspartner auf Persönliches und Privates anzusprechen, was er beim letzten Besuch erwähnt hat. Beispielsweise das neue Auto,

Loben Sie Ihren Kunden schon im Smalltalk

DIE BEGRÜSSUNGSPHASE

auf das er sich gefreut hat, der Urlaub, der kurzfristig anstand oder das Fußballturnier, das ihm sehr wichtig war.

Wenn Sie nun am Tisch Platz nehmen, so verlangt es die Etikette, dass der Kunde sich zuerst setzt und Sie noch so lange stehen bleiben, bis Ihr Kunde sich gesetzt hat.

Der Visitenkartentausch — In der Regel erfolgt nun der Visitenkartentausch. Dieser Vorgang ist ein Geschäftsbrauch, ein Ritual. Das heißt, sobald Sie sitzen und die Smalltalkphase beendet ist, schieben Sie Ihrem Geschäftspartner eine Karte über den Tisch. Ihre Karte sollt immer griffbereit sein.

Sie haben drei Gesprächspartner, die Sie alle zum ersten Mal sehen. Wie viele Karten geben Sie heraus?

Jeder Gesprächspartner erhält eine Karte — Richtig, jeder Gesprächspartner erhält eine Karte. Übrigens müssen Ihre Karten wie frisch aus der Druckerei aussehen. Ein Knick oder Eselsohr und die Karte ist Altpapier.

Sie erhalten von Ihren Gesprächspartnern auch drei Visitenkarten. Wo kommen die nun hin?

Die Karten bleiben vor Ihnen in der Reihenfolge der Sitzordnung Ihrer Gesprächspartner auf dem Tisch liegen. Erst am Ende des Gespräches stecken Sie die Karten ein. Werfen Sie einen kurzen Blick darauf. Lesen Sie wirklich, was darauf steht. Insbesondere die Jobbezeichnung ist für Sie wichtig. Eine Visitenkarte gibt unter Umständen eine Menge Informationen preis.

Die Getränkefrage — Die Getränkefrage: Wenn Ihnen Ihr Kunde etwas zu trinken anbietet, dann nehmen Sie das Angebot an. Wenn Sie an dem Tag bereits fünf Kaffee getrunken haben, dann trinken Sie halt einen sechsten oder etwas anderes. Es ist unhöflich, dem Kunden zu sagen dass Sie nichts trinken möchten. Im deutschsprachigen Raum ist dies nicht so extrem wie in südlichen Ländern. In Italien, Frankreich oder Spanien wird das Ablehnen des Begrüßungsgetränkes fast als Beleidigung aufgefasst!

Die Zeitfrage — KLÄREN SIE SCHON AM ANFANG DES GESPRÄCHES DIE ZEITFRAGE: WIE VIEL ZEIT HAT IHR KUNDE FÜR DIESES GESPRÄCH EINGEPLANT?

Sehr häufig ist es so, dass Kunden ein Gespräch irgendwann beenden, weil sie auf einen Folgetermin oder das nächste Meeting hinweisen, obwohl Sie mit Ihrer Präsentation noch

Die Begrüssungsphase

nicht den gewünschten Erfolg erreichen konnten. Deshalb ist es wichtig im Vorfeld die Zeitfrage zu klären, damit Sie sich innerlich darauf einstellen können, was Sie in welcher Reihenfolge und wann Ihrem Kunden präsentieren. Im schlimmsten Fall kann es sein, dass Sie den Termin jetzt abbrechen und einen Folgetermin vereinbaren, weil Ihr Kunde heute einfach zu wenig Zeit hat.

Die Vorstellung Ihrer Person und Ihres Unternehmens: Während Sie die Visitenkarte überreichen, erfolgt in der Regel die Vorstellung Ihrer Person. Sie nennen Ihren Vor- und Nachnamen. Sie geben Auskunft darüber, welche Position Sie bekleiden. Möglicherweise vermitteln Sie bereits bei der Vorstellung Ihrem Kunden eine entsprechende Kompetenz, indem Sie auf Ihre fachliche Qualifikation hinweisen. Beispielsweise ein Studium, langjährige Berufs- oder Branchenerfahrungen oder Sie weisen darauf hin, in welchen Branchen- bzw. Kundenkreisen Sie sich sonst bewegen.

Die Vorstellung Ihrer Person und Ihres Unternehmens

Eine wichtige Formulierungshilfe an dieser Stelle: Bitte sagen Sie nicht, dass Sie zuständig sind – Sie sind verantwortlich.

Sie sind der verantwortliche Außendienstmitarbeiter für dieses Gebiet, für diese Branche, diese Zielgruppe. Verantwortlich hat einen anderen Stellenwert als zuständig.

Bitte achten Sie in der Vorstellung darauf, dass Sie den Kunden das erzählen, was Sie können, und nicht das, was Sie nicht können. Wenn Sie beispielsweise neu in einer Branche, einer Position, einem Unternehmen sind, sollten Sie dies nicht unbedingt deutlich hervorheben. Es schmälert sofort Ihre Kompetenz in den Augen Ihres Kunden. Merke: „Alles, was ich sage, muss wahr sein, aber nicht alles, was wahr ist, muss ich auch sagen.". Wenn Sie also schon seit zehn Jahren in dieser Branche arbeiten, erwähnen Sie dies kurz. Wenn Sie jedoch erst drei Monate im Unternehmen sind, dann lassen Sie das weg. Wenn Sie in der Vorstellung Ihrem Kunden klarmachen, dass Sie erst neu sind in dieser Position, frisch sind in diesem Unternehmen und wenig Branchenerfahrung haben, so wird Ihr Kunde deutlich anders mit Ihnen kommunizieren. Er wird Sie zwischendurch auf Herz und Nieren prüfen. Er wird Sie immer wieder antesten und für sich selbst klären, ob Sie

DIE BEGRÜSSUNGSPHASE

Nur das erwähnen, was bei Ihrem Gesprächspartner einen kompetenten, positiven Eindruck hinterlässt

ein vollwertiger Gesprächspartner für ihn sind. Dies können Sie sich ersparen, wenn Sie nur das erwähnen, was bei Ihrem Gesprächspartner einen kompetenten, positiven Eindruck hinterlässt.

Es folgt die Vorstellung Ihres Unternehmens. Hier sollten Sie kurz und knapp die wichtigsten Punkte hervorheben. Drei, maximal vier Sätze reichen hier in der Regel. Die Frage an den Kunden, was er bereits über Ihr Unternehmen weiß, gibt Ihnen häufig guten Aufschluss darüber, wie gut Ihr Kunde schon informiert ist. Es verkürzt in der Regel die Vorstellungsphase. In Zeiten des Internets haben sich auch viele Kunden ihrerseits auf Ihren Besuch vorbereitet.

Die Agenda

Erstellen Sie nun eine kurze Agenda. Ob schriftlich oder mündlich – klären Sie, was die Ziele dieses Gespräches sind. Entweder Sie haben dieses bereits schriftlich erledigt und nehmen Bezug auf Ihr Fax oder Sie definieren jetzt kurz die entscheidenden Gesprächspunkte.

Zusammenfassung: Begrüßung
- Entsprechend parken = niemandem den Parkplatz wegnehmen
- Anmeldung mit Visitenkarte
- Sitzordnung beachten
- Getränkefrage klären
- Kartentausch
- Zeitbudget des Kunden klären
- Ggf. Agenda
- Smalltalk positiv
- Den Kunden loben
- Vorstellung der eigenen Person
- Vorstellung des Unternehmens

DIE FRAGETECHNIK

3 SITUATIONS- UND BEDARFSANALYSE

Bitte stellen Sie sich folgende Situation vor: Sie gehen zum Hausarzt, weil Sie akute Beschwerden haben. Ihr Arzt begrüßt Sie, freut sich, dass Sie mal wieder zu ihm kommen und stellt Ihnen erst einmal drei verschiedene Medikamente vor. Dann fragt er Sie, welches Sie gern hätten ... Absurd? Klar, natürlich geht kein Arzt so vor. Ein Arzt untersucht Sie erst ausführlich, stellt dann eine Diagnose und empfiehlt Ihnen erst jetzt die entsprechenden Medikamente und Verhaltensweisen.

Und wie machen es die meisten Verkäufer? Viele (die meisten!?) Verkäufer beginnen nach Abschluss der Begrüßung damit, dem Kunden das gesamte Sortiment vorzustellen, eindringlich zu argumentieren, warum dieses Produkt, diese Dienstleistung, die Lösung, die der Verkäufer an den Mann bringen möchte, für diesen Kunden ideal ist. Doch woher will der Verkäufer genau dieses wissen?

EIN KARDINALFEHLER IM VERKAUF IST ES, ERST ZU PRÄSENTIEREN, OHNE DEN BEDARF ODER DIE SITUATION DES KUNDEN VORAB ENTSPRECHEND ANALYSIERT ZU HABEN.

Wenn Sie so vorgehen und erst Ihre Produkte und Leistungen in den Vordergrund stellen, wie wollen Sie dann mit Einwänden umgehen und den Preis rechtfertigen? Sie haben keine Argumente, die dafür sprechen, weil Sie nicht wissen, was Ihren Kunden wirklich interessiert.

Auch bei bester Vorbereitung ist es wichtig, den Kunden noch einmal entsprechend zu qualifizieren, bevor Sie mit Ihrer Präsentation oder Beratung beginnen. Sie können hier Ihre in der Vorbereitung gewonnenen Erkenntnisse noch einmal gezielt abfragen oder sich einfach einen Überblick über die Situation Ihres Kunden verschaffen.

3.1 Die Fragetechnik

Um in der Situationsanalyse möglichst viele Informationen von Ihrem Kunden zu erhalten, ist es notwendig, die richtigen Fragen zu stellen. Hier bietet sich die Fragetechnik an. Einen Überblick über Fragearten bietet die folgende Seite.

Situations- und Bedarfsanalyse

Die verschiedenen Fragearten

Geschlossene Fragen

= Fragen, auf die Ihr Gesprächspartner mit Ja und Nein antworten kann.

Beispiele:
„Haben Sie da schon entsprechende Erfahrungen gemacht?" „Sind Sie damit zufrieden?" „Setzen Sie so etwas aktuell bereits ein?" „Passt die Maschine auch für Ihren Einsatz?"

Diese Fragen sind in der Regel mit Ja oder Nein zu beantworten. Der Informationsgewinn über geschlossene Fragen ist meist spärlich. Noch schlimmer: Ein Kunde, der nicht sehr redselig ist, lässt Sie so am ausgestreckten Arm verhungern.

Mehr Informationen erhalten Sie über die Frageart:

Offene Fragen oder so genannte W-Fragen

= diese bieten Ihrem Gesprächspartner die Möglichkeit, Ihnen mehr Informationen zu geben als nur Ja oder Nein. Mit offenen Fragen sind Sie in der Lage, das Gespräch zu führen und zu steuern.

„Wieso, Weshalb, Warum – Wer nicht fragt bleibt dumm!" Das kennen Sie noch aus der Sesamstraße.

Beispiele:
„Welche Erfahrungen haben Sie damit gemacht?" „Wie lange denken Sie schon über den Einsatz einer solchen Maschine nach?" „Welche Kundenzielgruppe wollen Sie damit ansprechen?" „Wann benötigen Sie die Ware?"

Vermeiden Sie bei den offenen Fragen Formulierungen, die mit Warum beginnen. Bei einer Warumfrage muss sich der Gesprächspartner in der Regel rechtfertigen, was kein Kunde in einem Verkaufsgespräch dem Verkäufer gegenüber tun muss. Es muss immer ein angenehmes Gesprächsklima herrschen. Deshalb nutzen Sie Formulierungen wie: *„Was hat Sie motiviert, dies so zu machen?" „Was hat Sie veranlasst, diese Schritte zu gehen?"*

Alternativfragen

= diese bieten dem Kunden immer mehrere Antwortmöglichkeiten. Mit Alternativfragen haben Sie die Möglichkeit, Ihr Gespräch sehr stark zu bestimmen und zu steuern. X oder Y; Gelb oder Grün; KW 40 oder KW 41; Lieferung oder Abholung usw. Hier bieten Sie dem Kunden eine begrenzte Antwortmöglichkeit an. Sie werden diese Frageart noch einmal ausführlich im Abschluss kennen lernen.

Weiterhin gibt es:

- **Meinungsfragen** = Testabschlüsse
- **Kontrollfragen** = was sonst noch
- **Bedingungsfragen** = wenn, dann
- **Hypothetische Fragen** = mal angenommen
- **Suggestivfragen** = Antwort vorgeben

Die Fragetechnik

Neben den Fragearten – wobei in der Bedarfsermittlung die offenen Fragen im Fokus stehen – ist es entscheidend, **immer nur eine Frage** zu stellen und die Antwort abzuwarten. Stellen Sie mehrere Fragen hintereinander, so zeigt die Praxis, dass der Kunde in der Regel nur auf die letzte Frage wirklich antwortet und Sie auf die anderen Fragen keine Antwort erhalten.

Immer nur eine Frage stellen und die Antwort abwarten

Bekommen Sie unklare oder schwammige Aussagen, so fassen Sie noch einmal nach, damit Sie die benötigte Information auch wirklich bekommen.

IM IDEALFALL ERSTELLEN SIE SICH FÜR IHRE GESPRÄCHE EINEN FERTIGEN FRAGENKATALOG. DAS BEDEUTET, DASS SIE IM VORFELD SCHON EINMAL EINE LISTE ERSTELLEN.

Einen fertigen Fragenkatalog erstellen

Was müssen Sie von Ihrem Kunden wissen, um ihm ein entsprechendes Angebot zu machen, um herauszufinden, ob dieser Kunde für Ihre Leistungen überhaupt geeignet ist? Sie haben die Möglichkeit, Fragen speziell auf Sortimentsbereiche, bestimmte Produkte, bestimmte Entscheidergruppen oder Kundenzielgruppen bzw. Branchen auszurichten. Sie sparen sich eine Menge Arbeit, wenn Sie nicht ständig versuchen, das Rad neu zu erfinden.

ERSTELLEN SIE SICH EINEN LEITFADEN FÜR DIE BEDARFSERMITTLUNG UND SIE SPAREN EINE MENGE ZEIT.

Mehr noch: Sie werden im Kundengespräch auch sicherer. Weil Sie jetzt nicht mehr überlegen müssen, welche Fragen Sie nun stellen und wie Sie diese formulieren. So können Sie sich komplett auf das konzentrieren, was Ihr Kunde Ihnen antwortet und sich so einen Überblick über seine Bedürfnisse verschaffen.

Natürlich ist es klar, dass Sie diesen Fragenkatalog nicht schriftlich mit ins Gespräch nehmen können. Dies ist ja kein Gespräch beim Einwohnermeldeamt. Wenn Sie in ein Kundengespräch gehen, sollten Sie die Fragen auswendig gelernt haben!

Wie schaffen Sie es nun, dass Sie möglichst viele Informationen von Ihrem Gesprächspartner erhalten, ohne dass dieser sich nach wenigen Sätzen fragend umschaut und eine

SITUATIONS- UND BEDARFSANALYSE

Vermeiden Sie die Verhöratmosphäre

grelle Lampe sucht, die ihm ins Gesicht scheint? Vermeiden Sie also die Verhöratmosphäre!
Hier gibt es zwei Tipps aus der Praxis:

Zwei Tipps aus der Praxis

1. Zu Beginn der Bedarfsermittlung fragen Sie Ihren Kunden, ob es für ihn in Ordnung ist, dass Sie erst einmal einige Fragen stellen, um sich einen Überblick über seine Situation und seinen Bedarf zu verschaffen. In der Regel wird Ihnen der Kunde die Erlaubnis geben und Sie haben somit freie Fahrt, Ihre Fragen abzuarbeiten.
2. Eine weitere Möglichkeit ist das Paraphrasieren. Paraphrasieren bedeutet, die Antwort Ihres Gesprächspartners auf Ihre Fragen mit eigenen Worten positiv wertschätzend zu wiederholen, siehe folgender Abschnitt.

3.2 Paraphrasieren

Paraphrasieren ist eine Gesprächstechnik, die Sie im Alltag längst unbewusst einsetzen. Wenn Sie einmal ein Gespräch auf einer Party oder in einer Kneipe beobachten, so werden Sie sehr schnell feststellen, dass harmonische Gespräche genau so ablaufen.

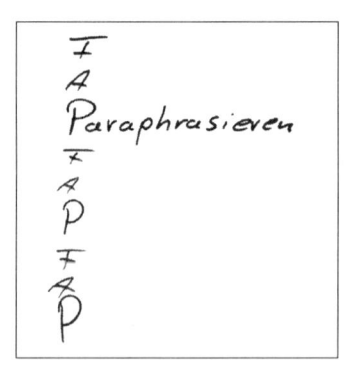

```
F
A
Paraphrasieren
F
A
P
F
A
P
```

GUT HINHÖREN!
Der liebe Gott hat uns zwei Ohren gegeben und nur einen Mund. Er hat sich etwas dabei gedacht.
Gute Verkäufer erkennt man daran, dass sie entsprechende Fragen in der Bedarfsanalyse stellen und gut hinhören!

Blickkontakt

Halten Sie auch immer den Blickkontakt.
Einige Beispiele sollen dies veranschaulichen:

AKTIVES ZUHÖREN

Kunde: *„Ich hoffe, dass ich mit dem 99 Cent-Angebot die Frequenz in meinem Markt deutlich erhöhen kann."*
Verkäufer: *„Sie wollen vor allem Ihre Kundenfrequenz steigern."*
Kunde: *„Das klingt ja alles ganz gut, wer gibt mir aber die Sicherheit, dass die Aktion rechtzeitig im Markt steht?"*
Verkäufer: *„Sie haben volles Vertrauen in unser Angebot, meinen aber, dass wir den Termin nicht einhalten können."*

3.3 Aktives Zuhören

Es gibt eine einfache Methode, das Gespräch schnell zu beenden: Hören Sie dem Kunden einfach nicht zu. Signalisieren Sie ihm, dass er Ihnen einfach nichts bedeutet, schauen Sie an die Decke und lassen Sie Ihre Gedanken schweifen ...

Ironie beiseite: Zuhören verlangt eine große Konzentration, was besonders bei hektischen Kunden sehr schwer ist. Nicht nur die Fakten, die der Kunde uns nennt, sind wichtig, sondern vielmehr die Motivation, die dahinter steckt. Das, was zwischen den Zeilen gesagt wird, ist oft kaufrelevanter als die direkten Informationen.

Zuhören verlangt eine große Konzentration

Grundsätzliches zum „Aktiven Zuhören"
- Lassen Sie den Gesprächspartner ausreden!
- Machen Sie sich Notizen!
- Zeigen Sie Ihr Interesse durch zustimmende Äußerungen:
  „ja", *„.... genau ..."*,
  „.... richtig ...", *„... interessant ..."*,
  „aha", *„hm"* usw.
- Fassen Sie die wichtigsten Äußerungen zusammen!
- Unterbrechen Sie Ihren Gesprächspartner nicht!
- Stellen Sie Fragen!

SITUATIONS- UND BEDARFSANALYSE

Resümee

Nach der Kontaktphase ist es wichtig, dass der Verkäufer sich über die besonderen Vorstellungen und den persönlichen Bedarf des Kunden informiert. Diese Informationen bilden die Grundlage für das Angebot und liefern Anknüpfungspunkte für das weitere Vorgehen im Gespräch.

Zu Anfang des Gespräches ist es wichtig, schnell und gezielt herauszufinden, was der Kunde wünscht, um ihn gezielt und sicher beraten zu können. Um diese Bedarfsermittlung durchzuführen, muss der Verkäufer zwei Gesprächstechniken fundiert beherrschen. Hierzu gehört die Fähigkeit, sensibel zuzuhören, und der Einsatz der Fragetechnik.

WER RICHTIG FRAGT, SAMMELT INFORMATIONEN!
WER RICHTIG FRAGT, FÜHRT DAS GESPRÄCH!

Durch Fragen
- zeigen Sie dem Kunden, dass Sie ihm zuhören und ihn ernst nehmen,
- aktivieren Sie Ihren Gesprächspartner,
- verbessern Sie Ihren Informationsstand über den Gesprächspartner, seine Wünsche, Probleme, Einwände und Widerstände,
- können Sie Gesprächspartner diplomatisch korrigieren,
- können Sie Aggressionen abbauen,
- gewinnen Sie Zeit, eigene Gedanken zu formulieren,
- vermeiden Sie Missverständnisse,
- erkennen Sie Motivation und Argumente des Kunden schneller und können gezielt argumentieren.

Zusammenfassung: Bedarfsermittlung

- Erlaubnis einholen, Fragen zu stellen.
- Offene Fragen = W-Fragen.
- Immer nur eine Frage.
- Antwort abwarten.
- Keine Warum-Formulierungen = Rechtfertigung.

- Bei unklaren Antworten nachfragen.
- Gut hinhören.
- Paraphrasieren.
- Blickkontakt.
- Fragenkatalog standardisieren! Fragen in der Vorbereitung schon ausarbeiten und auswendig lernen.

4 Beratung und Präsentation

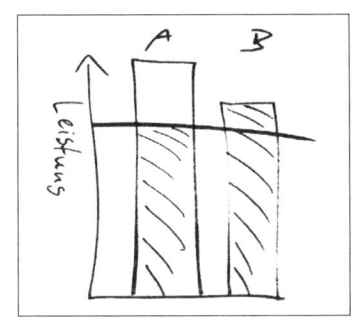

4.1 Nur die kommunizierte Leistung zählt

Bitte stellen Sie sich einmal folgende Situation vor: Sie haben zwei unterschiedliche Anbieter mit einem unterschiedlichen Leistungsspektrum. Anbieter A hat etwa 30 % mehr Leistung zu bieten als Anbieter B bei annähernd gleichem Preis. Bei wem würden Sie kaufen?

Natürlich bei Anbieter A. Denn 30 % mehr Leistung für das gleiche Geld; das nehmen Sie gerne mit.

Wie verändert sich denn Ihre Kaufentscheidung, wenn Sie klare Vorgaben haben für das, was Sie gerne hätten?

Beispiel:

Sie möchten sich ein neues Auto kaufen. Sie haben sich einen Mercedes der A-Klasse ausgesucht. Sie wissen genau, welche Ausstattung Ihr Fahrzeug haben soll, welchen Motor, welche Farbe, den Liefertermin und den Rabatt, den Sie gerne hätten. Nun besuchen Sie Autohaus A, das größere Autohaus in Ihrem Ort. Autohaus A bietet Ihnen neben dem, was Sie sich vorstellen, noch 50 % mehr Leistung, was immer dies auch dann ist. Anschließend gehen Sie in Autohaus B. Autohaus B bietet Ihnen gerade mal 20 % Mehrleistung zu dem, was Sie sich vorgestellt haben. Bei gleichem Preis. Bei wem kaufen Sie jetzt?

Sie kaufen bei Autohaus A, denn 50 % mehr Leistung im Vergleich zu den 20 % mehr Leistung, die Ihnen Autohaus B bietet, nehmen Sie natürlich viel lieber. Logisch!

Und wie werden Sie sich in der dritten Variante entscheiden?

Beratung und Präsentation

Sie gehen zu Autohaus A. Dieses bestätigt Ihnen Ihre Anfrage. Das heißt, der Liefertermin wird Ihnen bestätigt, Sie erhalten den gewünschten Rabatt und das Fahrzeug wird genau in der Farbe, Motorvariante und Ausstattung, die Sie sich vorgestellt haben, geliefert. Anschließend gehen Sie zu Autohaus B. Diese bestätigen Ihnen dies genauso. Nur Autohaus B bietet Ihnen darüber hinaus an:

Wenn Ihr Fahrzeug einmal in den Service muss, Ölwechsel, Inspektion o. ä., so erhalten Sie von Autohaus B einen kostenlosen Leihwagen für die Dauer des Serviceaufenthaltes. Das heißt, Ihr Fahrzeug wird morgens bei Ihnen zu Hause abgeholt, gleichzeitig wird ein Ersatzfahrzeug gestellt und entweder noch am gleichen Abend oder am nächsten Morgen erhalten Sie Ihr Fahrzeug zurück und der Leihwagen wird wieder mitgenommen. Bitte, wenn Sie eine längere Strecke fahren, tanken Sie kurz nach, doch ansonsten ist dies ein Service des Hauses und somit kostenlos für Sie. Darüber hinaus bietet Ihnen Autohaus B die kostenlose Einlagerung Ihrer Räder oder Reifen: Wenn Sie Sommerreifen/Winterreifen wechseln und diesen Service in Ihrem Autohaus B in Anspruch nehmen, so ist die Einlagerung der Räder über den Winter oder Sommer für Sie kostenlos. Gleichzeitig werden Ihre Felgen auch noch gereinigt, sodass Sie beim nächsten Radwechsel sofort blitzblanke Felgen haben. Auch das ist ein Service des Autohauses B und für Sie kostenlos.

Autohaus A bietet Ihnen das auch und noch viel mehr (30 % mehr Leistung), allerdings hat Ihnen das niemand in Autohaus A mitgeteilt. Sie wissen nichts von diesem Service.

Für welches Autohaus/für welchen Anbieter entscheiden Sie sich nun?

Leistung kommunizieren — Sie entscheiden sich für Anbieter B. Denn Anbieter B hat Ihnen deutlich **mehr Leistung kommuniziert**. Sie wissen gar nichts von dem tollen Service, den Autohaus A bietet. Woher auch?

Für die ganz Kritischen unter Ihnen: Möglicherweise gehen Sie noch ein zweites Mal zum Autohaus A und fragen dort nach, ob Ihnen Autohaus A den Service mit dem Leihwagen und der kostenlosen Einlagerung Ihrer Räder/Reifen auch bietet. Der Verkäufer wird Ihnen dieses bestätigen. Mehr aber nicht. Jetzt sind die Chancen wieder gleich. Beide bieten Ihnen bei gleichem Preis die gleiche Leistung. Bei wem kaufen

Nur die kommunizierte Leistung zählt

Sie? Nun, wenn ich diese Frage in Seminaren stelle, so entscheiden sich fast alle für Autohaus B, weil sie sagen: Dort wurde mir der Service sofort angeboten. In Autohaus A musste ich dem Verkäufer „alles aus der Nase ziehen".

Entscheidend ist also nicht, welche Leistung Sie bieten – Sie als Verkäufer, Ihr Unternehmen und Ihre Produkte, sondern:

ENTSCHEIDEND IST, WAS SIE ALS UNTERNEHMEN ODER ALS VERKÄUFER IN DEN KÖPFEN IHRER KUNDEN ALS LEISTUNG VERANKERN, ALS LEISTUNG KOMMUNIZIEREN KÖNNEN!

Ein weiteres Beispiel: Kennen Sie Schwelmer Alt? Nun, die meisten Menschen kennen Schwelmer Alt nicht. Es handelt sich dabei um die regionale Biermarke einer Privatbrauerei in der Nähe meines Wohnortes. Alle Menschen in meiner Umgebung kennen Schwelmer Alt. Sie nicht?

Kennen Sie Jever, Bitburger oder Krombacher Pils? Die meisten von Ihnen kennen diese drei Biermarken. Nun, Schwelm ist genauso ein kleiner Ort wie Jever, Bitburg oder Krombach. Wenn Sie als Außendienstler in der Gegend dieser Orte mit dem Auto unterwegs sind, kann es Ihnen durchaus passieren, dass Sie besagten Ort durchfahren, ohne dies zu registrieren. Entscheidend ist, dass die drei erstgenannten Orte ihre Biermarken in den Köpfen der Kunden platziert haben. Gehen wir noch eine Stufe tiefer in das Thema hinein. Was Ist der Werbeslogan von Krombacher Pils? Der Claim, wie es im Marketing heißt?

„Mit reinem Felsquellwasser gebraut."

Nun, die meisten der knapp über 350 Biermarken in Deutschland benötigen als Grundsubstanz für ihr Bier Wasser. Woher bekommen sie dieses Wasser? In der Regel aus einer Quelle. Also: mit Quellwasser gebrautes Bier ist an sich nichts Besonderes. Nun wirbt Krombacher mit dem Prädikat: *„Mit reinem Felsquellwasser gebraut."*. Ich behaupte: Auch andere Quellen könnte man als Felsquellen titulieren. Die Aussage *„Mit reinem Felsquellwasser gebraut."* trifft also nicht nur auf Krombacher, sondern durchaus auch auf andere Bierbrauer zu. Doch Krombacher hat es geschafft, diese Leistung in den Köpfen der Konsumenten zu verankern, obwohl sie sich nicht wirklich von anderen unterscheidet!

Marken in den Köpfen der Kunden platzieren

BERATUNG UND PRÄSENTATION

Stellen Sie sich die Frage: Welche Leistung sind Sie in der Lage, in den Köpfen Ihrer Kunden, Ihrer Zielgruppe zu verankern? Wofür steht Ihr Haus? Wofür stehen Ihre Produkte? Wofür stehen Sie? Sie als Verkäufer, Sie als Außendienstler in den Köpfen Ihrer Kunden?

Warum kaufen? Warum soll ich kaufen?
Eine entscheidende Frage im Vertrieb!
Natürlich fragen Sie Ihre Kunden nicht so direkt, wie es hier gerade geschehen ist. Ihre Kunden fragen sich jedoch immer wieder, warum sie gerade bei Ihnen etwas kaufen sollen, warum gerade Ihre Produkte, von Ihrem Unternehmen, zu Ihrem Preis und zum jetzigen Zeitpunkt.

Es lohnt sich einmal aufzuschreiben, warum Ihr Kunde wirklich kaufen sollte!

Vier entscheidende Es gibt vier entscheidende Faktoren, Leistung (Ihre Leis-
Faktoren, Leistung tung) zu kommunizieren und in den Köpfen Ihrer Kunden zu
zu kommunizieren verankern:
- Sie-Formulierung
- Negation
- Merkmal-Vorteil-Argumentation
- Überzeugen über Zeugen

4.2 Die Sie-Formulierung

Stellen Sie sich vor, Sie sind in einem Seminar, und anschließend machen Sie gemeinsam mit den anderen Teilnehmern ein Gruppenfoto. Dieses Foto erhalten Sie wenige Tage später auf dem Postweg. Sie öffnen den Umschlag, ziehen das Foto heraus, wo schauen Sie zuerst hin, welchen Punkt auf dem Foto fixieren Sie zuerst? Sie schauen darauf, wo Sie sind, wie Sie getroffen sind, wie Ihre Haare liegen, ob Ihre Augen offen sind, ob Sie lächeln.

Wir sind alle Egoisten Wir sind tief in unseren Herzen alle Egoisten. Auch wenn das in unserer Gesellschaft nicht ausgesprochen wird. Man findet dazu auch sehr viele Beispiele bei der Kommunikation. Was bedeutet das für den Verkauf?

KUNDEN SIND EGOISTEN, KUNDEN WOLLEN IM MITTELPUNKT STEHEN. DER KUNDE SCHAUT ZUERST: WO IST MEIN VORTEIL?

Die Sie-Formulierung

Eine Umfrage unter Endverbrauchern hat ergeben, dass 68 % der Endverbraucher, die ihren Anbieter gewechselt haben, dies getan haben, weil sie das Gefühl hatten, dass ihr Anbieter nicht entsprechend auf ihre Wünsche und Bedürfnisse eingeht!

Entscheidend ist also, dass Sie beim Kommunizieren Ihrer Leistung Ihrem Kunden klar machen, welchen Vorteil/Nutzen er von Ihrem Unternehmen/Ihrem Angebot und Ihrem Kontakt hat!

Im Verkauf gibt es immer wieder neue Trends. Die Entwicklung ist im „Hintergrund" kurz umrissen.

Die Entwicklung des Verkaufs in Deutschland — HINTERGRUND

Nach dem Krieg gab es von allem zu wenig. Man brauchte gar keine Verkäufer. Es reichten Verteiler. Alles war knapp. Die Ware wurde nur verteilt.

Als der größte Bedarf gedeckt war, ging es wieder ans Verkaufen. Hierbei hat man sich von dem damals aktuellen Trend aus Amerika beeinflussen lassen: Das **Hard-Selling** = Druckverkauf. Wenn der Kunde sich bei seiner Kaufentscheidung noch nicht schlüssig war und den Verkäufer gebeten hatte „*Schicken Sie mir doch erst einmal die Unterlagen, damit ich mich da noch einmal einlesen kann.*", so erwiderte der Verkäufer: „*Herr Kunde, wollen wir eine Brieffreundschaft eingehen oder wollen wir Geschäfte machen? Was ist jetzt?*". Dieses etwas überspitzte Beispiel verdeutlicht Ihnen: In dieser Zeit ging es nur darum, Ware in den Markt zu drücken. Ob der Kunde einen Bedarf hatte oder nicht, spielte keine Rolle, entscheidend war aus Sicht des Verkäufers das Geldverdienen. Diese Zeit des Hardsellings war in Deutschland etwa Mitte der 6oer-Jahre beendet.

Das Hard-Selling

Die nächste Phase war dann eine Drehung um 180 Grad. Man hat den **Kunden als den König** betrachtet und sich selbst, den Verkäufer, als den Untergebenen. Formulierungen aus dieser Zeit finden Sie noch heute in manchen Textbausteinen. „*Wir würden uns freuen, Ihnen ein Angebot unterbreiten zu dürfen. Hochachtungsvoll, Ihr …*" Der Verkäufer kam so knapp über dem Teppich zum Kunden gekrochen.

Kunden als König

BERATUNG UND PRÄSENTATION

Sehr unterwürfig hat er sich dann rhetorisch unterhalb des Kunden gestellt und weit zu ihm aufgeblickt. Die Kunden hatten in dieser Phase die entsprechenden Entscheidungsfreiheiten. Es wurde alles im Konjunktiv formuliert: würde, könnte, vielleicht. Bloß keine verbindlichen Aussagen.

Einige Jahre später hat man dann gesehen, dass diese Art des Verkaufens auch nicht mehr funktionierte. Das war so Mitte der 70er-Jahre. In dieser Phase hat der Verkauf gesehen, wir müssen auf Augenhöhe mit dem Kunden kommunizieren. Gleichwertige, **gleichberechtigte Partner**. Aus dieser Phase stammt noch die Wir-Formulierung, auf die wir später noch einmal eingehen werden. *„Wir sind Partner. Du Kunde – wir Lieferant. Wir gehen durch dick und dünn."* Man hat auf Gemeinsamkeiten und gemeinsame Ziele gebaut.

Auf Augenhöhe mit dem Kunden kommunizieren

Diese Phase dauerte je nach Branche bis Anfang/Mitte der 90er. In manchen Branchen war sie früher zu Ende, in manchen erst vor kurzem. Mittlerweile ist der Kunde nur noch auf seinen Vorteil aus. In Zeiten von *„Geiz ist geil"* und *„Ich bin doch nicht blöd!"* schaut der Kunde, wo er das beste Schnäppchen macht. Wo er für sein Geld die Leistung bekommt, die ihm wichtig ist. Nicht nur seit dem Fall des Rabattgesetzes fangen die Kunden auf einmal an zu feilschen. Nur steht das Feilschen nicht in erster Linie dafür, einen günstigen Preis zu bekommen, sondern die Anerkennung zu haben, als Kunde und Einkäufer, dass man ein gerissener Verhandlungspartner ist. Es geht um **persönliche Erfolge**. In dieser Phase ist die Kundenloyalität erschreckend schlecht geworden. Kunden, die mit Ihnen als Lieferanten jahrelang gut zusammengearbeitet haben, wechseln ohne mit der Wimper zu zucken zu einem anderen Anbieter, wenn der ihnen echte Vorteile verspricht. Dies muss nicht immer der Preis sein, dies kann auch ein Serviceangebot sein oder ähnliches. Vergessen Sie das Thema Kundenloyalität. Wenn es einen Trend gibt, der die nächsten Jahre im Vertrieb bestimmt, so ist es der Egoismus und die Suche nach Vorteilen Ihrer Kunden. Wenn Sie sich darauf einstellen, werden auch Sie erfolgreich sein. Wenn Sie weiterhin in der Partnerschaftsdenke bleiben, wird es schwierig.

Der Egoismus und die Suche nach Vorteilen Ihrer Kunden

Die Sie-Formulierung

Wie kommuniziere ich dem Kunden nun seinen Vorteil?

Bitte streichen Sie auf sich selbst bezogene Formulierungen aus Ihrer Kundenkommunikation, sei es in Werbebroschüren, in Anschreiben, in Ihrem Internetauftritt oder in der persönlichen Gesprächsführung.

Wenn Sie Ihren Kunden in den Mittelpunkt stellen wollen, dann bitte mit der Sie-Formulierung.

Beispiele:

Nicht: Wir/ich ...

Wir bieten ein breites Sortiment.
Wir sind seit Jahren im Markt.
Wir haben Topqualität.
Wir haben eine eigene Außendienstmannschaft.
Wir liefern direkt auf die Baustelle.
Ich bin seit 30 Jahren in dieser Branche.
Ich habe durch meine technische Ausbildung die entsprechende Produktkenntnis.
Ich bin jederzeit zu erreichen.
Ich mache die besten Preise.
Man hätte eine entsprechende Auswahl aus einem breiten Sortiment.
Man hat mit Sicherheit eine Top-Kalkulation.
Man kann sich darauf verlassen, dass die Ware auch pünktlich kommt.
Man bekommt alles aus einer Hand.
Diese Aussagen mögen alle richtig sein im Sinne von wahr und zutreffend – nur, wo ist Ihr Kunde?

... sondern Sie!

Sie profitieren von einem breiten Angebot.
Sie erhalten alles aus einer Hand.
Sie haben einen festen Ansprechpartner sowohl im Innendienst als auch im Außendienst.
Sie haben ein optimales Preis-Leistungs-Verhältnis.
Sie sparen eine Menge Zeit, weil die Ware direkt auf Ihre Baustelle geliefert wird.

Beratung und Präsentation

Ihren Kunden in den Mittelpunkt stellen

Spüren Sie es? Diese Formulierungen fühlen sich im Bauch ganz anders an. Ihr Kunde wird in den Mittelpunkt gestellt. Also: Es ist möglich, 100 % aller Formulierungen in der Sie- und Ihnen-Formulierung zu texten!

Wie ist Ihr geschäftlicher Anrufbeantworter oder Ihre Mailbox/Mobilbox besprochen?

„Wir sind nicht zu erreichen. Wir melden uns, wenn wir eine Nachricht erhalten."

Kundenorientiert formuliert hört sich das so an:

„Schön, dass Sie anrufen. Leider kann Ihr Anruf gerade nicht persönlich entgegengenommen werden. Sie können sicher sein, wenn Sie eine Nachricht hinterlassen, erhalten Sie umgehend Ihren Rückruf. Vielen Dank für Ihre Nachricht."

Sehen Sie den Unterschied?

Ein anderes Beispiel vom Dorint-Hotel Krefeld: Als Trainer erhalten Sie dort ein Begrüßungsschreiben, um Ihnen eine entsprechende Orientierung zu bieten. Einige Punkte daraus:

„Lieber Herr Kreuter,

schön, dass Sie Gast im Dorint-Country-Hotel Krefeld sind. Um Ihnen die größtmögliche Unterstützung bei der Organisation und Durchführung Ihrer Tagung/Veranstaltung zu ermöglichen, stehen Ihnen Herr Fischer usw. jederzeit zur Verfügung. Sollten Sie Fragen haben, wenden Sie sich bitte jederzeit vertrauensvoll an die Herren."

Oder:

„Den Schlüssel zu Ihrem Tagungsraum erhalten Sie an der Rezeption. Sie haben somit die Möglichkeit, Ihren Raum zu öffnen und zu schließen, wann immer Sie möchten."

Achten Sie einmal bewusst darauf, wenn Sie Werbespots sehen, Prospekte durchlesen oder ein persönliches Anschreiben erhalten. Ist es eine Wir-Formulierung (Wir, Ich, Man), oder werden Sie als Kunde in den Mittelpunkt gestellt mit der Sie-/Ihnen-Formulierung?

4.3 Negationen

Wenn Sie dies lesen, denken Sie in diesem Moment bitte einmal nicht an den Eiffelturm. Bitte nicht an den Eiffelturm denken.

Woran haben Sie gerade gedacht? Welches Bild haben Sie gerade in Ihrem Kopf?

NEGATIONEN

Natürlich: der Eiffelturm. Wieso ist das so? Nun, unser Gehirn denkt und erinnert sich immer nur in Bildern. Jedes Wort wird in ein Bild umgewandelt und verarbeitet. Dafür ist die rechte Hirnhälfte verantwortlich. Für bestimmte Wörter hat unser Gehirn aber keine Bilder, so genannte Negativformulierungen, also Negationen: Nicht, Nie, Keine usw.

Unser Gehirn denkt und erinnert sich in Bildern

Beispiele:
Ihr kleiner Sohn steht vor Ihnen und hält einen Baustein in der Hand und Sie sagen ihm: *„Nicht hinwerfen! Nicht hinwerfen!"*
Sie können mit hoher Wahrscheinlichkeit davon ausgehen, dass er den Baustein nun hinwirft.
Warum? Weil in seinem Kopf das Wort „nicht" nicht angekommen ist. Es gibt kein Bild dafür. In seinem Kopf ist nur angekommen: *„hinwerfen, hinwerfen"*.

Oder:
Ihr Nachwuchs hat gerade die Milch am Frühstückstisch umgeworfen. Nachdem Sie alles aufgewischt haben, sagen Sie Ihrem Kind: *„Nicht noch mal umwerfen! Nicht noch mal!"* Sie können sicher sein, dass Sie gleich wieder in die Küche gehen dürfen, um den Putzlappen zu holen. Denn was kommt im Kopf Ihres Kindes an? *„Umwerfen, noch mal!"*
Wie müsste es jetzt sinnvoll formuliert sein?
„Sei vorsichtig. Pass auf die Milch auf." Oder: *„Halt den Baustein gut fest, gut festhalten den Baustein!"*

Was bedeutet das für den Verkauf?
Ein Verkäufer, der Backmischungen an Bäcker verkauft, präsentierte sein neues Produkt und argumentierte mit: *„Dadurch, dass in dieser Vormischung schon Trockenei dabei ist, brauchen Sie kein Frischei dazuzugeben und haben somit im Sommer auch keine Probleme mit Salmonellen."*
Sein Gesprächspartner, der Bäcker, verschränkte die Arme und sagte mit fester Stimme: *„Wir haben die strengsten Hygienevorschriften in unserer Backstube. Wir hatten noch nie Probleme mit Salmonellen!"*
Dieses Produkt war für den Kunden damit gestorben! Denn was ist im Kopf des Kunden angekommen?
Salmonellen!

Ein anderes Beispiel:
Ein Verkäufer, der Erdgas an Stadtwerke verkauft, argumentiert in der Vertragsverhandlung: „*Ihr Vorteil als Stadtwerk ist bei dieser Art von Vertrag, dass Sie am Ende der Vertragslaufzeit kein Pönale zahlen müssen.*"

Der Stadtwerkedirektor verschränkt die Arme, lehnt sich in seinem Stuhl zurück und sagt: „*So kommen wir beide auf keinen Fall ins Geschäft.*"

Was ist geschehen? Nun, ein Pönale ist eine Strafzahlung für eine Menge von Erdgas, die das Stadtwerk zwar bestellt, aber auf Grund eines milden Winters beispielsweise nicht abgenommen hat. Und ein Stadtwerkedirektor hasst nichts mehr als für etwas zu zahlen, was er nicht erhalten hat.

Nur das Wort Pönale hat das Gespräch schon an den Rand des Abbruchs gebracht.

Mark Twain hat gesagt: „*Der Unterschied zwischen dem richtigen und dem fast richtigen Wort ist der Unterschied wie zwischen einem Blitz und einem Glühwürmchen.*"

Sparen Sie sich Negationen

ÜBERPRÜFEN SIE ALLE DOKUMENTE, DIE SIE IN DER KUNDENKOMMUNIKATION EINSETZEN, UND IHRE EIGENEN ARGUMENTE AUF NEGATIONEN UND SPAREN SIE SICH DIESE ZUKÜNFTIG.

Sie werden sehen, die Gespräche verlaufen harmonischer. Ein weiterer Aspekt: Kein Kunde kauft Merkmale, alle Kunden kaufen nur ihren Vorteil. Ein bekanntes Zitat eines Werkzeugherstellers besagt: „*Kein Kunde kauft Bohrer in seinem Baumarkt. Alle Kunden wollen das Loch in der Wand!*"

Was wollen Ihre Kunden?

Wenn Sie auf die Frage „*Warum soll ich kaufen?*" mit Argumenten antworten wie: „*Sie bekommen alles aus einer Hand. Sie haben eine 24-Stunden-Hotline. Sie haben einen Außendienstler, der Sie persönlich betreut. Sie haben die Auswahl aus einem breiten Sortiment. Sie bekommen beste Qualität.*", so sind diese Aussagen in der Sie-Formulierung und negationsfrei schon ein echter Fortschritt. Doch das ist längst noch nicht alles, denn Sie haben die ganze Zeit mit Merkmalen argumentiert und nicht mit dem daraus für den Kunden resultierenden Vorteil. Kunden kaufen nur ihren Vorteil.

4.4 Merkmal-Vorteil-Argumentation

Was hat Ihr Kunde davon, dass Sie ihm alles aus einer Hand bieten?

Was hat Ihr Kunde davon, dass Sie eine 24-Stunden-Hotline bieten?

Was hat Ihr Kunde davon, dass Ihre Produkte eine Topqualität haben?

Sie werden jetzt sagen, das weiß der Kunde doch alles. Mag sein, doch sicherer ist es, nicht in Merkmalen zu argumentieren, sondern in Vorteilen. Alles aus einer Hand bedeutet für den Kunden Zeit- und Geldersparnis, Bequemlichkeit.

Eine 24-Stunden-Hotline bedeutet für den Kunden Bequemlichkeit und Sicherheit. Wenn Ihr Kunde Fragen hat, so kann er dort jederzeit anrufen und erhält entsprechende Antworten.

Sicherer ist es, nicht in Merkmalen zu argumentieren, sondern in Vorteilen

Beispiel:

Der Düsseldorfer Autohändler Mercedes Brüggemann gibt Lieferscheine, Dokumente usw. immer in einer Mappe an seine Kunden heraus. Auf dieser Mappe sind 33 gute Gründe genannt, warum der Kunde bei Auto Brüggemann kaufen soll.

Entwicklung einer Merkmal-Vorteil-Argumentation — PRAXIS

Wie wäre es: Erstellen Sie eine Liste mit zwölf, 20 oder 33 guten Gründen, warum Ihr Kunde mit Ihnen Geschäfte machen sollte. Im Idealfall machen Sie das als Teamwork, sowohl die Geschäftsleitung als auch Innen- und Außendienst gemeinsam. Und keine Angst, es wird Ihnen nicht schwer fallen!

Wenn Sie diese Liste guter Gründe aufgestellt haben, so sind das in der Regel alles Merkmale. Nun erstellen Sie eine Tabelle und übertragen zu jedem Merkmal, was der Vorteil dieses Merkmals für Ihren Kunden ist. Beispiel:

Gute Produktqualität = hohe Sicherheit für Ihren Kunden
Lange Nutzungsdauer = hohe Standzeiten usw.

Im letzten Schritt formulieren Sie aus Merkmal und Vorteil einen kompletten Satz mit Sie-Formulierungen und frei von Negationen.

Erstellen Sie eine Liste mit zwölf, 20 oder 33 guten Gründen, warum Ihr Kunde mit Ihnen Geschäfte machen sollte

Beratung und Präsentation

Basisformel: Kunden-Nutzen-Argumentation

Produktmerkmal

z. B. Mailbox-Funktion

**Allgemeiner Vorteil
+
Übersetzungsformel**

Haben Sie den Vorteil, dass ...

Kunden-Nutzen

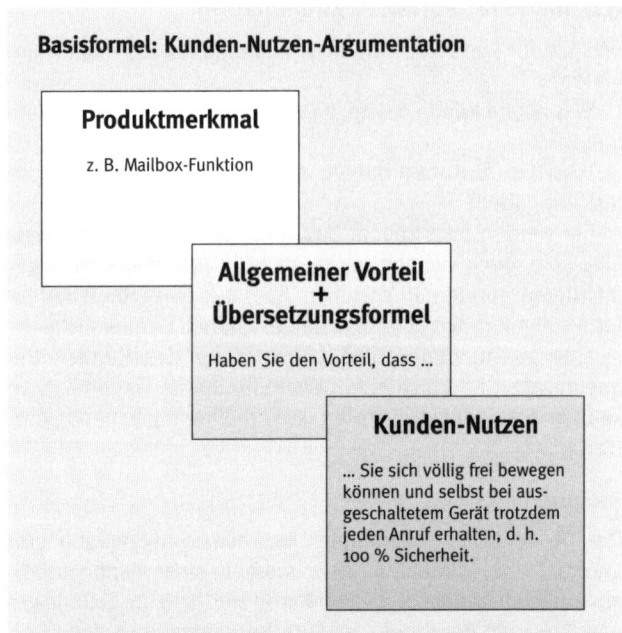

... Sie sich völlig frei bewegen können und selbst bei ausgeschaltetem Gerät trotzdem jeden Anruf erhalten, d. h. 100 % Sicherheit.

Achten Sie darauf, dass der Satz auch wirklich in Ihrem Sprachgebrauch formuliert ist. Der Kunde darf nicht den Eindruck haben, dass Sie gerade von einem Seminar oder Workshop kommen und das frisch Gelernte umsetzen wollen.

Angebot	Übersetzungsformel	Kunden-Nutzen
1.		
2.		
3.		
4.		
5.		
6.		

MERKMAL-VORTEIL-ARGUMENTATION

Noch ein Beispiel aus der Praxis: Nutzenargumentation am Beispiel eines Rollenhandtuchspenders, wie man ihn in Waschräumen findet. Modell Tork Matic:

Merkmal	Eigenschaft	Vorteil	Nutzenbrücke	Nutzen
			Das erhöht Ihre ..., das ergänzt Ihre ..., das sichert Ihnen ..., das fördert Ihre ..., das verbessert Ihre ..., das erspart Ihnen ..., das garantiert Ihnen ..., das senkt Ihren ..., das verringert Ihnen ..., damit verhindern Sie ..., das entlastet ...	
Selbstschneidemechanismus	Papier wird in gleich lange Blätter geschnitten	Jedes Blatt ist einzeln greifbar, dadurch wird vom Verwender nur ein Blatt entnommen	das spart Ihnen	bares Geld durch weniger Abfall (Gewinn)
Gerät ist kostenlos leihweise	SCA stellt Gerät kostenlos zur Verfügung	Keine Spenderinvestition	das sichert Ihnen	modernste Spender-Generation ohne Investition (Sicherheit/Gewinn)
Hohe Rollenkapazität	z. B. 100 m/Rolle entsprechen ca. 400 Abschnitten = ca. 200 Händetrocknungen	Lange Nachfüllintervalle (eine Rolle Tork Matic-Papier entspricht bis zu acht Bündeln Falthandtüchern)	das erleichtert	Ihrem Reinigungspersonal die Arbeit, da weniger Zeit zum Nachfüllen aufgebracht wird (Sicherheit)
Durchdachtes Spenderdesign	keine Ecken und Kanten	Einfache Reinigung und Bedienung	das vereinfacht	das Reinigen des Spenders (Sicherheit)
Modernes Design	Spender gibt Waschraum modernes und gepflegtes Ambiente	Dadurch vermitteln Sie Ihren Mitarbeitern/ Kunden das Gefühl, dass Ihnen deren Wohlbefinden (auch in den Waschräumen) am Herzen liegt	das ergänzt	Ihr Image als hygienebewusster Arbeitgeber/hygienebewusstes Unternehmen
Sichtfenster	für den Verwender/Reinigungspersonal ist ersichtlich, wie viel Kapazität noch auf der Rolle ist	Der Spender muss nicht geöffnet werden, um den Stand der Befüllung zu überprüfen	das entlastet Ihr	Reinigungspersonal, welches Zeit für andere Reinigungstätigkeiten effizienter nutzen kann
Einfach zu bedienendes System mit Diebstahlschutz	Spender hat eigenes Schloss, verschließbar mit Schlüssel, der universell auf alle aktuellen Spender aus dem System passt	Nur Reinigungspersonal und autorisierte Personen haben Zugang zu Papier, dadurch keine unbefugte Papierentnahme	damit verringern Sie	zweckentfremdete Papierentnahme (Kostensenkung durch weniger Papierverbrauch)

BERATUNG UND PRÄSENTATION

| Die für den Verkauf wichtigen Grundbedürfnisse des Kunden | **PRAXIS** |

Der Kunde kauft etwas, weil ...

Profit

1 **PROFIT:** Gewinnstreben, Spartrieb, Zeit gewinnen und Geld einsparen
a) Wie verdienen Ihre Kunden mit Ihrem Produkt mehr Geld?
b) Wie nutzt Ihr Kunde seine bestehende Investition besser mit Ihrem Produkt?
c) Wer zahlt Ihrem Kunden für die Investition in das Produkt noch etwas dazu?
d) Welche Ausgaben fallen für den Kunden durch das Produkt weg?
e) Wie spart Ihr Kunde mit Ihrem Produkt Zeit und Geld?
f) Wie kann Ihr Kunde sich zeitsparend auf Wichtigeres (oder etwas, das er/sie lieber tut) konzentrieren?
g) Wo oder wie verliert Ihr Kunde etwas, wenn er nicht davon Gebrauch macht?

Sicherheit

2 **SICHERHEIT:** Selbsterhaltung, Gesundheit, Risikofreiheit, Sorgenfreiheit
a) Wie fühlt sich der Kunde sicherer durch Ihr Produkt?
b) Wie verbessert das Produkt die Gesundheit oder Lebensgrundlage des Kunden?
c) Welche Unannehmlichkeiten vermeidet Ihr Kunde durch den Einsatz Ihres Produkts und welche Sorgen muss er sich nicht mehr machen?
d) Wie sichert Ihr Produkt den Fortbestand des Unternehmens oder den Lebensstandart Ihres Kunden?
e) Welche Probleme bekommt Ihr Kunde, wenn er nicht davon profitiert?

Komfort

3 **KOMFORT:** Bequemlichkeit, Ästhetik, Schönheitssinn
a) Wie steigert das Produkt den Komfort und die Bequemlichkeit und warum fühlt sich Ihr Kunde besser?
b) Wie macht es das Leben des Kunden schöner und/oder ästhetischer?

MERKMAL-VORTEIL-ARGUMENTATION

c) Wie verbessert Ihr Produkt die Atmosphäre und/oder das Klima?
d) Welche negativen Folgen treten auf, wenn er weiterhin mit der Kaufentscheidung wartet?

4 ANSEHEN: Stolz, Prestige, Anlehnungsbedürfnis, „in" sein, „dabei" sein *Ansehen*
a) Wodurch gewinnt Ihr Kunde dank Ihres Produktes an Ansehen und Prestige?
b) Wo ist Ihr Kunde der Erste/der Einzigartige mit Ihrem Produkt?
c) Bei wem erweckt Ihr Kunde Träume und Anerkennung, wenn er das Produkt hat?
d) Welcher Zeuge (Herr/Frau/Kunde/Zeitschrift/Sendung) empfiehlt Ihr Produkt an Ihren Kunden weiter?
e) Wie sind Ihre Kunden „in" mit Ihrem Produkt?
f) Zu welcher Gruppe möchte Ihr Kunde auch gehören, bei wem wäre er gerne „dabei"?
g) Was verpasst Ihr Kunde, wenn er nicht bestellt?

5 FREUDE: Vergnügen, Großzügigkeit, Schenkungstrieb, Sympathie, Liebe zur Familie *Freude*
a) Wie macht Ihr Produkt dem Kunden Spaß und steigert seine Lebensfreude?
b) Wie kann sich Ihr Kunde mit Ihrem Produkt selbst etwas Gutes tun?
c) Wie kann Ihr Kunde mit Ihrem Produkt anderen etwas Gutes tun und seine Sympathie und Großzügigkeit zeigen?
d) Wie drückt Ihr Kunde mit dem Produkt seine Liebe zur Familie aus?
e) Welche negativen Folgen treten auf, wenn der Kunde sich nicht entscheidet?

GRUNDSÄTZLICH GEHT ES BEI ALLEN ANGEBOTEN DARUM, POSITIVES (FREUDE, GEWINN) ZU VERSTÄRKEN ODER NEGATIVES (SCHMERZ, PROBLEME) ZU VERMEIDEN.

BERATUNG UND PRÄSENTATION

Kunden kaufen den Nutzen, den sie aus Produkten oder Dienstleistungen haben

Kunden kaufen keine Produkte oder Dienstleistungen, Kunden kaufen den Nutzen, den sie aus Produkten oder Dienstleistungen haben. Die Aufzählung der fünf Grundbedürfnisse in obiger Zusammenstellung ermöglicht es Ihnen, mehr Kundenvorteile für Ihr Produkt/Ihre Dienstleistung zu finden. Versetzen Sie sich in die Lage Ihrer Kunden und beantworten Sie die einzelnen Fragen.

Am meisten profitieren Sie, wenn Sie zuerst nur Stichworte notieren und später daraus ganze Sätze formulieren. Die Sätze sollen so formuliert sein, dass die Frage nicht mehr gestellt werden muss, das heißt, die Frage muss in der Antwort enthalten sein.

Beispiel:

2a): *„Im Seminar mit Dirk Kreuter lernen Sie, in jeder Situation des Verkaufsgesprächs mehrere Antworten und Handlungsoptionen bereit zu haben, um Ihr Verkaufs-Ziel zu erreichen. Dadurch fühlen Sie sich auch anspruchsvollen Kunden gegenüber im Verkaufsgespräch sicherer."*.

4.5 Überzeugen über Zeugen

Meine 14-jährige Tochter bringt eine Fünf in der Französischarbeit mit nach Hause: *„Papa, reg' dich nicht auf. Der Klassendurchschnitt liegt bei vierkommaeins. Silvia und Kerstin, die beide sonst nur Zweien schreiben, haben auch eine Fünf."*

Zeugen für die Verstärkung der eigenen Aussagen

Kennen Sie dieses Vorgehen? Ob privat oder geschäftlich, immer wieder werden in Argumentationen so genannte Zeugen für die Verstärkung der eigenen Aussagen angeführt. Das ist ganz normal. Die meisten Menschen tun dies ganz unbewusst. Und es wirkt!

Dieses Vorgehen wird **Zeugenumlastung** genannt. Eine rhetorische Methode, die schon viele tausend Jahre alt ist.

Das Angebot der Märkte wird immer unüberschaubarer. Die Menschen suchen nach Orientierung unter all den Anbietern. Da wird der Rat, der Hinweis eines Dritten, gern genutzt, um die eigene Entscheidung abzusichern.

NUTZEN SIE ALS VERKÄUFER DIESE METHODE GEZIELT: ÜBER-ZEUGEN SIE IHRE KUNDEN MIT DER HILFE VON ZEUGEN!

ÜBERZEUGEN ÜBER ZEUGEN

Als Zeugen eignen sich z. B. Referenzkunden, -objekte, -projekte, unabhängige Institute und Experten, Presse und Medien, oft auch der Kunde/Gesprächspartner selbst.

Die Akzeptanz des Zeugen ist umso größer, wenn der Kunde sich mit ihm identifizieren kann bzw. wenn dem Zeugen die Kompetenz zugesprochen wird. Beispiel: Der Kunde zweifelt die gute Qualität und Belastbarkeit eines Teppichbodens an. Zeugenumlastung: *„Dieser Bodenbelag liegt seit fünf Jahren im stark frequentierten Eingangsbereich des Parkhotels und ist heute noch tadellos!"* Der Kunde sollte nun das Parkhotel selbst kennen und sich vielleicht auch noch an den Boden erinnern können.

Weiteres Beispiel: Der Verwaltungschef der Uniklinik zweifelt die Vorteile einer Auslagerung seiner Kantine an einen externen Dienstleister an. Nun ist es in der Zeugenumlastung wichtig, dass im Idealfall eine andere Uniklinik, die nicht im direkten Wettbewerb mit dem Zielkunden steht, als Zeuge benannt wird. Führen Sie nun ein Provinzkrankenhaus oder ein Altenpflegeheim in Ihrer Argumentation an, so wird der Kunde diesen Zeugen mit hoher Wahrscheinlichkeit nicht akzeptieren.

Damit kommen wir zu einem weiteren wichtigen Punkt der Methode Zeugenumlastung: Sollte Ihr Kunde einmal einen Zeugen ablehnen, aus welchen Gründen auch immer, dann machen Sie bitte nicht den Fehler, diesen Zeugen zu verteidigen! Das bringt Sie in Ihrer Argumentation nicht weiter. Es schadet Ihrem Verhältnis zu Ihrem Kunden nur. Der erfolgreichere Weg ist das Benennen eines anderen Zeugen, der das Gleiche bestätigt, doch von dem Kunden eher akzeptiert wird. Bitte kommen Sie als Verkäufer nicht auf die Idee, sich selbst als Zeugen zu nennen. Die Wirkung verpufft. Der Kunde unterstellt Ihnen unbewusst, dass Sie ja nichts anders sagen können. Schließlich wollen Sie ja etwas verkaufen!

Machen Sie nicht den Fehler, diesen Zeugen zu verteidigen

Es hat eine ganz andere Wirkung, wenn Ihr Zeuge überzeugt!

Praxistipp:

Erstellen Sie eine Liste mit Zeugen. Machen Sie Ihre Referenzen für Ihre Kunden und potenziellen Kunden transparent: im Internet, in Ihren Unternehmens- und Produktbroschüren und in Ihrer Argumentation im persönlichen Kundengespräch!

Erstellen Sie eine Liste mit Zeugen

BERATUNG UND PRÄSENTATION

Kein Kunde möchte gerne in einem Verkaufsgespräch belehrt werden. Wir alle mögen keine Oberlehrer. Auch ein Diskussionssieg ist für einen Verkäufer meist tödlich. Selbst wenn Sie Recht haben, auch wenn Sie als Verkäufer in der Regel Ihre Produkte und Dienstleistungen weit besser kennen als Ihr Kunde und somit in einer Argumentation klare Vorteile hätten. Doch was ist der Preis eines Diskussionssieges? Der Kunde kauft woanders.

„*Sie können die Schlacht gewinnen, den Krieg verlieren Sie jedoch garantiert.*"

FÜR EINEN GUTEN VERKÄUFER GILT ES, DEN KUNDEN NICHT ZU BELEHREN, IHN NICHT IN SEINEM GELTUNGSBEDÜRFNIS ZU TREFFEN.

Der Kunde würde sich bei bester Gelegenheit revanchieren. Das zieht in der Regel den Kauf beim Wettbewerb mit sich.

Wir wollen, dass der Kunde bei uns kauft, nicht, dass der Kunde nachher sagt, dass wir ihm etwas verkauft hätten

Wir wollen, dass der Kunde bei uns kauft, dass er nachher sagt: Ich habe bei X oder Y gekauft! Wir wollen nicht, dass der Kunde nachher sagt, dass wir ihm etwas verkauft hätten. Dann hätten wir ihn nur überredet.

Wenn Sie sich den Wortstamm des Wortes überzeugen ansehen, so werden Sie darin den Begriff Zeuge finden. Überzeugen können Sie besser mit einem Zeugen.

Entscheidend ist, was beim Kunden ankommt.

DIE TECHNIK DER ZEUGENUMLASTUNG FUNKTIONIERT SOWOHL IM VORANGEBOTSGESPRÄCH ALS AUCH BEIM NACHFASSEN ALS AUCH ALLGEMEIN IN JEDEM VERKAUFSGESPRÄCH.

Wir alle nutzen die Technik der Zeugenumlastung täglich unbewusst: Achten Sie einmal auf Kinder. Kinder führen häufig Zeugen an, wenn es darum geht, ein neues PC-Spiel zu bekommen, die neue angesagte coole Jeans oder wenn es um die Mitgliedschaft im Fußballverein geht. Meist werden Klassenkameraden, Nachbarn oder Freunde als Zeugen genutzt. Auch wir tun dies immer wieder privat wie geschäftlich.

Nun gilt es, diese unbewusst eingesetzte Kommunikationstechnik zukünftig bewusst zu Ihrem Vorteil im Gespräch mit Ihren Kunden zu verwenden.

Überzeugen über Zeugen

Welche Zeugen kommen in Frage?
Referenzkunden
Referenzobjekte
Referenzprojekte
Mitteilungen aus Funk, TV und Print
Verbraucherverbände
Institute: Stiftung Warentest, Öko-Test usw.
Fachzeitschriften

Sie können sogar Ihren Kunden selbst als Zeugen nehmen, wenn Sie im Vorgespräch seine Wünsche, Erwartungen und Bedürfnisse detailliert geklärt haben. Denn dann haben Sie bereits eine Menge Informationen über Ihren Kunden generiert. Jetzt ist es an der Zeit, diese Informationen in Argumente umzusetzen.

Informationen in Argumente umsetzen

Beispiel: Sie wissen, Ihr Kunde fährt privat einen Mercedes. Ihr Produkt ist der Mercedes in Ihrem Segment. Dann argumentieren Sie dem Kunden mit der Zeugenumlastung auf Mercedes: *„Herr Kunde, Sie selbst fahren doch auch einen Mercedes, weil Ihnen Sicherheit, Verlässlichkeit und eine gute Qualität wichtig ist. Dann ist es Ihnen doch auch wichtig, dass Ihre Mitarbeiter auf der Baustelle mit einem Werkzeug arbeiten, welches die gleichen Eigenschaften hat wie Ihr Mercedes. Diese Maschine ist der Mercedes in Ihrem Segment."*

Einschränkung: Ihre Erfahrung oder Sie als Verkäufer sind kein wirklich ernstzunehmender Zeuge:

Für wie glaubhaft halten Sie die Argumentation eines Autoverkäufers, der Ihnen immer wieder bestätigt, dass er dieses Modell, dieses Fahrzeug selber auch fährt, einen Verkäufer, der Ihnen ein Mountainbike verkaufen möchte, indem er Ihnen ständig erzählt, dass er dieses Rad selbst fährt, einen Versicherungsvertreter, der Ihnen immer wieder sagt, dass er die gleichen Absicherungen hat?

Sparen Sie sich die Zeugenumlastung mit Ihrer eigenen Person; dieser Schuss geht eher nach hinten los. Je höher die Akzeptanz Ihres Gesprächspartners, Ihres Kunden gegenüber dem genannten Zeugen ist, desto „härter" ist Ihr Zeuge, ist Ihr Argument.

Oft reicht es schon, dass Sie argumentieren, ein anderer Kunde hat folgende Erfahrung gemacht.
„Ein anderer Kunde aus Musterstadt hat folgende Erfahrung gemacht."
Schon besser.
„Der Handwerksbetrieb Schneider in Musterstadt hat folgende Erfahrung gemacht."
Schon sehr gut.
„Herr Müller, der Inhaber des Handwerksbetriebs Schneider in Musterstadt, hat erst letzte Woche mit diesem Gerät folgende Erfahrung gemacht." usw.
= Ideallösung.

Diese Ideallösung ist nur noch zu toppen, indem Ihr Kunde den genannten Zeugen auch noch persönlich kennt und ihn positiv wertschätzt. Natürlich ist es klar, dass Sie einen Wettbewerber nicht als Zeugen nutzen sollten. In vielen Situationen endet das Gespräch dann abrupt. Nennen Sie möglichst nicht den klar zuzuordnenden Wettbewerber, ein Objekt bei dem der Kunde nicht zum Zuge gekommen ist, ein Institut, das Produkte getestet hat, bei dem Ihr Kunde schlechte Noten erhalten hat usw. Die Auswahl des Zeugen muss immer wohl überlegt sein. Ein weiterer Grundsatz ist: Ein Zeuge muss immer sein. Ein Zeuge muss immer der Wahrheit entsprechen! Durch manchen Zufall ist eine gelogene Zeugenumlastung ans Tageslicht gekommen, die dann die Beziehung zu einem Kunden sofort zerstört hat. Vergleichen Sie diese Methode wie auch andere Methoden, die Sie aus dieser Lektüre mitnehmen, mit der Aussage des Arztes Paracelsus:

„Die Dosierung des Medikamentes entscheidet über Medizin oder Gift."

Fällt Ihnen gerade kein passender Zeuge ein, über den Sie umlasten könnten, dann verwenden Sie doch Aussagen wie:
„Wie in einer der letzten Fachzeitschriften zu lesen war ...,"
oder: *„Wie man allgemein in Fachkreisen zu sagen pflegt ..."*

Ihr Vorteil bei der Technik der Zeugenumlastung ist auch, dass Sie diesen Zeugen bequem gegen einen andern austauschen können, wenn der Kunde ihn anzweifelt. Ihre Kompetenz wird dabei nie in Frage gestellt.

Überzeugen über Zeugen

Beispiele einer Zeugenumlastung:

1. Beispiel

Ausgangssituation: Sie möchten ein Mountainbike kaufen. Preislage um 1.000 Euro. Der Verkäufer hat Ihnen schon einige Modelle in dieser Preislage vorgestellt. Eines gefällt Ihnen gut.
  Nun wissen Sie nicht, wie die Qualität ist und von der Marke Steppenwolf haben Sie noch nie gehört. Sie zweifeln: Ist das das richtige Rad für mich? Sind Preis und Qualität gerechtfertigt? Anstatt lange zu argumentieren, nutzt der Verkäufer die Zeugenumlastung:
  Lob des Verkäufers: *„Herr Kunde, ich verstehe, dass Sie skeptisch sind, die Unterschiede der gezeigten Modelle liegen im Detail. Vielleicht überzeugt Sie das: Die Stiftung Warentest hat aktuell 30 Mountainbikes in der Preislage um 1.000 € getestet. Drei davon haben mit der Testnote „Sehr gut" abgeschnitten. Dieses hier ist eines von diesen drei."*
  Was denken Sie? Stellt sich jetzt wirklich noch die Frage nach Preis, Leistung und Qualität?

2. Beispiel

Sie sind im Supermarkt. Sie stehen vor dem Regal mit 15 bis 20 Apfelsaftsorten. Keine der genannten Marken ist Ihnen bekannt.
  Nun sehen Sie den Apfelsaft von „Becker's Bester". Auf dem Etikett rechts oben klebt das Siegel vom Öko-Test. Becker's Bester Apfelsaft, Testnote „Sehr gut", Ausgabe 8/2002. Wenn Sie nicht sehr preissensibel sind, für welchen Apfelsaft werden Sie sich entscheiden?

3. Beispiel

Wenn wir uns in einem Bereich nicht besonders gut auskennen, sind wir für die Erfahrungen von Zeugen besonders zugänglich. Wie können Sie die Methode der Zeugenumlastung nun für Ihr Vorangebotsgespräch nutzen? Sie können dies wunderbar in die professionell vorgezogene Verunsicherung mit einbauen, indem Sie beim Verunsichern noch einen Zeugen einbringen.

Methode des Doppelns (D = 3W)

Das „Aneinanderkleben" zweier gleicher Worte wirkt nicht etwa gefühlsmäßig doppelt, sondern es wird verdreifacht empfunden. Kurzbezeichnung dafür:

$D = 3W$: Doppelung = dreifache Wirkung.

Wie alt und bewährt diese Erkenntnis ist, mag Ihnen folgendes Gleichnis beweisen, welches wir dem bekannten altgriechischen Philosophen und Rhetoriker Demosthenes zuschreiben wollen:

BERATUNG UND PRÄSENTATION

Demosthenes, als Philosoph die Menschen auf dem Marktplatz beobachtend, machte als „Vorbereiter der heutigen Verhaltensforscher" folgende Entdeckung: Er beobachtete zwei Fischer, die unabhängig voneinander ihre Fische feilboten. Der eine war fleißig, fuhr schon früh aufs Meer und hatte die frischesten Fische, die er morgens auf dem Markt anpries:

„*Frische Fische, Leute, kauft frische Fische ...!*"

Im Gegensatz zu dem anderen Fischer, der faul war und oft Fische des Vortages „aufpoliert" feilbot, hatte der fleißige Fischer nur wenige Kunden an seinem Stand. Die meisten kauften bei dem faulen Fischer! Wie stellte dieser „faule Fischer" das nun an? Er pries seine Fische wie folgt an:

„*Leute, Leute ... frische, frische, frische Fische; ganz, ganz frisch ...*"

Eben dieser Demosthenes war es, der eine Strafpredigt gegen den damals herrschenden König Philipp von Mazedonien mit einem derartigen Erfolg vor dem griechischen Senat hielt, dass der König in Abwesenheit (was damals unmöglich erschien) für vogelfrei erklärt wurde.

Auch Demosthenes mag die Kenntnis von D = 3W eine wertvolle Hilfe gewesen sein! Ihre ganz „normale" Reaktion in persönlichen Notfällen (z. B. „Hilfe, Hilfe ...!" oder auch „Feuer, Feuer ...!"), in denen Sie instinktiv mit D = 3W verdoppeln: Diese erprobte und bewährte Reaktion ist durchaus auch auf Ihre Verkaufsgespräche zu übertragen! Nur wenn Ihr Kunde fühlt, dass Sie als Verkäufer von „Ihrer Sache" überzeugt sind, wird er sich überzeugen lassen.

Nur wer selbst brennt, kann andere entzünden!

Nur wer selbst brennt, kann andere entzünden!

Mit D = 3W ist Ihnen eine rhetorische Methode gegeben, die Ihnen hilft, Ihre Kunden fühlen zu lassen, „wie sehr Sie brennen"!

Beispiele: „*Danke, danke für Ihre Offenheit ...*", „*Prüfen, prüfen Sie einmal ...*", „*Sie als erfahrener, erfahrener Handwerker ...*"

„*Dieses Laminat können Sie in zehn, zehn (!) verschiedenen Oberflächen wählen ...*"

Mimik und Gestik

Dass im besonderen Maße D = 3W nur in Verbindung mit der entsprechenden Mimik und Gestik wirkt, bedarf wohl keiner besonderen Erwähnung.

Das D = 3W-Phänomen erleben Sie täglich in Werbespots, Liedern, Zeitungen und im Fernsehen.

Im Idealfall erstellen Sie neben Ihrer 33-Gute-Gründe-Liste zu jedem Argument auch eine entsprechende Zeugenliste.

Mein Tipp: Lernen Sie die Argumente auswendig. In der optimalen kundenorientierten Formulierung versteht sich. Ich mache so etwas immer beim Autofahren. Schreiben Sie sich eine Liste mit den Argumenten und üben Sie beim Autofahren die Argumente so lange, bis sie wirklich fließend über Ihre Lippen kommen, bis Sie nicht mehr bewusst nachdenken müssen, sondern aus dem Unterbewusstsein heraus die Argumente kundenorientiert formulieren. Keine Angst, seitdem es die Freisprechanlagen im Auto gibt, schauen die Menschen an der Ampel auch nicht mehr irritiert!

Mein Tipp: Lernen Sie die Argumente auswendig

> **Zusammenfassung: Beratung/Präsentation**
> - Nur die kommunizierte Leistung zählt!
> - Warum soll Ihr Kunde gerade bei Ihnen gerade Ihre Produkte, gerade jetzt und zu Ihrem Preis kaufen?
> - Sie-Formulierung: *„Sie erhalten ... Sie sparen ... Ihr Vorteil ..."*
> - Negationen-frei argumentieren: *„... keine Reklamationen!"*
> - Merkmal & Nutzen/Vorteil für den Kunden herausstellen: *„... das bedeutet für Sie ..."*
> - Zeugen benennen = Zeugenumlastung
> - Gut hinhören!
> - Kauf-Bereitschafts-Signale des Kunden wahrnehmen.
> - Den Kunden nicht mit Argumenten überfrachten, sondern genau die Vorteile aufzählen, die für Ihren Kunden relevant sind.
> - Nach einem Kaufsignal wird abgeschlossen!

5 Abschluss

5.1 Der Testabschluss

Die meisten Verkäufer reden zu viel. Es ist schon eine Stärke eines Verkäufers, dass er gut reden kann, dass er rhetorisch geschickt ist. Doch manchmal wird aus einer Stärke auch eine Schwäche, wenn sie überzogen wird. Wenn der Verkäufer nun seine gesamten Argumente, sein komplettes Fachwissen über den Kunden ausschüttet, so heißt das nicht, dass der Kunde dann auch kauft. Es geht nicht darum, einen Kunden mit Argumenten zu erschlagen, es geht darum, die richtigen, die passenden Argumente auf die Bedürfnisse und die Situation Ihres Kunden zu wählen.

Zwei Gründe, warum Verkäufer so viel reden

Zwei Gründe, warum Verkäufer so viel reden:
1. Solange sie reden, kann der Kunde nicht nein sagen, und vor diesem Wort „Nein" haben die meisten Verkäufer große Angst.
2. Solange der Verkäufer sein komplettes Fachwissen absondert, ist er auf der sicheren Seite. Weil oftmals der Kunde ihm hier das Wasser nicht reichen kann. Sobald er Fragen zulässt oder auch einmal Pausen einlegt und schweigt, ist er aus seiner Sicht in der Gefahr, dass der Kunde Fragen stellt oder Argumente bringt, mit denen er nicht umgehen kann.

So kommen Sie sicherer und schneller zur Kaufentscheidung Ihres Kunden:

Erfolgreiche Verkäufer nutzen die rhetorische Technik des Testabschlusses in Verhandlungen und Verkaufsargumentationen. Der Testabschluss gibt schon frühzeitig Aufschluss darüber, wie sich die Meinungsbildung des Gesprächpartners oder der Gesprächspartner entwickelt. Mit dem Testabschluss haben Sie auch die Möglichkeit, alle Teilnehmer einer Gesprächsrunde, einer Präsentation oder eines Verkaufsgespräches zu aktivieren, zu motivieren, Ihre eigenen Aussagen zu treffen. Situationen, bei denen Ihnen am Ende einer Präsentation oder eines Gespräches ein vermeintlich Unbeteiligter die komplette Argumentation umwirft, gehören der Vergangenheit an.

DER TESTABSCHLUSS

Verhandlungen und Präsentationen werden so kürzer, effizienter und zielgerichteter. Sie wissen schneller und sicherer, wann der passende Zeitpunkt für einen Abschluss gekommen ist.

Der Testabschluss ist eine Meinungsfrage. Meinungsfragen sind ganz unverfänglich. Wer nach seiner Meinung gefragt wird, der ist meist gern bereit, sein Statement abzugeben.

Der Testabschluss ist eine Meinungsfrage

Meinungsfragen gibt es in zwei Varianten: geschlossen und offen formuliert.

Bei der geschlossen formulierten Meinungsfrage antwortet der Gesprächspartner in der Regel mit Ja oder Nein. Zu einer ausführlicheren Stellungnahme wird er so nicht motiviert.

Geschlossen formulierte Meinungsfrage

Bei der offen formulierten Meinungsfrage hat der Gesprächspartner die Möglichkeit, sich ausführlich zum Thema zu äußern.

Offen formulierte Meinungsfrage

Die geschlossen formulierte Variante beginnt meist mit: „Glauben Sie …", „Denken Sie …", „Meinen Sie …".

In der Praxis hört sich das an wie folgt:

Erster Schritt: Ihr Argument. Zweiter Schritt, im direkten Anschluss: „Glauben Sie, Herr Kunde, das wäre auch etwas für Ihre Abteilung?"

Die Meinungsfrage bezieht sich im Idealfall immer auf Ihr vorheriges Argument.

Weitere Beispiele:

„Denken Sie, Herr Kunde, das würde bei Ihnen auch eine große Kostenersparnis bedeuten?"

„Meinen Sie, Herr Kunde, das wäre eine Alternative zu Ihrem aktuellen Lösungsansatz?"

Was soll der Kunde darauf schon antworten?! Sie erhalten ein Ja oder ein Nein. Meist nicht mehr.

Bei einem Nein wissen Sie nun, woran Sie sind, und können Ihre Gesprächsstrategie noch einmal überdenken. Möglicherweise haben Sie gerade in der Bedarfsermittlung etwas vergessen oder falsch verstanden. Ihr Vorteil: Sie können noch rechtzeitig gegensteuern. Eine solche Situation am Ende einer Argumentationskette bzw. am Ende eines Gespräches, wenn Sie abschließen wollen, könnte alle Bemühungen zunichte machen.

Antwortet Ihr Gegenüber mit Zustimmung, so wissen Sie, dass Sie auf dem richtigen Weg zum Abschluss sind. Sammeln Sie nun weiter zustimmende Meinungs-Jas. Wenn Sie drei,

Sammeln Sie weiter zustimmende Meinungs-Jas

vier, fünf oder mehr Argumente gebracht haben und Ihr Kunde Ihnen immer zugestimmt hat, wird es für ihn rein moralisch schon sehr schwierig, nicht zu kaufen!
Noch erfolgreicher funktioniert diese Gesprächstechnik mit offenen Fragen:
„Was denken Sie, wenn Sie diese Vergleichszahlen sehen?"
„Wie sehen Sie als Einkäufer dieses Angebot?"
„Was halten Sie von diesem Vorschlag?"
„Was meinen Sie, wie sich eine solche Lösung auf Ihre Produktion auswirkt?"
usw.
Bei der offenen Meinungsfrage als Testabschluss kann der Kunde in der Regel nur mit einem ausführlichen Kommentar antworten. Meist argumentiert er nun selbst, warum Ihr Angebot gut zu ihm passt!

Gegen Ihre Argumente kann sich Ihr Kunde wehren, gegen seine eigenen Argumente ist er machtlos!!!

Richtig eingesetzt ist der Testabschluss ein sehr starkes Werkzeug der Überzeugung!

Kaufsignale

Woran erkennen Sie, dass Ihr Kunde sich schon innerlich entschlossen hat, Ihr Angebot wahrzunehmen, bei Ihnen zu kaufen?

Körpersprache

Es gibt hier in der Verkaufsliteratur verschiedenste Varianten: Beispielsweise die körpersprachliche, die besagt, dass ein Kunde, der sich innerlich entschlossen hat zu kaufen, symmetrisch wird. Das heißt, wenn er vorher schräg gesessen hat, dann wird er sich nun gerade hinsetzen, wenn er vorher verschränkte Arme hatte, so wird er seine geschlossene Armhaltung in eine offene ändern. Ob Sie sich auf die körpersprachlichen Signale Ihres Kunden verlassen wollen, ist Ihre Sache. Nach meiner Erfahrung als Trainer ist das Deuten von körpersprachlichen Signalen äußerst schwierig. Es gibt nur sehr wenige Profis, die das wirklich beherrschen.

Eindeutige Kaufsignale sind Fragen und Bemerkungen Ihres Gesprächspartners, Ihres Kunden, die sich nicht mehr mit der eigentlichen Kaufentscheidung befassen, sondern mit

Der Testabschluss

dem, was darüber hinaus geschieht. Wenn Ihnen Ihr Kunde mitten in der Argumentation signalisiert:
* *Haben Sie die Ware denn auf Lager?*
* *Wie lange ist denn die Lieferzeit?*
* *Welche Verpackungseinheiten gibt es denn?*
* *Welche Menge müsste ich denn nehmen, um einen anderen Preis zu bekommen?*
* *Liefern Sie auch direkt auf die Baustelle?*
* *Kann ich auch einen Abrufauftrag daraus machen?*
* *Können Sie mir das auch als Geschenk einpacken?*
* *Kann ich bei Ihnen auch mit Kreditkarte zahlen?*
* *Usw.*

Also: Alle Fragen und Hinweise Ihres Kunden, die über die eigentliche Kaufentscheidung hinausgehen, sind so genannte Kaufsignale!

Nach einem Kaufsignal muss unbedingt sofort abgeschlossen werden!

Wenn Sie nun weiter argumentieren und weiter beraten, dann kann es sein, dass das eine oder andere Argument den Kunden verwirrt, dass es neue Fragen aufwirft und er nun von seiner Kaufentscheidung Abstand nimmt.

Alle Fragen und Hinweise Ihres Kunden, die über die eigentliche Kaufentscheidung hinausgehen, sind Kaufsignale!

Nicht der Verkäufer, der die meisten Argumente hat, ist erfolgreich, sondern der Verkäufer, der das richtige Argument entsprechend formuliert, im richtigen Moment ausspielt und auf die Kaufsignale des Kunden achtet.

Ein Beispiel aus der Praxis:

Wir wollten in einem Möbelhaus sechs Stühle kaufen. Die Beraterin zeigte uns verschiedene Modelle. Das erste Modell war nicht unser Fall. Das zweite Modell traf auch nicht unsere Ansprüche. Das dritte Modell gefiel uns schon sehr gut. Wir fragten: *„Gibt es dieses Modell auch in anderen Farben?"* Die Beraterin erwiderte, dass es noch sechs verschiedene andere Farben gäbe. Wir fragten weiter: *„Ist der Stuhl denn auch auf Lager?" „Nein, den müssten wir bestellen."* Unsere Frage: *„Wie lang ist denn dann die Lieferzeit?" „Ja, mit sechs bis acht Wochen müssen Sie schon rechnen." „Und müssen wir dann die Stühle abholen, oder liefern Sie die direkt zu uns nach Hause?" „Nein nein, die bekommen Sie dann schon*

ABSCHLUSS

direkt nach Hause geliefert. Aber ich zeige Ihnen noch mal andere Modelle." Insgesamt haben wir in diesem Beratungsgespräch zwölf verschiedene Stuhlmodelle gesehen und nichts gekauft.

Am nächsten Morgen fuhr meine Frau noch einmal alleine in das Möbelhaus und bestellte dort sechs Stühle. Was schätzen Sie, welches Modell wir bestellt haben?

Natürlich, das dritte war's. Es waren drei eindeutige Kaufsignale: 1. im Lager verfügbar, 2. Lieferzeit, 3. Anlieferung oder Abholung.

Sie werden sicherlich eine Menge weiterer Beispiele haben aus Ihren Erlebnissen als Kunde.

Sie haben sicher schon einmal eine größere Kaufentscheidung zu treffen gehabt, ein neues Auto, eine Urlaubsreise, der neue Fernseher, das neue Fahrrad oder Ähnliches, und Sie haben sich nicht spontan entschieden, waren vorher in verschiedenen Geschäften, haben sich beraten lassen, haben im Internet recherchiert, haben sich vielleicht auch noch die Testzeitschrift gekauft, Sie haben es einige Wochen oder Monate mit sich herumgetragen, Sie sind mit Ihrer Kaufentscheidung „schwanger gegangen". Nun kommen Sie irgendwann an einen richtigen Verkäufer. Ein Verkäufer, der sein Handwerk versteht. Dieser Verkäufer ist Ihr Geburtshelfer. Er hilft Ihnen, Ihre Kaufentscheidung auf die Welt zu bringen. Sie entscheiden sich, Sie bestellen jetzt das Auto, Sie buchen jetzt die Urlaubsreise, Sie kaufen den Fernseher. Wie ist es Ihnen ergangen? Welches Gefühl hatten Sie nach einer so langen Entscheidungsfrist, nachdem Sie sich endlich verpflichtet haben?

Ein Verkäufer, der sein Handwerk versteht, ist Ihr Geburtshelfer

Nun, die meisten, die ich das frage, sind erleichtert. Sie sagen, da fällt mir ein Stein vom Herzen, dass ich das endlich aus dem Kopf habe.

Der Unterschied zwischen einem Berater und einem Verkäufer

Der Unterschied zwischen einem Berater und einem Verkäufer zeigt sich genau an dieser Stelle im Verkaufsgespräch. Ein Berater sieht seine Hauptaufgabe darin, den Kunden umfangreich zu informieren, sein gesamtes Fachwissen über den Kunden auszuschütten und ihn dann mit seiner Kaufentscheidung allein zu lassen, nach dem Motto „ein mündiger Kunde kann auch selbst entscheiden".

Ein Verkäufer macht ab dieser Stelle weiter. Er motiviert den Kunden, jetzt eine Kaufentscheidung zu treffen. Er moti-

Der Kaufabschluss

viert den Kunden, nicht länger den Abschluss abzuwägen, sondern jetzt eine Entscheidung zu treffen.

VERKAUFEN BEDEUTET: MENSCHEN (KUNDEN) MOTIVIEREN, (KAUF-)ENTSCHEIDUNGEN ZU TREFFEN.

Werden Sie vom Berater zum Verkäufer. Berater gibt es wie Sand am Meer. Gute Verkäufer sind rar und gesucht. Als guter Verkäufer haben Sie, egal wie die Marktlage ist, immer genug zu tun.

Werden Sie vom Berater zum Verkäufer

5.2 Der Kaufabschluss

Nachdem Sie über den Testabschluss Kaufsignale provoziert haben oder Ihr Kunde auf das passende Argument mit einem Kaufsignal reagiert hat, ist es nun an Ihnen, Ihren Kunden zu motivieren, jetzt eine Entscheidung zu treffen. Nur, wie machen Sie das am geschicktesten?

Es gibt verschiedene Abschlusstechniken, nachfolgend eine Auswahl.

5.2.1 Die Alternativfrage

Fragen Sie den Kunden bitte nicht, ob er kaufen will oder nicht. Diese Frage ist zu schwierig. Im Zweifelsfall wird der Kunde sich für ein Nein entscheiden, weil ein Nein deutlich leichter über die Lippen kommt als ein Ja. Denken Sie nur einmal an das Ehegelübde. Ja, ich will. Wie viele Menschen brauchen Jahre, bis sie sich dafür entscheiden, Ja zu sagen.

Denken Sie an das Beispiel beim Italiener: *„Möchten Sie noch etwas trinken?"* 30 % Trefferquote. *„Was möchten Sie noch trinken?"* 30 % Trefferquote. *„Möchten Sie nach dem leckeren Essen noch einen Cappuccino, einen Espresso oder lieber einen Grappa für den Magen?"* Trefferquote 70 %.

Fazit: Schließen Sie nie mit einer offenen oder geschlossenen Frage ab. Der Idealfall ist die Alternativfrage. Bieten Sie Ihrem Kunden sofort eine Auswahl, sodass er gar nicht mehr überlegen muss, kaufen oder nicht, sondern sich innerhalb dieser Auswahl für Ihr Angebot entscheidet.

Sie haben die Möglichkeit, die Kaufentscheidung über die Alternativfrage ein Stück weit zu steuern. Nun, was bleibt stärker haften? Das Erst- oder das Letztgenannte?

Die Kaufentscheidung über die Alternativfrage steuern

ABSCHLUSS

Ein Beispiel:
Willi ist fleißig, aber er säuft.
Willi säuft, aber er ist fleißig.
Bei welcher der Formulierungen haben Sie einen besseren oder schlechteren Eindruck von Willi?
Das Letztgenannte bleibt stärker in Erinnerung.

Das Letztgenannte bleibt stärker in Erinnerung

Sie erleben das auch oft bei so genannten Schachtelsätzen in der Bedarfsermittlung: Dem Kunden werden dabei gleich mehrere Fragen hintereinander gestellt, ohne eine Antwort abzuwarten.

„In welcher Größe setzen Sie es denn ein, und wer wird es Ihnen montieren? Wobei Sie dann natürlich auch noch die Abnahme eines Sachverständigen brauchen. Wer macht das denn normalerweise bei Ihnen?"

Hier wird der Gesprächspartner in der Regel nur auf die letzte Frage antworten, weil er das Vorangegangene schon wieder vergessen hat. Das bedeutet:

Setzen Sie das Produkt oder die Dienstleistung, die Sie favorisieren, die Sie gerne verkaufen möchten, an die letzte Stelle Ihrer Argumentation.

In durchschnittlichen Verkaufstrainings lernen Sie dann beispielsweise, bei der Terminvereinbarung mit einem Neukunden die Alternativfrage einzusetzen: *„Passt es Ihnen besser am Dienstagvormittag oder lieber am Freitagnachmittag?"* Nun, auch die Kunden haben in den letzten Jahren dazu gelernt, und jeder, der schon einmal mit dem Verkauf zu tun hatte, denkt gleich: Aha, ein geschulter Verkäufer mit einer Abschlusstechnik. Das ist grundsätzlich nichts Schlechtes, nur ist Ihre Chance, jetzt den Termin zu vereinbaren, nicht ideal.

Sie verbessern Ihre Terminchancen, indem Sie beim zweitgenannten Termin, den Sie favorisieren, dem Kunden auch noch entsprechende Vorteile aufzeigen. Siehe Merkmal-Vorteil-Argumentation.

„Passt es Ihnen besser am Dienstagvormittag oder ist es für Sie besser am Freitagnachmittag, wenn es auch ruhiger ist und Ihre Kunden schon im Wochenende sind?"

Hier haben Sie den ersten Vorschlag nur sachlich genannt. Den zweiten Vorschlag haben Sie mit einem Vorteil unter-

Der Kaufabschluss

mauert. Die Wahrscheinlichkeit, dass der zweite Vorschlag genommen wird, ist nun deutlich größer.

Wenn Sie nun die Alternativfrage auch für den normalen Abschluss verwenden, können Sie hier auch Produkte oder Dienstleistungen nennen.

Beispiele:
- Möchten Sie nur Produkt A oder auch Produkt B? Oder: Möchten Sie nur Produkt A oder auch Produkt B, wo Sie den Vorteil haben, dass Sie es sofort einsetzen können und dadurch eine Menge Zeit sparen?
- Möchten Sie die zwei Kartons oder lieber gleich eine Palette? Oder: Möchten Sie lieber die zwei Kartons oder lieber gleich eine Palette, weil Sie mit einer Palette gerade mal sechs Wochen auskommen, dadurch aber einen deutlich besseren Preis bekommen?
- Reicht Ihnen das in der nächsten Woche oder soll ich kurz klären, ob Sie es am Freitag noch direkt auf die Baustelle geliefert bekommen?

5.2.2 Die NOA®-Technik

Es fällt Ihrem Kunden immer schwer, seine Kaufentscheidung mit einem „*Ja, ich will. Ja, schreiben Sie auf. Ja, so machen wir das.*" zu bestätigen. Dieses Ja kostet den Kunden große Überwindung.

Es ist viel einfacher, Ihrem Kunden ein „*Nein, will ich nicht. Nein, brauche ich nicht. Nein, kein Interesse. Nein, das hab ich schon.*" zu entlocken und damit trotzdem seine Entscheidung für einen Kaufabschluss zu bekommen.

Wie stellen Sie das an?

Mit der NOA®-Technik haben Sie die Möglichkeit, dass Ihr Kunde Ihren Vorschlag ablehnt und damit trotzdem den Kauf bestätigt.

Die NOA®-Frage ist eine Alternativ-Frage: X oder Y. Vor dem ersten Produkt oder der ersten Kaufoption wird das Wort „nur" gesetzt. Dadurch wird die erste Kaufoption psychologisch verkleinert. Vor die zweite Kaufoption, das Y, wird das Wort „auch" gesetzt. Damit wird die zweite Variante psychologisch aufgeblasen. Das „auch" suggeriert zusätzlichen Aufwand, zusätzliche Kosten.

Vor dem ersten Produkt oder der ersten Kaufoption wird das Wort „nur" gesetzt, vor die zweite Kaufoption, das Wort „auch"

Abschluss

Die Variante, die Sie für Ihren Kunden favorisieren, an die erste Stelle setzen und an die zweite Stelle eine Alternative, die nur dazu dient, den Kunden zu einer Entscheidung zu motivieren

Die zweite Variante wird mit einer Trefferquote von etwa 90 % in der Praxis abgelehnt, wodurch die erste Kaufoption bestätigt wird. Sie sollten also immer die Variante, die Lösung, die Sie für Ihren Kunden favorisieren, an die erste Stelle setzen und an die zweite Stelle eine Alternative, die Sie nicht verkaufen wollen, die nur dazu dient, den Kunden zu einer Entscheidung zu motivieren. Mit höchster Wahrscheinlichkeit wird diese abgelehnt. Im weiteren Gespräch ist es schier unmöglich, die zweite Variante dann doch noch an den Mann zu bringen.

Wo erleben Sie die NOA®-Technik in der Praxis? Beispielsweise bei einer geschickten Schuhverkäuferin. Sie probieren gerade ein neues Paar Schuhe an, das Ihnen gut gefällt. Sie geben der Verkäuferin ein Kaufsignal im Sinne von *„Gibt es diese Schuhe auch in einer dunkleren Farbe?"* oder *„Haben Sie diese Schuhe auch mit Schnürung?"* oder *„Haben Sie diese Schuhe auch in einer breiteren Form?"*. Die Verkäuferin beantwortet Ihre Frage, registriert das Kaufsignal und schließt mit der NOA®-Frage ab. *„Möchten Sie nur die schönen braunen Lederschuhe, bei denen Sie sagen, dass die wirklich bequem sind? Oder möchten Sie auch noch ein Pflegemittel dazu?"* *„Nein, das Pflegemittel brauche ich nicht. Da hab ich noch was zu Hause."* *„Prima."* Die Verkäuferin nimmt die Schuhe, den Karton und geht zur Kasse.

Die NOA®-Technik eignet sich sowohl zum Abschluss nach einem Kaufsignal als auch einfach dann, wenn Sie das Gefühl haben, jetzt ist der richtige Zeitpunkt zum Abschluss.

Eine Art rhetorische Stricknadel

Die NOA®-Technik ist eine Art rhetorische Stricknadel. Wenn Sie einen Kuchen backen und sehen möchten, ob dieser Kuchen schon gar ist, dann stecken Sie eine Stricknadel in den Teig und ziehen sie vorsichtig wieder heraus. Klebt noch etwas Teig an der Stricknadel, wissen Sie, der Kuchen braucht noch einige Zeit, er ist noch nicht gar. Ist die Stricknadel sauber, wissen Sie, der Kuchen ist gar, und Sie können ihn heraus nehmen. Bei der NOA®-Technik können Sie nichts kaputt machen. Sie testen einmal die Kaufbereitschaft Ihres Kunden an und wissen danach, wo Sie stehen. Ist der Kunde von seiner Kaufbereitschaft her noch nicht so weit, dann wird er das

DER KAUFABSCHLUSS

schnell signalisieren. NOA® bedeutet, den Kunden höflich und indirekt zu motivieren, sich jetzt zu entscheiden.

Mit NOA® haben Sie auch die Möglichkeit Zusatzverkäufe zu generieren. Die Zusatzverkäufe, das Zubehör, die Sonderleistungen gehören dann mit in die erste Variante der Fragestellung.

Zusatzverkäufe generieren

Beispiel:

Die Schuhverkäuferin möchte Schuhe und Pflegemittel verkaufen und bietet daher an: *„Möchten Sie nur die schönen braunen Lederschuhe mit einem entsprechenden Pflegemittel, damit diese auch bei Regen gut geschützt sind und Sie lange Jahre daran Freude haben? Oder möchten Sie zusätzlich auch noch einen Satz Schuhspanner haben?"* Der Kunde antwortet: *„Nein danke. Schuhspanner hab ich noch zu Hause. Die brauche ich nicht."* Die Verkäuferin nimmt die Schuhe, das Pflegemittel und geht Richtung Kasse.

Sie erleben diese Technik im Alltag sehr häufig, allerdings unbewusst. Bis zu diesem Kapitel in diesem Buch gibt es nur wenige Menschen, die die NOA®-Technik schon bewusst eingesetzt haben. Ob Sie beim Bäcker sind, beim Metzger oder im Blumengeschäft, häufig erleben Sie dort die NOA®-Technik für den Abschluss.

„Möchten Sie nur die Kamera oder auch noch einen zusätzlichen Akku?" „Nein danke. Der Akku hat ja eine Leistung von drei Stunden. Das reicht mir."

Wenn Sie Zusatzverkäufe, entsprechendes Zubehör oder Serviceleistungen mit anbieten wollen und mit der NOA®-Technik abschließen, dann achten Sie darauf, dass Sie das Paket nicht zu groß schnüren. Dies überfordert den Kunden, und er nimmt Abstand von seiner Kaufentscheidung. Zwei, drei Dinge passen immer. Zuviel des Guten wird gefährlich.

Das Paket nicht zu groß schnüren

Ein besonderer Vorteil der NOA®-Technik als Abschlusstechnik ist die Möglichkeit der Wiederholung. Sollte die NOA®-Technik einmal scheitern, weil Ihr Kunde dann doch noch Fragen hat, die er beantwortet haben möchte, können Sie beim Beantworten dieser Fragen jederzeit wieder mit der NOA®-Technik abschließen. Wichtig ist, dass Sie an die zweite Stelle nun ein anderes Produkt, eine andere Dienstleistung setzen. Für die NOA®-Technik gibt es nahezu keine Be-

Abschluss

Die Betonung auf die Produkte legen und nicht auf die Worte „nur" oder „auch"

grenzung. Wichtig ist, dass Sie die zweite Stelle immer wieder austauschen.

Für den Erfolg der NOA®-Technik ist es wichtig, dass Sie die Betonung auf die Produkte legen und nicht auf die Worte „nur" oder „auch".

Eine kleine Anekdote:
Mit einer Gruppe von Teilnehmern haben wir zum Ende des Seminartages die NOA®-Technik geübt. Das anschließende Abendessen sollte von jedem Teilnehmer selbst bezahlt werden. Als der Chef dazu kam, testete ein Teilnehmer die NOA®-Technik. Er fragte seinen Chef: *„Chef, übernimmt die Firma nur das Essen oder auch die Getränke?"* Der Chef antwortete: *„Die Getränke, die zahlen Sie mal schön selbst!"* Nachdem dann alle laut lachten, wollte der Chef aber sein Gesicht wahren und übernahm selbstverständlich die Speisenrechnung. Beim nächsten Seminar war er dann auch als Teilnehmer dabei.

Auch ich als Trainer setze in meiner Akquise die NOA®-Technik erfolgreich ein, auch als Abschlusstechnik. Aber mehr noch, um den Kunden auf den Punkt zu bringen, dem Kunden die Möglichkeit zu geben, Position zu beziehen. In der Präsentations- und Beratungsphase, wenn ich das Gefühl habe, jetzt können wir Richtung Abschluss gehen, kommen dann Fragestellungen wie: *„Soll das Training denn nur für den Außendienst sein oder auch für den Innendienst?"* Antwort: *„Nein, nein. Der Innendienst hatte gerade erst ein Training. Es geht nur um den Außendienst."*

Oder: *„Möchten Sie denn für Ihr Team nur die zwei Tage Training oder anschließend auch ein individuelles Coaching?"* Antwort: *„Nein, nein. Es geht jetzt erst mal nur um die zwei Tage Training."*

Erkennen Sie an diesen Beispielen, wie weit Sie den Kunden schon zu verbindlichen Aussagen bringen können!?

5.2.3 Zusatzverkäufe

Einer meiner Freunde hat seinem kleinen Sohn zu Weihnachten ein ferngesteuertes Spielzeug unter den Tannenbaum gelegt. Sein Sohn hat sich am Heiligen Abend sehr darüber gefreut. Stellen Sie sich die leuchtenden Kinderaugen beim

Auspacken seines Weihnachtsgeschenkes vor. Doch die Freude währte nur kurz. Nach wenigen Minuten stellte er fest, dass er mit dem Spielzeug nicht sofort spielen konnte, weil die Batterien fehlten, und diese waren erst nach Weihnachten aufzutreiben.

Nun können Sie sagen: Da hat der Vater aber ganz schön geschlafen. Warum hat er nicht gleich die Batterien gekauft? Nun, ist es Aufgabe des Kunden, das entsprechende Zubehör gleich mitzukaufen oder ist es nicht vielmehr Aufgabe des Verkäufers, dafür zu sorgen, dass der Kunde das Rundum-sorglos-Paket erhält?

Zusatzverkäufe sind nicht dafür da, sich als Unternehmer oder Verkäufer möglichst schnell die Taschen zu füllen und möglichst viel Umsatz zu generieren.

ZUSATZVERKÄUFE SIND ENTSCHEIDEND, UM DEN KUNDEN UND SEINE BEDÜRFNISSE KOMPLETT ZU BEFRIEDIGEN.

Es ist also die Aufgabe des Verkäufers, meinem Freund beim Kauf eines solchen ferngesteuerten Spielzeuges die entsprechenden Batterien mit anzubieten.

Ein ähnliches Beispiel: Kurz vor der Geburt unserer zweiten Tochter waren meine Frau und ich in einem Babyfachgeschäft in der Innenstadt und haben uns eine Babywiege ausgesucht. Nach kurzer Beratung hatten wir schnell das passende Modell gefunden. An der Kasse fragte mich meine Frau: *„Ist denn die kleine Matratze jetzt dabei?"*, und ich erwiderte: *„Da gehe ich von aus. Was wollen wir mit einer Babywiege ohne Matratze?" „Aber sicher bist du nicht?" „Nein, sicher bin ich nicht."* Also fragten wir die Verkäuferin. Diese meinte, nein, diese Matratze gehöre nicht dazu, die finde man dahinten rechts. Und ein kleines Spannbettlaken für diese Matratze würden wir auch dahinten rechts finden. Und ein kleines Federbettchen fänden wir hinten links. Nun, der Kauf der Wiege war ein Streckengeschäft, denn die Wiege passte nicht in unser Auto und dementsprechend sollte sie direkt zu uns nach Hause angeliefert werden. Wir hätten also kurz vor der Entbindung das Theater gehabt, noch einmal nach Düsseldorf fahren zu müssen um das Zubehör zu erstehen. Zukünftig weiß ich, wo ich Babysachen nicht mehr kaufen werde.

Abschluss

Als Verkäufer ist es Ihre Aufgabe, Zusatzgeschäfte zu generieren, Zubehör anzubieten.

Wie oft haben Sie es erlebt, dass Sie etwas verkauft haben und Ihr Kunde kurz nach Ihrem Besuch noch mal anruft und noch irgendwelches Zubehör bestellt? Dann wissen Sie, Ihre Beratung war nicht optimal. Im Idealfall haben Sie für jedes Produkt, das Sie anbieten und verkaufen, eine Auswahl an sinnvollem Zubehör.

Erstellen Sie sich für jeden Bereich Ihres Sortimentes entsprechende Checklisten, auf denen alle Zubehöroptionen genannt sind.

Softwareprogramme, bei denen Zubehöroptionen automatisch bei der Eingabe von Bestellungen erscheinen

Für Innendienstmitarbeiter wie auch für Außendienstmitarbeiter gibt es spezielle Softwareprogramme, bei denen Zubehöroptionen automatisch bei der Eingabe von Bestellungen erscheinen, sodass Sie sofort im Gespräch klären können, welchen Zusatzbedarf Ihr Kunde hat.

Wenn Sie Produkte im Internet bestellen, werden Sie sehen, dass das Anbieten von Zusatzverkäufen dort stellenweise schon hervorragend gelöst wird: Wenn Sie bei www.amazon.de Bücher oder CDs bestellen, bietet Ihnen die hinterlegte Software direkt Zubehör an oder informiert Sie, was andere Käufer des Artikels, den Sie gerade bestellt haben, noch gekauft haben. Wenn Sie bei Ebay bei einer Versteigerung nicht zum Zuge gekommen sind, bietet Ihnen die Software sofort alternative Versteigerungen oder alternative Angebote.

Das ist wirklich durchdacht! Sowohl für den Anbieter, der Umsätze generieren will, als auch für den Kunden, der umfassend versorgt wird.

5.2.4 Die zweite Runde

Nachdem Sie nun Ihr Hauptthema im Verkaufsgespräch abgeschlossen und das entsprechende Zubehör verkauft haben, ist es durchaus möglich, Ihrem Kunden noch ein zweites oder drittes Produkt anzubieten und auch zu verkaufen.

Beispiel:

Bei einem Projekt für L'Oréal haben die Verkäufer vor dem Training bei einem Standardbesuch immer erst die Routine-

Der Kaufabschluss

aufgaben erledigt, das heißt immer erst die Produkte und Mengen abgefragt, die der Kunde regelmäßig bestellt. Danach erst wurden die neuen Produkte vorgestellt. Folge war, dass der Kunde oftmals nicht mehr willig war, auch noch neue Produkte zu bestellen. Er hat oftmals den Bestellschein gesehen, hat gesehen, wie viele Positionen da schon ausgefüllt waren, rechnete innerlich, was da auf ihn zukommt, und war dann damit schon versorgt.

Ändern Sie hier die Strategie und präsentieren Sie zuerst die Neuheiten, die erste, zweite und dritte Neuheit: Je nachdem, wie der Kunde dann gestimmt ist, wenn er Ihnen noch geduldig zuhört, können Sie ihm auch noch weitere Neuheiten vorstellen. Wenn Sie merken, dass Ihr Kunde ungeduldig wird, stoppen Sie bei den Neuheiten und beginnen dann mit den Routinebestellungen. Arbeiten Sie jetzt jede Bestellung, jede Einheit Stück für Stück durch.

Präsentieren Sie zuerst die Neuheiten

Achten Sie darauf, dass Sie mit offenen Fragen arbeiten, wenn Sie Routineprodukte aufnehmen.

Achten Sie darauf, dass Sie mit offenen Fragen arbeiten, wenn Sie Routineprodukte aufnehmen

Beispiel:
„Wie viel haben Sie noch von Produkt A?"
„Wie lange kommen Sie noch mit Produkt B aus?"
„Wie viele Flaschen haben Sie noch von Produkt C?"

Bei diesen Frageformulierungen kann Ihr Kunde nicht einfach nur Ja oder Nein sagen, sondern muss darüber nachdenken, wie viel er wirklich noch hat, wie lange er damit auskommt. Die Wahrscheinlichkeit, dass Sie so mehr auf Ihren Bestellblock bekommen, ist deutlich größer.

Zusammenfassung zum Kaufabschluss
- Mit Alternativ-Fragen einleiten,
- durch die NOA®-Technik festigen,
- Zusatzverkäufe (auch) unter Service-Gesichtspunkten anstreben,
- die zweite Runde nutzen.

5.3 Die Verabschiedung

5.3.1 Ungeschickt: Die bloße Kaufbestätigung

Sicher haben Sie dieses Gefühl auch schon einmal selbst erlebt:

Sie haben eine mehr oder weniger große Kaufentscheidung getroffen und haben von einem Dritten für diese Kaufentscheidung eine Bestätigung oder eine Zustimmung erhalten. Dies ist ein besonders gutes bzw. ein starkes Gefühl: Sie haben das Richtige getan. Für eine solche Kaufbestätigung ist jeder Mensch empfänglich: Dem Käufer noch einmal zukunftsweisend klar machen, dass er die richtige Entscheidung getroffen hat.

In den meisten Fällen bedankt sich der Verkäufer nach dem Abschluss. Das normale „Dankeschön" für einen Auftrag ist nicht das Gleiche wie eine Kaufbestätigung. Im Gegenteil. Normalerweise bedanken wir uns für ein Geschenk. Schon als wir Kinder waren, haben uns unsere Eltern frühzeitig beigebracht, dass wir uns für Geschenke zu bedanken haben.

Ist es wirklich sinnvoll, sich für einen Auftrag zu bedanken?

Haben Sie in der Vergangenheit schon einmal eine Situation erlebt, in der sich ein Verkäufer überschwänglich für Ihren Auftrag bedankt hat? Welches Gefühl hat Ihnen dieses „Dankeschön" vermittelt?

Haben Sie nicht spontan bei einem überschwänglichen „Dankeschön" des Verkäufers daran gedacht: *„Was hat der wohl jetzt an diesem Auftrag verdient? Wie viel Provision hat er mit mir gemacht?"* Das normale Dankeschön löst diese Gedanken in der Regel nicht aus. Doch eine Tendenz bewirkt sie im Kopf des Kunden. Ist es das, was Sie vermitteln möchten? Möchten Sie eine Alternative zum klassischen „Dankeschön" haben? Eine Alternative, die den Kunden ein Stück nachmotiviert und in seiner Entscheidung bestätigt!

5.3.2 Die zukunftsweisende Methode

Die psychologische Grundlage für diese Methode ist, dass Menschen gerne träumen. Sie denken gerne über ihre Zukunft nach und malen sich diese oft in rosa Wölkchen aus. Bei dieser Methode kann sich der Kunde innerlich entspannt zurücklehnen und die soeben getroffene Kaufentscheidung aus einem in die Zukunft verlagerten Punkt betrachten.

DIE VERABSCHIEDUNG

Die zukunftsweisende Methode ist eine Drei-Schritt-Kombination, das heißt, eine Methode aus drei aneinander gereihten Phasen.

Beispiele für diese Drei-Schritt-Methode finden Sie oft in Witzen, wo es um drei Personen geht oder um drei verschiedene Situationen. Der eigentliche Kern, die Pointe im Witz, findet sich meistens im dritten Schritt dieser Methode.

Jede Phase wird mit einem bestimmten Wort oder einem bestimmten Begriff eingeleitet.

Eine Methode aus drei aneinander gereihten Phasen

Die drei Phasen der zukunftsweisenden Methode

1. In der ersten Phase geht es darum, die Gedanken des Kunden in die Zukunft auszurichten. Das geschieht durch die Worte
„Schon nach …"
„Schon nach wenigen …"
Durch das Wort „wenige" oder einen alternativen Begriff, der in der näheren Zukunft liegt, wird der Zeitraum, in dem er das Produkt oder die Dienstleistung genießt, verkürzt.

2. In der zweiten Phase wird die Hypothese bzw. die Scheinannahme skizziert. In dieser Phase geht es darum, mit dem Kunden in die Zukunft zu schauen und ihm den Vorteil oder den Nutzen seiner Entscheidung vor Augen zu führen. Diese Phase wird eingeleitet durch das hypothetische Wort *„Wenn …"*
„Wenn Sie feststellen …"
„Wenn Sie sehen …"
Das Wort „Wenn" darf niemals gegen eine Formulierung wie beispielsweise „Werden Sie …" ausgetauscht werden.

Bei „Werden Sie …" wird dem Kunden etwas unterstellt. Bei einer Unterstellung wird sich der Kunde automatisch gegen diese Aussage wehren.

Es versteht sich bei dieser Methode von selbst, dass nur positive Bilder verwendet werden. Einzige Alternative bei negativen Erlebnissen ist das Verlagern auf eine dritte Person oder auf einen Zeugen. Doch normalerweise sollte das Negative klar umgangen werden.

3. In der dritten Phase formulieren Sie mit *„Spätestens dann werden Sie …"* oder *„Rückblickend werden Sie …"*. In dieser Phase zieht man gemeinsam mit dem Kunden ein entsprechend positives Fazit.
Unterschwellig wird dem Kunden suggeriert, dass er die beschriebene Annahme schon viel früher erleben wird.

DER ERSTE EINDRUCK PRÄGT, DER LETZTE EINDRUCK BLEIBT.

ABSCHLUSS

Freundliche Verabschiedung

Bitte schließen Sie jedes Gespräch mit einer freundlichen Verabschiedung ab – egal, ob Ihr Gespräch das gewünschte Ergebnis erbracht hat oder nicht.

Halten Sie auf jeden Fall die Option offen, den Kunden nochmals anrufen zu dürfen, und hinterlassen Sie einen positiven Eindruck. Denn: Nicht nur der erste, auch der letzte Eindruck ist entscheidend für zukünftige Kundenkontakte.

Zusammenfassung zur Verabschiedung
- Kaufbestätigung = Kunden-Nachmotivation,
- Smalltalk positiv,
- auf keinen Fall weitere Argumente bringen, nicht in die Beratung zurückfallen.

6 Nachbereitung

Wichtiges festhalten

Die Nachbereitung folgt den Schritten der Vorbereitung, d. h. man sollte Wichtiges im Pkw festhalten und später am Schreibtisch übertragen bzw. ergänzen.

Nachbereitung 1: Im Pkw
- Notieren der gewonnenen Informationen
- Hardfacts & Softfacts
- Wiedervorlagetermine
- Ideen und Strategien für den nächsten Kontakt
- Termin für den nächsten Kontakt fixieren

Nachbereitung 2: Am Schreibtisch
- Übertragen der gewonnenen Daten und Termine in die Datenbank

7 Kritische Situationen

Manchmal kommt es vor, dass nicht alles so glatt läuft, wie Sie sich das vorstellen. In diesem Zusammenhang ist es wichtig zu wissen, wie man sich in „schwierigen" Situationen verhält.

Reklamationen (und Beschwerden) richtig behandeln

Die Reklamationsbearbeitung ist für den Verkäufer die Stunde der Wahrheit, was seine Einstellung zu sich selbst, zum Produkt und zum Kunden anbelangt. Es hängt alleine von der inneren Einstellung des Verkäufers ab, ob Reklamationen als interessante Herausforderungen betrachtet werden und Spaß machen, oder ob sie als unangenehme Erlebnisse empfunden werden, die den Tag vermiesen. Die innere Einstellung hat physische und psychische Konsequenzen, die sich im Verhalten äußern. Was passiert in unserem Körper bei einer negativen Einstellung zur Produktqualität und der daraus resultierenden Angst vor Reklamationen? Die Angst vor Reklamationen führt zu Hormonausschüttung im Kleinhirn, was wiederum zu Stress führt. Dieser Stress kann Dis-Stress (negativer Stress) und Eu-Stress (positiver Stress) sein. Negativer Stress führt zu Angriffs- oder Fluchtverhalten, im Vorfeld warten wir wie ein hypnotisiertes Kaninchen auf die Reklamation: *„Ihr Produkt funktioniert nicht!"*. Unsere darauffolgende Aggression oder das Fluchtverhalten führt beim Gesprächsverhalten dann zum Angriffsverhalten.

Die innere Einstellung des Verkäufers

Positiver Stress in Form der inneren Einstellung: „Schön, dass diese Reklamation kommt, so verliere ich den Kunden nicht" führt zur Freude an der Verhandlung. Das positive Klima überträgt sich auf den Gesprächspartner.

Neben diesen körperlichen und gefühlsmäßigen Aspekten legt Ihre innere Einstellung auch die Gedanken fest, von denen Sie sich leiten lassen. Deshalb liegt hier das Erfolgsgeheimnis von Optimisten und Spitzenverkäufern begründet. Alles hängt an der Frage: Wie sehen Sie sich, Ihr Angebot, Ihr Unternehmen und den Kunden? Die entsprechende Antwort darauf löst eine Kettenreaktion aus, die zum Erfolg oder zum Misserfolg führt. Der Misserfolg ist in der Reklamationsbe-

Kritische Situationen

handlung durch die negative Produkteinschätzung vorprogrammiert. Schlimmer noch: Die negative Einstellung wird zu einer sich selbst erfüllenden Prophezeiung und dadurch erst recht zementiert. Es stimmt aus der Beraterperspektive ja tatsächlich, dass der Kunde berechtigt reklamiert. Wenn ein Verkäufer permanent diese Reklamationen hört und dem nichts entgegensetzt, werden diese ein Teil seiner Wirklichkeit und können sich im schlimmsten Fall zu einer Phobie entwickeln: Schon alleine der Gedanke an die Reklamation löst Angstreaktionen aus.

Wie kann diese Misserfolgsspirale durchbrochen werden?
Durch die positive Einstellung wird ein Erfolgskreislauf in Gang gesetzt. Eine positive Einstellung zum Produkt zu haben heißt nicht, die graue Brille durch eine rosarote zu ersetzen! Der positiv denkende Verkäufer sieht erst einmal die Stärken seines Produktes und dann ganz realistisch die Schwächen. Es verhält sich damit genau so wie mit dem halb vollen und halb leeren Glas:

Der Optimist spricht mit dem Kunden über das halb volle, der Pessimist über das halb leere Glas. Auch beim Optimisten wird die innere Einstellung zu einer sich selbst erfüllenden Prophezeiung, allerdings zu einer positiven.

Der Erfolg bei der Reklamationsbearbeitung liegt also grundlegend in Ihrer inneren Einstellung!

Ziel der Reklamations- und der Beschwerdebehandlung ist es, die Kundenbindung zu fördern

Reklamationen sind aus Sicht des Kunden berechtigte Beschwerden nach dem Kauf. Dass der Kunde ggf. nicht zwischen berechtigt (= Reklamation, Kunde hat „Recht") und bloßer Beschwerde („... *ist schwache Leistung* ...", „... *gefällt mir nicht* ...", etc.) unterscheidet, ist ein weiterführendes Thema. Es spielt für Ihre Haltung keine Rolle. Ziel der Reklamations- und der Beschwerdebehandlung ist es, die Kundenbindung zu fördern, indem eine gute Beziehungsebene hergestellt und die Reklamation in beidseitigem Interesse gelöst bzw. bearbeitet wird.

Teil D Kritischer Erfolgsfaktor III:

Ihre persönliche Einstellung

Ein Hund spürt, ob der Postbote Angst hat. Im Zweifelsfall beißt er zu.

Ein Springpferd spürt, ob der Reiter sich das Hindernis zutraut. Im Zweifelsfall wird es verweigern.

Ein Kunde spürt, ob der Verkäufer
- hinter seinem Angebot steht,
- hinter seinem Unternehmen steht,
- hinter seinen Produkten und Leistungen steht,
- sich mit seinem Beruf/seiner Tätigkeit identifiziert,
- hinter seinem Preis steht,
- den Kunden akzeptiert und respektiert,
- usw.

Im Zweifelsfall wird der Kunde nicht kaufen!

Wenn Sie in diesem dritten „kritischen Erfolgsfaktor" eine Schwäche haben, so können Sie noch so gut organisiert sein, verkäuferisch brillant sein – Sie werden nie Ihr Potenzial wirklich ausschöpfen!

Spitzenverkäufer heben sich gerade in diesem Punkt durch ein besonderes „Comittment", eine besondere Einstellung ab. Ein „Bild", welches dieses Thema auf den Punkt bringt: Einstellung heißt auf Englisch Attitude. Addieren Sie einmal die Positionen der Buchstaben im Alphabet. Was erhalten Sie als Gesamtsumme: 100. Attitude = 100 %!!!

Love it, change it, or leave it.

1 Der Erfolg entscheidet sich im Kopf: positives Denken

Als Vertriebler sind Sie oft Einzelkämpfer im Tagesgeschäft. Hier sind Stimmungsschwankungen ganz normal: Wenn ein Gespräch nicht erfolgreich abgeschlossen wurde, der Wettbewerb einen sicher geglaubten Auftrag doch noch für sich entscheiden konnte, eine Reklamation oder Beschwerde Sie aus der Ruhe gebracht hat.

Einzelkämpfer im Tagesgeschäft: Hier sind Stimmungsschwankungen ganz normal

Der Erfolg entscheidet sich im Kopf: positives Denken

Erfolgsjournal

In diesem Fall bietet sich das Erfolgsjournal an: Beim Erfolgsjournal schreiben Sie am Ende eines jeden Arbeitstages auf, was Sie an diesem Tag erfolgreich umgesetzt haben. Es sollten immer zwischen drei und fünf Einträge sein. Das fällt zu Beginn oft schwer. An manchen Tagen wissen Sie im ersten Moment wirklich nicht, was Sie hier Positives notieren sollen. Doch mit etwas Übung und vor allem Selbstdiziplin werden Sie das schaffen.

Nach einigen Wochen werden Sie eine Veränderung Ihrer Einstellung und Wahrnehmung beobachten. Sie sehen nun mehr Ihre Stärken und die Stärken Ihres Angebotes (bzw. die von Unternehmen/Produkt/Leistung).

Wann immer Sie ein entscheidendes Gespräch mit einem Kunden anstehen haben, sollten Sie vorher einige Minuten in Ihrem Erfolgsjournal lesen. Sie werden sehen, dass Sie mit deutlich stärkerem Selbstvertrauen in die Gespräche gehen.

Der psychologische Effekt ist kompliziert zu erklären, machen Sie einfach Ihre eigenen Erfahrungen!

Beispiel:

In Trainingsprojekten setzten wir eine Variante des Erfolgsjournals für Vertriebsmannschaften ein. Gerade Führungskräfte kennen das Phänomen, dass Vertriebler in einem Monatsmeeting immer nur jammern und das Negative sehen. Wird diese Stimmung dann nicht professionell von der Führungskraft gedreht, fahren alle Mitarbeiter demotiviert nach Hause. Das erleichtert das Tagesgeschäft dann nicht! Daher lohnt sich das Erfolgsjournal auch für Vertriebsteams: Jeder Außendienstler schickt zu einem vereinbarten Stichtag einmal monatlich seine Erfolgsgeschichte an die Führungskraft. Diese sammelt und leitet weiter an alle Mitarbeiter! Sie haben richtig gelesen: alle. Auch an die Kollegen im Vertrieb, auch an das Schwarze Brett.

Das Erfolgsjournal für Vertriebsteams

Ich konnte regelmäßig einen Stimmungsumschwung im Vertrieb bzw. im ganzen Unternehmen erleben. Der Fokus verlagerte sich auf das Positive, auf das, was klappte!

Die Mitarbeiter sprachen nicht mehr nur über das, was nicht funktionierte, sondern sahen auch die Erfolge!

2 Weiterbildung: Bücher, Seminare & Co.

Wer nicht daran arbeitet, ständig besser zu werden, ist nicht länger gut.

Außendienstler, die in der Vergangenheit im Lebensmitteleinzelhandel Regalpflege betrieben haben, sind weitgehend ausgestorben. Wer sich da nicht weiter entwickelt hat, ist heute nicht mehr im Vertrieb tätig. Heute übernimmt die Scannerkasse die Datenübertragung in die Zentrale sowie an den Lieferanten. Wird der Meldebestand erreicht, geht die neue Ware automatisch an den Supermarkt heraus.

Internet, E-Mail, Mobilfunk, CRM-Software usw. bestimmen das Tempo im Vertrieb. Sie entscheiden, ob Sie durch diese Neuerungen profitieren oder auf der Strecke bleiben.

Neuerungen

Praxistipp:

- Arbeiten Sie ständig an sich!
- Lesen Sie Fachliteratur: Bücher und Fachmagazine.
- Besuchen Sie Vorträge, Seminare und Kongresse.
- Finden Sie Ihren persönlichen Vertriebscoach.
- Investieren Sie in Ihre Vertriebszukunft!

3 Angebotsmanagement

Wie viele individuelle Kundenangebote erstellen Sie in einem Monat? 10, 100, 300??? Und was wird daraus?

Es kann und darf nicht Sinn und Zweck sein, nach dem Motto zu verfahren: „Dann schicke ich Ihnen erst mal ein Angebot zu."

Die Hoffnung, tatsächlich den Auftrag zu bekommen, die völlig unbegründet dahinter steckt, schadet weit mehr, als dass sie nützt. Denn die meisten Angebote werden nur als Alibi erstellt. Weil der Kunde „eins haben will", teilweise um abzuwimmeln, teilweise um richtig zu „zocken." Doch dafür ist der Aufwand zu groß! Wenn Sie es jedoch professionell angehen, sind die Chancen auf den Auftrag enorm.

ANGEBOTSMANAGEMENT

3.1 Vorangebotsgespräch

Wir beginnen mit einem Beispiel.

Gezielte Dialogführung im Vorangebotsgespräch

Stellen Sie sich vor, Sie benötigen einen Satz Winterreifen für Ihren Privatwagen. Sie schauen also im Internet und in den Gelben Seiten und fragen bei fünf verschiedenen Reifenhändlern bei Ihnen vor Ort einen ganz bestimmten Reifen an. Und zwar den Conti, den Testsieger aus dem ADAC-Vergleichstest eines bestimmten Jahres. Sie fragen per E-Mail oder per Fax an, immer mit dem gleichen Text, hätten gerne die Info über Verfügbarkeit und Preis.

Von diesen fünf Anfragen meldet sich am nächsten Tag ein Reifenhändler:

„Vielen Dank für Ihre Anfrage. Ich habe noch zwei, drei kurze Fragen, hätten Sie einen Moment Zeit für mich?" „Natürlich. Gern." „Sie haben sich da einen guten Reifen ausgesucht. Der Conti ist wirklich einer der meistverkauften Reifen auch bei uns. Sagen Sie, wie viele Kilometer fahren Sie im Jahr mit Ihrem Fahrzeug?" „Etwa 30.000." „Und vom Fahrstil her? Eher dynamisch oder eher zurückhaltend?" „Eher dynamisch." „Dann ist der Conti vielleicht nicht der optimale Reifen für Sie. Der Conti ist eher etwas für bis zu 15.000 km im Jahr und eher was für zurückhaltende, konservative Autofahrer. Alternativ hätten wir hier noch den Goodyear. Der Goodyear ist ausgelegt auf eine höhere Kilometerleistung und auf eine dynamische Fahrweise. Damit können Sie auch mal schnell in die Kurven gehen. Die Gummimischung ist etwas fester als beim Conti. Da werden Sie länger Freude dran haben. Ist es für Sie in Ordnung, dass ich in Ihr Angebot alternativ mal den Goodyear mit aufnehme?" „Klar, machen Sie das." „Sagen Sie, wird bei Ihnen der Reifen immer wieder auf eine Felge gezogen, oder haben Sie für Ihre Winterreifen eigene Felgen?" „Nein, ich wechsle immer nur die Reifen, die Felgen behalte ich bei." „Sie wissen schon, dass die Reifen darunter leiden und dass Sie auch langfristig günstiger fahren, wenn Sie Ihre Reifen auf Stahlfelgen haben, denn der Reifenwechsel ist dann deutlich günstiger und auch schneller. Sie müssen auch nicht jedes Mal wieder die Reifen auswuchten lassen. Langfristig fahren Sie damit deutlich besser und sparen eine Menge Geld. Ist es für Sie in Ordnung, dass ich mal einen Satz Stahlfelgen plus Reifenaufziehen und Auswuchten mit in das Angebot aufnehme?" „Gerne, machen Sie das." „Und eine letzte Frage noch. Wie interessant ist es für Sie, dass die Räder dann bei uns im Haus eingelagert werden? Sie haben dadurch mehr Platz in Ihrer Garage oder in Ihrem Keller und müssen diese nicht hin und her transportieren." „Ja, das kommt auf den Preis an, aber Sie können das gerne in das Angebot mit aufnehmen." „Wann benötigen Sie das Angebot denn spätestens?" „Spätestens am Freitag nächster Woche." „Und wann werden Sie voraussichtlich Ihre Reifen umziehen?" „Ich plane das spätestens Mitte November. Es kommt ein bisschen auf

Vorangebotsgespräch

das Wetter an, aber Mitte November sollten die Winterreifen spätestens drauf sein." „Prima. Dann erhalten Sie umgehend Ihr Angebot. Vielen Dank für das Gespräch und auf Wiederhören." „Auf Wiederhören."

Es war ein freundliches sympathisches Gespräch.

Am nächsten Tag erhalten Sie Ihr Angebot. Von den anderen vier Reifenhändlern, die Sie kontaktiert haben, schicken drei ein Angebot. Einer antwortet gar nicht. Die drei andern Angebote sind teilweise sehr umfangreich ausformuliert, teilweise wurde auf Ihre Faxanfrage nur handschriftlich ein Preis draufgeschrieben.

Welches dieser vier Angebote hat die größte Wahrscheinlichkeit, von Ihnen gekauft zu werden, wenn der Preis bei allen Angeboten eng beieinander ist?

Natürlich das Angebot des Anbieters, der vorher mit Ihnen das entsprechende Gespräch geführt hat. Er hatte die Möglichkeit, Ihnen Alternativen anzubieten, und hat die Möglichkeit gehabt, eine persönliche Beziehung am Telefon zu Ihnen aufzubauen.

Man nennt diese Vorgehensweise, wie schon gesagt, das **Vorangebotsgespräch**.

Was denken Sie über den, der Ihnen kein Angebot geschickt hat, der auf Ihre Anfrage nicht reagiert hat?

Sie denken, der hatte es nicht nötig. Der braucht mein Geld nicht. Dem geht's zu gut.

Werden Sie Ihn bei Ihrer nächsten Anfrage wieder bedenken?

Sie benötigen das Vorangebotsgespräch, um zu wissen, wann der richtige Zeitpunkt ist, ein Angebot nachzufassen. Sie benötigen ein Vorangebotsgespräch, um Alternativen anzubieten und um möglichen Zusatzbedarf zu erfahren.

Alternativen anzubieten – möglichen Zusatzbedarf erfahren

Wie oft sitzen Sie abends noch vor Ihrem PC und tippen irgendwelche Angebote in Ihren Rechner, weil Sie meinen, der Kunde braucht es dringend? Dabei brauchen Sie nur im Vorangebotsgespräch zu fragen, wann er es denn spätestens benötigt. Oftmals haben Angebote noch Zeit, und Sie können Ihren Tagesablauf besser planen.

Geschäfte werden zwischen Menschen gemacht!

Studien haben ergeben, dass eine Kaufentscheidung nur zu 15 % rational getroffen wird, der Anteil der emotionalen Entscheidung liegt bei 85 %. Das bedeutet für Sie:

Kaufentscheidung nur zu 15 % rational

Nutzen Sie bei Ihren A- und B-Angeboten sowie Ihren A- und B-Anfragen die Chance, den Kunden emotional auf Ihre Seite zu ziehen.

Führen Sie in jedem Fall ein Vorangebotsgespräch bei allen A- und B-Anfragen durch.

> **Inhalte für ein Vorangebotsgespräch** — **PRAXIS**
>
> In der Regel führen Sie ein Vorangebotsgespräch telefonisch. Achten Sie darauf, dass Sie möglichst schnell reagieren.
> Der Schnelle frisst den Langsamen. Nicht der Große frisst den Kleinen.
> Sie sollten also innerhalb weniger Stunden auf eine Anfrage reagieren.
>
> **Gesprächsablauf am Telefon**
> - Ermitteln Sie den richten Ansprechpartner.
> - Bedanken Sie sich für die Anfrage (ein Dankeschön hören wir alle gern).
> - Klären Sie Detailfragen zum Angebot:
>   Mengen,
>   Größen usw.
> - Wann benötigt der Kunde die Ware/Dienstleistung?
> - Wann entscheidet der Kunde über das Angebot?
>
> Wie oft ist es Ihnen schon passiert, dass Sie ein Angebot nachgefasst haben und der Kunde Ihnen gesagt hat, dass der Auftrag schon vergeben wurde? Wenn Sie diese Fragen stellen, wird Ihnen dies in Zukunft nicht mehr passieren.

Innerhalb weniger Stunden auf eine Anfrage reagieren

„Geistige Brandstiftung"
Auch hier steigen wir über ein Beispiel ein, das aufzeigt, was in diesem Zusammenhang mit Verunsicherung gemeint ist: natürlich nicht die Verunsicherung zu kaufen, sondern der Anstoß, vorgefestigte Meinungen zu übeprüfen und zu einem neuen, anderen Entschluss zu kommen (den der Verkäufer in seine Richtung lenken möchte).

„Geistige Brandstiftung"

In der Werbung haben Sie die neue C-Klasse von Mercedes gesehen. Sie beschließen, bei nächster Gelegenheit den örtlichen Mercedeshändler aufzusuchen, um das Fahrzeug einmal aus der Nähe und in aller Ruhe zu betrachten. Gesagt, getan. Im Showroom des Händlers drehen Sie zwei, drei Runden um den neuen Wagen, er gefällt Ihnen ausgesprochen gut. Der Verkäufer spricht Sie an:

„Guten Morgen. Ich sehe, Sie schauen sich die neue C-Klasse an. Dieser Wagen ist in der Zeitschrift „Auto, Motor und Sport" schon sehr positiv getestet worden und wird bestimmt genauso erfolgreich wie das vorhergehende Modell." Sie nicken. Der Verkäufer fragt Sie, was er denn für Sie tun kann. Sie antworten ihm, Sie möchten nur einmal schauen. Er antwortet: *„Gern, schauen Sie in Ruhe, wenn Sie Fragen haben, sprechen Sie mich an."* Dann macht er weiter (... eine Muschel steigt jetzt aus dem Gespräch aus, ein Adler nutzt seine Chance): *„Was fahren Sie denn für ein Fahrzeug?"* Sie antworten: *„Ich fahre einen Opel." „Welches Modell denn?" „Den Vectra."* Der Verkäufer lobt Sie, wie gesagt, gegen ein Lob kann man sich nicht wehren: *„Ja, mit dem Vectra hat Opel wirklich ein gutes Modell auf den Markt gebracht. Damit wurde die Lücke zwischen Astra und Omega geschlossen. Beide haben sich auf dem Markt gut etabliert. In der Zulassungsstatistik finden Sie den Vectra ja sehr weit oben."*

Sie hören ihm aufmerksam zu, denn ein Lob hören Sie ja auch immer gern! Der Verkäufer fährt fort: *„Wie viele Kilometer hat denn Ihr Vectra jetzt runter?"* Sie antworten: *„So 89.000 km etwa."* Der Verkäufer entgegnet: *„Dann sind Sie ja knapp unter der magischen 100.000-Grenze."* Sie schweigen. Worüber denken Sie jetzt nach? Welche Gedanken haben Sie jetzt im Kopf? Sie denken jetzt über die „magische 100.000-km-Grenze" nach. Was ist das für eine Grenze? Was soll der Unsinn? Was will er Ihnen damit sagen? Wenn Sie diese „Grenze" kennen, wissen Sie Bescheid. Wenn Sie diese Grenze nicht kennen (wie die Mehrzahl der Autokäufer), fragen Sie nach: *„Sagen Sie, was meinen Sie mit der „magischen 100.000-Grenze"?"* Der Verkäufer erläutert, dass bei allen Modellen und Fabrikaten der Wiederverkaufswert ab dieser Grenze deutlich sinkt. Er fügt an: *„All das braucht für Sie keine Bedeutung zu haben, wenn Sie Ihren Vectra noch zwei oder drei Jahre fahren wollen. Sollten Sie jedoch mit dem Gedanken spielen, Ihren Wagen in den nächsten Monaten zu veräußern, dann sollten Sie dies tun, bevor Sie die „magische 100.000-Grenze" erreicht haben. Es rechnet sich für Sie viel besser."* Mit diesen Worten steigt der Verkäufer aus dem Gespräch aus. Ganz leise und dezent lässt er Sie mit dem Gedanken allein. Sie drehen noch zwei oder drei Runden um den Wagen – er gefällt Ihnen gut. Sie steigen in Ihren Wagen und fahren vom Hof. Worüber denken Sie nach? Die ganze nächste Woche – worüber denken Sie nach? Vor allem, wenn Sie in Ihr Auto steigen und auf Ihren Kilometerstand schauen? Sie denken darüber nach: *„Eigentlich wollte ich meinen Wagen noch eine Zeit lang fahren, andererseits ist die neue C-Klasse auch toll."* Sie denken darüber nach, welches Leasingangebot Ihnen wohl der Mercedes-Händler macht. Wie viel gibt er Ihnen für Ihren alten Wagen, und wie schnell würden Sie die neue C-Klasse bekommen, wenn die Nachfrage so hoch ist?

Der Verkäufer im Beispiel nutzt die Methode der **„geistigen Brandstiftung"**. Er hat Sie verunsichert. Das bedeutet noch lange nicht, dass Sie als Kunde bei diesem Verkäufer, bei diesem Händler, diesen Neuwagen kaufen werden. Vielleicht kaufen Sie sich auch wieder einen gebrauchten Wagen mit wenig Kilometerleistung. Vielleicht fahren Sie auch einfach Ihren Vectra noch etwas länger. Entscheidend ist: Er hat Sie zum Nachdenken gebracht.

Ihren Kunden dazu bewegen, Angebote inhaltlich zu vergleichen

DIE „GEISTIGE BRANDSTIFTUNG" IST EINE HERVORRAGENDE METHODE, IHREN KUNDEN DAZU ZU BEWEGEN, ANGEBOTE INHALTLICH ZU VERGLEICHEN.

Nicht Äpfel mit Birnen zu vergleichen – nicht die Angebote jeweils auf der letzten Seite rechts unten mit dem Preis zu vergleichen. Denn was passiert in der Praxis? Der Kunde erhält drei, vier oder fünf Angebote und schlägt jeweils die letzten Seiten auf, wo er rechts unten den Preis findet. Das Angebot mit dem günstigsten Preis schaut er sich noch einmal detailliert an. Haben Sie nicht den günstigsten Preis, und haben Sie ihn vorher nicht verunsichert, kann es sein, dass er Ihr Angebot nicht anschaut. Sie haben keine Chance, überhaupt in Betracht gezogen zu werden. Deswegen sieht die Technik der „professionellen vorgezogenen Verunsicherung" wie folgt aus:

Der Kunde signalisiert Ihnen im Vorangebotsgespräch, dass er noch weitere Angebote einholen wird, er weist Sie darauf hin, dass für ihn der Preis ganz entscheidend ist. Nun sollten Sie ihn darauf hinweisen, dass es Äpfel und Birnen gibt. Bitte nicht mit diesen Worten!

Vorangebotsgespräch

> **PRAXIS**
> Die Technik der „geistigen Brandstiftung" sieht in vier Schritten wie folgt aus:

Vier Schritte

- Loben,
- die Kompetenz des Kunden stärken,
- verunsichern und
- noch einmal die Kompetenz des Kunden stärken.

Formulierungsbeispiele:

Kunde: *„Machen Sie mir einen guten Preis und wir kommen ins Geschäft. Sie wissen ja, dass ich mehrere Angebote eingeholt habe!"*
Verkäufer: 1. *„Dass Sie bei einem Trainingsprojekt dieser Art mehrere Angebote einholen und dabei natürlich auf den Preis, auf Ihr Budget achten, ist doch selbstverständlich."*
Verkäufer: 2. *„Dann muss ich Ihnen als Personalentwickler ja nicht sagen, ...*
Verkäufer: 3. *... dass es gerade bei Trainingsangeboten mit Ihrem Thema gravierende Unterschiede gibt."*

a) *„Die meisten Trainer rechnen vor einem Seminar noch ein oder mehrere Tage für die Konzeption des Trainings ein. Das ist bei uns natürlich nicht der Fall."*
b) *„Auch ist es häufig so, dass Trainingsinstitute zwar gute Referenzen vorweisen können, aber dann irgendeinen freischaffenden Trainer zu Ihnen schicken, der von der Praxis noch keine Ahnung hat. Bei uns sind Sie auf der sicheren Seite, hier kommt der Chef selbst."*
c) *„Des Weiteren berechnen viele Trainingsinstitute und Trainer die Teilnehmerunterlagen separat, da sind schnell 30 bis 50 Euro pro Teilnehmer noch zusätzlich zu quittieren. Auch hier sind Sie bei uns auf der sicheren Seite, denn die Teilnehmerunterlagen sind im Preis schon enthalten. Sie erhalten die Teilnehmerunterlagen sogar als Word-Datei mit eingeschränktem Copyright, das heißt für Sie, dass Sie die Teilnehmerunterlagen auch für andere Mitarbeiter zugänglich in Ihrem Intranet publizieren können."*

Verkäufer: 4. *„Aber damit habe ich Ihnen als Personalentwickler ja nichts Neues erzählt, das ist ja Ihr Tagesgeschäft. Stimmt's?"*

> Dass Sie bei dieser Investition/
> ... dass Sie bei diesem Projekt/
> ... dass Sie als professioneller Einkäufer/
> ... dass Sie mit Ihrer Erfahrung/
> ... usw.
> ... mehrere Angebote einholen, ist doch selbstverständlich. Dann muss ich Ihnen mit Ihrer Erfahrung/
> ... dann muss ich Ihnen als Profi/
> ... dann muss ich Ihnen als Einkäufer/
> ... dann muss ich Ihnen als Handwerker
> ja nicht sagen, dass es gerade bei Produkten wie a), b) und c) gravierende Unterschiede gibt. Nämlich 1: ..., 2: ..., 3: ...
> Ihnen als Einkäufer muss ich ja nichts erzählen, sicherlich hatten Sie sich schon im Vorfeld darüber informiert. Die Reaktion des Kunden: Er wird heftig nicken.
>
> Auch wenn er vorher keinen blassen Schimmer davon hatte, was Sie ihm gerade erzählt haben. Worauf wird er also zukünftig als erstes achten? Genau: Auf die Faktoren 1, 2 und 3.

Diese Technik können Sie zu allen Varianten formulieren: Preis, Lieferung, Lieferzeit, Nebenkosten, Qualität usw.

Lob — Achten Sie zu Beginn auf das Lob. Denn dann hört der Kunde Ihnen zu und es federt die Härte ab.

Kompetenz bestätigen — In der zweiten Phase bestätigen Sie seine Kompetenz, um nicht die Reaktion hervorzurufen, dass der Kunde mit verschränkten Armen vor Ihnen steht und sagt: *„Herr Verkäufer, meinen Sie, ich hätte keine Ahnung? Vergessen Sie etwa, dass ich zwanzig Jahre Branchenerfahrung habe? Herr Verkäufer, meinen Sie, ich kaufe das erste Mal einen Pkw?"* Damit diese Reaktion nicht auftritt, stellen Sie die Kompetenz des Kunden in den Vordergrund.

Hauptmerkmale suggestiv einleiten — Im dritten Punkt leiten Sie die Hauptmerkmale suggestiv ein, in dem Sie ihn darauf hinweisen: *„Das muss ich Ihnen ja nicht sagen."* Es müssen nicht immer drei Punkte sein. Aber drei Punkte sind die Ideallösung. Zwei Punkte gehen auch – ein Punkt ist zu wenig. Idealerweise verunsichern Sie ihn mit drei Punkten. Im Abschluss stellen Sie noch einmal die Kompetenz des Kunden in den Mittelpunkt, sodass er nur noch zustimmend nicken und „Ja" sagen kann.

Kompetenz

3.2 Nachfassen

Der richtige Zeitpunkt zum Nachfassen ergibt sich aus dem Vorangebotsgespräch. Immer wieder wollen Verkäufer wissen: Gibt es eine Formel für den richtigen Zeitpunkt des Nachfassens? Sind es drei Tage, sind es zehn Tage? Es gibt diese Formel nicht. Das ist individuell.

Der richtige Zeitpunkt zum Nachfassen ergibt sich aus dem Vorangebotsgespräch

SIE ERFAHREN DEN RICHTIGEN ZEITPUNKT FÜR DAS NACHFASSGESPRÄCH AUS DEM VORANGEBOTSGESPRÄCH, INDEM SIE FRAGEN: „BIS WANN BRAUCHEN SIE DIE WARE SPÄTESTENS?" UND „WANN WERDEN SIE VORAUSSICHTLICH ENTSCHEIDEN?"

Die Antworten auf diese beiden Fragen geben Ihnen eine klare Richtung, wann Sie nachfassen sollten.

WIE LANGE SOLLTEN SIE NACHFASSEN?

Fassen Sie nach, bis das Sie entweder den Auftrag erhalten haben oder ganz genau wissen, dass der Auftrag vergeben ist. Und natürlich bis Sie auch wissen, aus welchen Gründen Sie nicht zum Zug gekommen sind.

Fassen Sie nach, bis Sie den Auftrag erhalten haben oder wissen, dass der Auftrag vergeben ist

Bleiben wir in dem obigen Beispiel der Winterreifen: Von den vier Anbietern meldet sich der, mit dem Sie das Vorgespräch hatten, noch einmal zum Nachfassen. Der November ist mild, und Sie haben die Entscheidung bezüglich Ihrer Winterreifen um zwei Wochen nach hinten verschoben. Um den 20. November herum meldet sich dann Ihr Gesprächspartner aus dem Vorgespräch und erkundigt sich, ob sein Angebot noch aktuell ist. Er fragt, ob er noch etwas tun kann, und sagt, dass er sich auf Ihren Anruf freue. Die anderen drei, die Ihnen ein Angebot haben zukommen lassen, melden sich nicht.

Wer von den vier Anbietern hat die größte Chance auf den Auftrag? Und was denken Sie über die drei Anbieter, die Ihnen zwar ein Angebot geschickt haben, sich aber überhaupt nicht melden? Sie denken, die haben es nicht nötig, die haben kein wirkliches Interesse daran, mit mir Geschäfte zu machen. Ich will es einmal klar auf den Punkt bringen:

WER EIN ANGEBOT VERSCHICKT UND NICHT NACHFASST, BELEIDIGT DEN KUNDEN!

Angebotsmanagement

Für das Thema Nachfassen von Angeboten gilt die Formel

3H = *Höfliche Hartnäckigkeit hilft*.

Dem Kunden signalisieren, dass Ihnen der Auftrag wichtig ist

Es geht nicht darum, den Kunden penetrant zu nerven, doch es geht darum, dem Kunden beim Nachfassen zu signalisieren, dass Ihnen der Auftrag wichtig ist, dass Ihnen der Kunde wichtig ist und dass Sie auf jeden Fall möchten, dass dieser Auftrag in Ihrem Haus landet. Sagen Sie dem Kunden, dass Sie ihn nicht nerven wollen, sagen Sie ihm, dass Sie ihm nicht die Zeit stehlen wollen, dass Sie aber gerne mit ihm das Geschäft machen möchten.

Eine Umfrage unter Einkäufern ergab, dass diese bei Angebotsgleichstand, bei Preis- und Produktgleichheit eher geneigt sind, dem Verkäufer den Auftrag zu geben, der sich mehr um den Auftrag bemüht!

Viele Verkäufer nutzen das Schreiben von Angeboten als Notausgang aus dem Verkaufsgespräch. Oftmals ist ein Angebot in schriftlicher Form gar nicht notwendig. Nur: viele Verkäufer haben Angst davor, den Auftrag zu verlieren, und aus Angst vor dem Wort Nein ziehen sie sich auf die Position zurück, dem Kunden erst mal ein Angebot zu schicken, anstatt ihm direkt vor Ort aufzuzeigen, welche Investitionen auf ihn zukommen, welche Möglichkeiten er hat. Warum nicht einfach vor Ort dem Kunden das Angebot erstellen – und wenn es nur auf einem Schmierzettel ist – und den Auftrag sofort abschließen? Das ist doch viel sinnvoller als das Vertagen auf das Schreiben eines Angebotes, woraufhin dann doch nicht bestellt wird.

Vor Ort dem Kunden das Angebot erstellen

4 Neue Kunden gewinnen

Im Vertrieb erleben Sie regelmäßig eine Art Blutaustausch. Das heißt, bestehende Kunden brechen weg, neue Kunden müssen akquiriert werden. Wenn Sie ein neues Gebiet im Vertrieb übernehmen, so fangen Sie in der Regel mit null Kunden an. Hier bleibt Ihnen nur die Wahl der Neukundengewinnung.

Die drei Erfolgsfaktoren

Aus meiner Sicht gibt es für die Gewinnung neuer Kunden nur die drei Erfolgsfaktoren, nach denen dieses Buch aufgebaut ist:

- Ihre Strategien und Methoden, neue Kunden zu gewinnen,
- Ihre verkäuferischen Fähigkeiten,
- Ihre Einstellung.

Es handelt sich um kritische Erfolgsfaktoren, kritisch deshalb, weil diese drei Falktoren vergleichbar sind mit einer Kette; das schwächste Glied der Kette bestimmt die Reißfestigkeit. Die größte Schwäche innerhalb dieser drei Erfolgsfaktoren bestimmt Ihr Gesamtergebnis, Ihren Gesamterfolg in der Neukundenakquise.

Viele Verkäufer sind in der Lage, den Kunden zu überzeugen, wenn sie erst einmal an seinen Tisch gekommen sind. Wenn sie einmal am Schreibtisch, im Konferenzraum oder im Wohnzimmer des Kunden sitzen, sind sie sich ihrer Sache sehr sicher. Doch oftmals kommen diese Verkäufer gar nicht so weit. Sie kommen gar nicht in die Gelegenheit, ihren Kunden im Gespräch zu überzeugen, weil sie es oftmals nicht schaffen, mit ihrem potenziellen Kunden einen Termin zu vereinbaren. Entscheidend ist, dass Sie in allen drei Punkten ausgewogen agieren, und deshalb wenden wir uns zunächst den Strategien und Methoden zu, neue Kunden zu gewinnen. Es gibt dafür unterschiedliche Vorgehensweisen (vgl. Kap. 1.4), von denen Sie mit Sicherheit zahlreiche kennen. Nicht jede ist für alles geeignet, feste Regeln lassen sich nicht aufstellen. Sie müssen vergleichend entscheiden, was für Ihre Kunden, für Ihre Produkte und Dienstleistungen und für Sie als Verkäufertyp (dazu später mehr) prädestiniert ist. Herausragend sollten Sie sich jedoch mit Empfehlungsmarketing befassen.

In allen drei Punkten ausgewogen agieren

Empfehlungsmarketing

Beim Empfehlungsmarketing spielen immer drei Teilnehmer mit:

1. Sie als Verkäufer suchen einen neuen Kunden,
2. ein zufriedener Stammkunde, der Sie weiterempfiehlt,
3. ein potenzieller Neukunde.

Wenn Sie nicht gerade ein Gebiet mit Neukunden übernommen haben, so wird es Ihnen auf jeden Fall schon mal passiert sein, dass ein zufriedener Stammkunde Sie an einen potenziellen Neukunden empfiehlt. Wenn Sie einen guten Job machen, lässt sich diese Art der Neukundengewinnung gar nicht umgehen. Kunden sprechen nun mal miteinander. Diese

Drei Teilnehmer

Passives Empfehlungsmarketing

Vorgehensweise nennt man **passives Empfehlungsmarketing**. Passiv, weil Sie den Zeitpunkt der Empfehlungsgabe nicht mitbestimmen können. In der Vergangenheit hat das gut funktioniert, heute reicht das Warten auf neue Kunden oder darauf, dass ein potenzieller Neukunde anruft oder eine Anfrage per E-Mail oder Fax sendet, nicht mehr aus. Abwarten ist keine kluge Strategie im Vertrieb.

Aktives Empfehlungsmarketing

Sie haben die Möglichkeit, die Empfehlung bei Ihren Stammkunden aktiv auszulösen. Dies nennt sich dann **aktives Empfehlungsmarketing**.

Wenn Sie einmal daran denken, wie Sie an Ihren Kinderarzt gekommen sind, an Ihren Steuerberater oder Ihren Rechtsanwalt, dann wäre eine Option sicherlich das Internet oder die gelben Seiten. Doch wenn es um so etwas wie die Gesundheit Ihrer Kinder, Ihr sauer verdientes Geld oder Ihr gutes Recht geht, dann verlassen Sie sich nicht auf die Gelben Seiten oder das Internet, dann suchen Sie sich Zeugen, die Ihnen hier eine Orientierung verschaffen.

Diese Methode steht und fällt mit Ihrer Einstellung zu diesem Thema.

Worum geht es im Detail?

Es geht um das Thema Empfehlungsmarketing. Soweit nichts Neues, werden Sie sagen.

Sie haben Recht, neu ist diese Methode bei weitem nicht. Sie wird schon seit Jahrhunderten angewandt. Selbst in der Steinzeit, als wir noch mit Keule durch den Wald gezogen sind, haben wir unserem Freunden mitgeteilt, wo die guten Plätze zum Pilzesammeln waren, wo die leckersten Beeren hingen, wo man gut jagen konnte. Das war bereits Empfehlungsmarketing. Auch heute im Privatbereich, siehe oben, ist es gang und gäbe.

Aktives Empfehlungsmarketing bedeutet, dass Sie Ihren Kunden, Ihren Gesprächspartner nach einer Empfehlung fragen, aktiv fragen!

In der heutigen Zeit werden mehr und mehr Adler gesucht; Adler, die aktiv Empfehlungen akquirieren: Aktives Empfehlungsmarketing bedeutet, dass Sie Ihren Kunden, Ihren Gesprächspartner nach einer Empfehlung fragen, aktiv fragen!

Branchenübergreifend sind es angeblich nur fünf bis 15 % aller Verkäufer, die aktives Empfehlungsmarketing betreiben. Ich halte diese Zahl sogar für überzogen. Als Verkäufer und als Trainer komme ich vielleicht auf zwei Dutzend Verkäufer, die ich bisher in meinem Leben kennen gelernt habe, die aktiv eine Empfehlung bei mir akquirieren wollten.

Warum tun dies so wenige, obwohl diese Methode die mit Abstand sicherste, erfolgreichste, wirtschaftlich günstigste und schnellste Methode ist, an einen potenziellen Neukunden heranzukommen? Nun, Boris Becker sagt: *„Das Spiel wird zwischen den Ohren gewonnen."* Das bedeutet nichts anderes, als dass **Ihre Einstellung als Verkäufer** über den Erfolg oder Misserfolg dieser Methode entscheidet.

Warum geben Sie im privaten Bereich Empfehlungen? Es lohnt sich, einen Moment darüber nach zudenken. Warum tun Sie das? Bekommen Sie dafür eine Prämie? Bekommen Sie irgendetwas dafür?

Ja, Sie bekommen ein oder besser zwei Dankeschön: Sie bekommen eines von dem, den Sie empfohlen haben. Aber ein zweites von dem, der Ihre Empfehlung bekommen hat. Wir alle sind scharf auf Anerkennung, Lob und Dankbarkeit. Das ist die Grundmotivation für eine Empfehlung.

Wir alle sind scharf auf Anerkennung, Lob und Dankbarkeit. Das ist die Grundmotivation für eine Empfehlung

Die meisten Märkte sind heute unübersichtlich. Daher sind wir alle darauf angewiesen, Empfehlungen zu erhalten.

Privat nutzen Sie diese Methode schon sehr intensiv. Warum nicht auch geschäftlich?

PRAXIS

Vorgehen beim Empfehlungsmarketing

Wenn Ihnen die Motivation für diese Methode sinnvoll erscheint, machen Sie bitte zukünftig Folgendes:
- Fragen Sie sowohl im Rahmen des Angebotsmanagements, also bei einem Vorangebotsgespräch, als auch beim Nachfassen von Angeboten aktiv nach Empfehlungen!
- Fragen Sie Ihre Stammkunden beim nächsten Kontakt.
- Fragen Sie auch potenzielle Neukunden, bei denen Sie noch keine Geschäfte akquirieren konnten.

Beispiele für die Empfehlungsfrage beim Vorangebotsgespräch oder beim Nachfassen in vier Schritten

1. *„Herr Kunde, für wen aus Ihrem Bekannten- oder Kollegenkreis wäre ein Angebot über Produkt XY auch ein Thema? Für wen ist das auch interessant? Wer fällt Ihnen da spontan ein?"*

„Herr Kunde, so wie es für Sie bei dieser Anfrage wichtig ist, dass Sie die Faktoren A, B und C geklärt wissen, so wird es sicherlich in Ihrem Kollegenkreis, in Ihrem Unternehmen auch den einen oder anderen

geben, *für den diese Faktoren genauso wichtig sind wie für Sie. Wer fällt Ihnen denn da spontan ein, für den es sinnvoll wäre, auch einmal so ein Angebot zu erhalten?"*

Damit allein ist es jedoch noch nicht getan. Jetzt qualifizieren Sie die Empfehlung:

2. Ihr Gesprächspartner hat Ihnen einen oder mehrere potenzielle Neukunden genannt. Bevor Sie nun aus diesem Gespräch aussteigen, sollten Sie die Chance nutzen, diesen potenziellen Neukunden weiter zu qualifizieren. Dazu bieten sich folgende Fragetechniken an:
„Wie kommen Sie gerade spontan auf ihn? Wenn ich ihn kontaktieren möchte, wann mache ich das am besten?"
„Wenn es um die Entscheidung geht, wer ist dann der Entscheider in diesem Haus?"
Hypothetische Frage: *„Herr Kunde, mal angenommen, nur mal angenommen, Sie wären an meiner Stelle: Wie würden Sie das dann anstellen?"*

3. Der nächste Schritt ist die Kontaktaufnahme mit dem Empfohlenen. Nicht sofort, lassen Sie mindestens zwei bis drei Tage verstreichen, bis Sie den Empfohlenen kontaktieren. Maximal jedoch eine Woche. Warum?
Meist nutzt der Empfehlungsgeber die Zeit bis zu Ihrem Anruf dafür, dass er den Empfohlenen selbst kontaktiert und ihn über seine Empfehlung und seine Erfahrung informiert. Er macht Ihren Job. Sie sind vorverkauft, wenn Sie dann bei diesem Kunden anrufen.

BEI DER KONTAKTAUFNAHME MIT DEM EMPFOHLENEN KOMMT ES SEHR AUF DIE PASSENDE WORTWAHL AN.

Das Schlüsselwort, der Begriff, bei dem der Angerufene Vertrauen aufbaut – das Wort, welches Sie von einem normalen Kaltakquiseanruf unterscheidet, dieses wichtige Wort, ...

... ist der **Name des Empfehlungsgebers**!
Nennen Sie diesen Namen **dreimal** im ersten Textbaustein!
Kontaktaufnahme mit dem Empfohlenen:
„Guten Tag Herr Müller. Mein Name ist Kreuter, Dirk Kreuter von der Firma Muster aus Musterstadt.
Ihr Kollege, Herr **Schneider**, *bat darum, Sie einmal zu kontaktieren.*
Herr **Schneider** *arbeitet im Bereich xx seit einiger Zeit sehr erfolgreich mit xx Produkten und meinte, das wäre auch ein Thema für Sie.*
Herr **Schneider** *sagte, dass Sie in diesem Bereich noch eine Produktalternative zu Ihren xx gebrauchen könnten.*
Wie interessant ist das Thema für Sie?"

4. Im vierten Schritt erhält der Empfehlungsgeber eine Rückmeldung per Fax.
Die Variante per Fax hat sich in der Praxis als ideale Möglichkeit der Rückmeldung erwiesen.
Ein Anruf scheidet aus: Sie wissen nicht, in welcher Situation Sie den Kunden erreichen. Eine E-Mail wird in der täglichen Info-Flut zu schnell gelöscht. Das Fax wird er noch einmal bewusst wahrnehmen, oftmals auch aufbewahren.
Drei Gründe, die für diese Faxnachricht sprechen:

- Ihr Empfehlungsgeber ist über den Stand der Dinge informiert.
- Er freut sich über Ihr Dankeschön.
- Er wird motiviert, weitere Empfehlungen auszusprechen.

Der vierte Schritt ist entscheidend für Folgeadressen!
„Sehr geehrter Herr Schneider ...
... vielen Dank für Ihren Hinweis mit Herrn Müller ... habe mit Herrn Müller telefoniert ... er ist sehr interessiert ... ein Treffen ist für den ... vereinbart ...
... viele Grüße ..."

Schritt 1: VK fragt BK Nach Empfehlung

VERKÄUFER (VK)

Schritt 4: Informieren des Empfehlungsgebers

Schritt 3b: Kontaktieren des potenziellen NK

BESTEHENDER KUNDE (BK) = EMPFEHLUNGSGEBER

Schritt 2: Qualifizieren der Empfehlung durch VK

POTENZIELLER NEUKUNDE (NK) = EMPFOHLENER

Schritt 3a: I.d.R wird BK den NK über bevorstehende Kontaktaufnahme durch VK informieren

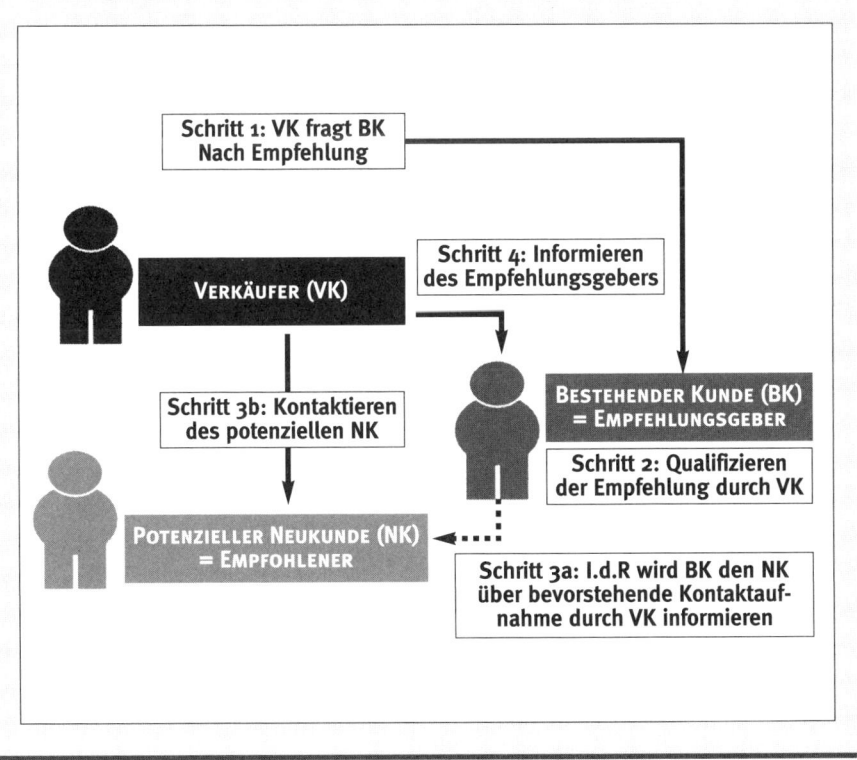

5 Kundentypologien nach dem DISG-Modell

Doppel-Plus-Kunden

Bitte denken Sie jetzt einmal an Ihren Lieblingskunden, Ihren Doppel-Plus-Kunden, den, den Sie „lieben" und der Sie „liebt". Der sich über Ihre Kontaktaufnahme, ob Besuch oder Anruf, immer freut und zu dem Sie immer gerne hinfahren. Ihr Lieblingskunde, den Sie dann kontaktieren, wenn Sie mal einen schlechten Tag hatten oder unbedingt noch einen Auftrag brauchen.

Haben Sie ein Bild vor Augen? Welche Eigenschaften machen diesen Kunden für Sie attraktiv? Warum ist dieser Kunde gerade Ihr Lieblingskunde?

Doppel-Minus-Kunden

Wenn Sie nun einmal an Ihren Doppel-Minus-Kunden denken, den Kunden, bei dem Sie irgendwie nie ein Bein auf den Boden bekommen. Der Kunde, den Sie immer nur dann kontaktieren, wenn es gar nicht mehr anders geht. Der Kunde, den Sie bei Ihren Tourenplanungen immer auf den letzten Termin setzen in der Hoffnung, dass Sie zwischendurch doch noch in einen Stau kommen.

Haben Sie diesen Kunden vor Augen? Welche Eigenschaften prägen diesen Kunden, dass Sie ihm ein Doppel-Minus geben?

In Seminaren kommen auf diese Fragen immer folgende, im untenstehenden Kasten einander gegenüber gestellte Antwortvarianten:

Der typische Doppel-Plus-Kunde	**Der typische Doppel-Minus-Kunde**
• Er hat Zeit für mich.	• Er hat nie Zeit.
• Er hört mir zu.	• Er ist immer ungeduldig.
• Er ist offen für neue Produkte und Ideen.	• Er weiß alles besser.
• Er hält sich an Vereinbarungen.	• Er will keine neuen Produkte in sein Sortiment nehmen bzw. steht Neuerungen sehr skeptisch gegenüber.
• Er ist pünktlich und lässt mich nicht warten.	
• Er zahlt gut.	• Er behandelt mich von oben herab.
• Er ist treu.	• Er gibt mir das klare Gefühl, unter ihm zu stehen.
• Er bringt mir eine entsprechende Wertschätzung entgegen.	• Er lässt mich immer warten.
• Ich bin für ihn ein wichtiger Ansprechpartner, er legt auf meine Meinung, auf mein Urteil besonderen Wert.	• Er will immer über den Preis reden.
	• Er meint, er ist viel gerissener als ich.
	• Er will alles schriftlich.

Kundentypologien nach dem DISG-Modell

Natürlich können Sie beide Listen beliebig verlängern. Das Entscheidende, und dafür brauchen wir beide Listen:
Bei welchem Kunden versteckt sich für Sie noch entscheidendes Potenzial?
Nun, den Doppel-Plus-Kunden haben Sie schon sicher. Ihr Doppel-Plus-Kunde kauft bei Ihnen alles, was er benötigt. Hier haben Sie das Potenzial schon weitestgehend ausgeschöpft.

Ihr Doppel-Minus-Kunde ist der Kunde, der erhöhte Aufmerksamkeit benötigt, denn dieser Kunde ist in der Regel ein Wechsel-Käufer.

Ihr Doppel-Minus-Kunde benötigt erhöhte Aufmerksamkeit

Sie haben diesen Kunden in den meisten Fällen noch nicht wirklich überzeugt. Doch in diesem Kunden steckt noch Potenzial für Ihre Produkte und Ihre Dienstleistungen. Die Frage ist immer nur: Wie schaffen Sie es, dieses Potential zu realisieren?

Das DISG-Modell — HINTERGRUND

In den 1920er-Jahren beschäftigten sich zwei Psychologen, nämlich C. G. Jung und William Marston, mit der Frage, warum sich manche Menschen in bestimmten Situationen immer wieder gleich verhalten. Die Forscher beobachteten, dass Menschen in bestimmten Situationen immer wieder das gleiche Verhaltensmuster an den Tag legten. Aufgrund unserer Erziehung, unserer Erfahrungen, die wir bisher im Leben gemacht haben, und aufgrund unserer Sozialisation haben wir gelernt, dass sich ein bestimmtes Verhalten in bestimmten Situationen bewährt hat. Daher verhalten sich viele Menschen aufgrund ihrer Erfahrungen in ähnlichen Situationen immer wieder gleich.

Es geht nicht darum, wie der Mensch bzw. sein Charakter ist, es geht darum, wie sich der Mensch in bestimmten Situationen verhält. Es geht nicht darum, den Menschen in eine Schublade zu stecken. Es geht darum zu schauen, welche Vorlieben und Abneigungen der Mensch in bestimmten Situationen hat. Daraus ist das DISG-Modell entstanden.

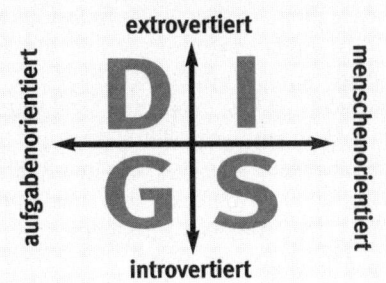

```
                extrovertiert
                     |
          D          |          I
                     |
aufgabenorientiert --+-- menschenorientiert
                     |
          G          |          S
                     |
                introvertiert
```

Kundentypologien nach dem DISG-Modell

Das DISG-Modell, ein psychologisches Verhaltensmodell, hat sich über Jahrzehnte bewährt. Es wird von vielen Unternehmen weltweit in unterschiedlichen Situationen immer wieder genutzt. Unternehmen wie IBM oder DaimlerChrysler nutzen dieses Verhaltensmodell gerade auch in Bezug auf die Einstellung neuer Mitarbeiter oder die Bildung von Arbeitsteams.

Als Trainer nutze ich dieses Modell seit Jahren erfolgreich, um die unterschiedlichen Kundentypen und deren Verhaltensweisen im Training aufzuzeigen und davon ableitend dann entsprechende Handlungsweisen zu trainieren.

Es gibt eine ganze Reihe von Modellen, die sich genau mit diesem Thema beschäftigen. Beispielsweise das Insights-Modell oder MBTI (Myers-Briggs-Typenindicator)-Modell. Alle Modelle haben Vor- und Nachteile, aus meiner Sicht ist das im Weiteren beschriebene DISG-Modell das am schnellsten umsetz- bzw. einsetzbare Werkzeug für den Vertrieb.

Extrovertierte versus introvertierte Menschen

Die beiden Psychologen sind davon ausgegangen, dass es Menschen gibt, die besonders extrovertiert sind, die also gerne im Mittelpunkt stehen, sich aktiv an Diskussionen beteiligen und ihre Meinung auch offen vertreten. Im Seminar sind das die Teilnehmer, die Wortführer in Diskussionen sind und die immer wieder auch eigene Erfahrungen beisteuern. Wenn der Seminartag zu Ende ist, sind es die Teilnehmer, die anschließend als erstes an die Bar gehen, um sich dort mit den Kollegen auszutauschen.

Der Gegenpol des extrovertierten ist der introvertierte Verhaltensstil. Dies sind eher zurückhaltende Menschen, die nicht unbedingt im Mittelpunkt stehen müssen, eher innerlich für sich reflektieren. Im Seminar sind diese Teilnehmer oft daran zu erkennen, dass sie selten eine Wortmeldung beisteuern, dafür gut zuhören und viele Notizen anfertigen. Diese Teilnehmer sind es, die dann im Nachhinein noch Literaturempfehlungen nutzen und ihre Mitschriften später noch mal in eine Reinschrift umsetzen. Nach einem Seminar sind das die Teilnehmer, die auf ihr Zimmer gehen, ein gutes Buch lesen, mit der Familie telefonieren, vielleicht etwas fernsehen. Das Austauschen von Jägerlatein an der Bar nach einer Veranstaltung ist nicht so ihr Ding.

Aufgaben- und zielorientierte versus personenorientierte Menschen

Das DISG-Modell verfügt über eine zweite Achse. Auf der einen Seite dieser zweiten Achse finden sich die aufgaben- bzw. zielorientierten Menschen wieder. Für diese Menschen ist entscheidend, dass das, was sie sich vorgenommen haben, auch tatsächlich erreicht wird. Oftmals koste es, was es wolle. Auf jeden Fall sind diese Menschen bereit, den Preis dafür zu zahlen. Aufgaben- bzw. zielorientierte Menschen legen keinen besonderen Wert darauf, mit wem sie eine

Aufgabe lösen oder eine Arbeit erledigen. Für sie ist viel entscheidender, welche Ziele damit verbunden sind und wie sie selbst dieses Ziel erreichen.

Auf der anderen Seite dieser zweiten Achse befindet sich der Verhaltensstil des personenorientierten Menschen. Für diesen Menschen ist es wichtig, dass er sich mit den richtigen Personen umgibt. Menschen, mit denen er gut zurechtkommt, die ihn wertschätzen und die er wertschätzt.

SCHNITTPUNKTE: VIER VERHALTENSSTILE
Im DISG-Modell geht man nun davon aus, dass es vier Kombinationen gibt, die typische Persönlichkeiten charakterisieren:

- Der extrovertierte Verhaltensstil, der gleichzeitig ziel- und aufgabenorientiert ist, nennt sich in diesem Modell dominanter Verhaltensstil (D).
- Der extrovertierte und gleichzeitig personenorientierte Mensch wird initiativ genannt (I).
- Introvertierte Menschen mit einem stark personenorientierten Verhalten heißen in diesem Modell stetig (S).
- Introvertierte Menschen, die gleichzeitig ziel- und aufgabenorientiert sind, werden als gewissenhaft bezeichnet (G).

Der Name des Modells setzt sich aus den Anfangsbuchstaben der vier Verhaltensstile zusammen:
D = dominant
I = initiativ
S = stetig
G = gewissenhaft

Beispiel:
Damit Sie eine noch bessere Vorstellung bekommen von dem, was jetzt in der Theorie beschrieben wurde, greife ich ein weiteres Mal auf ein plakatives Beispiel aus dem Alltag zurück. Stellen Sie sich folgende Situation vor: Ein Familienvater (natürlich kann es auch eine Familienmutter sein) möchte am Samstag das Wohnzimmer renovieren.

Der/die Dominante wird die anstehenden Aufgaben zielstrebig und offensiv an die einzelnen Familienmitglieder verteilen und Wert darauf legen, dass die Aktion zügig über die Bühne geht. Er/sie ist dabei eher pragmatisch, und es kommt nicht so sehr auf die profihafte Ausführung an.

Der/die Initiative wird vielleicht Wochen vorher Freunde und Bekannte, Nachbarn und Arbeitskollegen um Unterstüt-

Kundentypologien nach dem DISG-Modell

zung bitten. Alle wissen, dass gar nicht so viel Arbeit anfällt und ein „Event" ansteht, bei dem der Partyanteil nicht zu kurz kommt. Wird das Wohnzimmer nicht fertig, geht's halt am nächsten Wochenende weiter.

Der/die Stetige wird nach der gleichen oder einer ähnlichen Tapete suchen wie bisher – möglicherweise sogar im gleichen Geschäft wie vor zehn Jahren. Es wird alles komplett renoviert, was dem Außenstehenden aber nicht unmittelbar auffällt. Denn alles ist zwar frisch, aber nicht wirklich neu.

Der/die Gewissenhafte beginnt Wochen vorher, Baumarktprospekte miteinander zu vergleichen, sich Profi-Werkzeug im Baumarkt auszuleihen, und am Tag X wird er/sie damit beginnen, den Kleister – der ziehen muss – schon rechtzeitig vorab anzurühren. Die Arbeiten selbst werden perfekt ausgeführt, der Materialverbrauch stimmt exakt wie vorher berechnet.

Finden Sie sich persönlich schon in einem dieser vier Stile wieder? Kennen Sie Menschen, die Sie in diese vier Verhaltensstile einordnen können?

Um eines deutlich zu machen: Jeder von uns ist mit allen vier Verhaltensstilen ausgestattet. Sie sind unterschiedlich ausgeprägt und kommen je nach Situation zum Vorschein.

Keiner dieser vier Verhaltensstile ist besser oder schlechter als ein anderer, sondern Stärken oder Schwächen werden erst an der Aufgabe gemessen!

Arbeitsgruppen bzw. Teams zusammenstellen

Weiter oben wurde schon beschrieben, dass das Modell auch eingesetzt wird, um Arbeitsgruppen bzw. Teams zusammenzustellen; ferner setzen es viele Firmen bei der Personalauswahl aktiv ein.

Bleiben wir in unserem Zusammenhang bei der Teamzusammensetzung. Bei vergleichbarer Qualifikation unterscheiden sich Teammitglieder nach Typ und der falsche Charakter im falschen Aufgabenteam ist hinderlich für das Erreichen eines Ergebnisses. Setzt man Arbeitsgruppen (zu) homogen zusammen, so kann das – modellhaft betrachtet – eine Reihe von Vor- oder Nachteilen haben; wesentliche sind nachfolgend zusammengestellt.

Vor- und Nachteile homogener Teamzusammensetzung

	Vorteil	**Nachteil**
Nur dominante Teammitglieder:	Die Dominanten kommen schnell zur Sache, sind sehr direkt.	Sie sind oftmals etwas oberflächlich, meist lässt so eine Gruppe dann die notwendige Sorgfalt vermissen.
Nur initiative Teammitglieder:	Sehr auf Harmonie bedacht.	Nicht sehr zielführend.
Nur stetige Teammitglieder:	Sehr realistisch und den Status quo erhaltend.	Neuen Ideen gegenüber wenig aufgeschlossen.
Nur gewissenhafte Teammitglieder:	Sehr genau.	Kommen nicht immer auf den Punkt.

Am effektivsten: Heterogene Arbeitsgruppen

Es geht also für Führungskräfte darum, die Teams nicht nur nach den fachlichen Qualifikationen und Schwerpunkten zu koordinieren, sondern auch nach den entsprechenden Verhaltensstilen. Die Verhaltensstile sind dafür verantwortlich, ob die Gruppe nachher wirklich funktioniert und entsprechend zusammenarbeitet.

Teams nach den entsprechenden Verhaltensstilen koordinieren

Jede Gruppe benötigt eine oder mehrere Dominante. Ob diese die Aufgabe haben, die Gruppe zu führen, zu moderieren, zu koordinieren oder nicht, spielt dabei keine Rolle. Sie werden von ihrem Naturell her sofort diese Aufgabe an sich ziehen –, auch wenn möglicherweise ein anderer Mitarbeiter damit betraut war.

Die Initiativen sind für eine Gruppe immer wichtig, um unter den einzelnen Mitarbeitern ein entsprechendes Klima zu schaffen. Die Initiativen achten auch darauf, dass es nicht nur um das Geschäft geht, sondern auch mal private Worte fallen.

Die Stetigen sind entscheidend für Gruppen, um zu überprüfen, ob die Gedanken und Ideen auch tatsächlich realisierbar sind.

Und die Gewissenhaften sind zu guter Letzt entscheidend für die Qualität des Ergebnisses. Die Gewissenhaften werden darauf achten, dass möglichst alle Faktoren betrachtet werden und sind kurzfristigen Lösungen gegenüber sehr kritisch.

Kundentypologien nach dem DISG-Modell

Ist ein Team nicht nur fachlich, sondern auch vom Verhaltensstil her optimal strukturiert, so wird dieses Team sehr erfolgreich arbeiten können.

Wie weit ist das Modell nun deutlich geworden? Sie können auch Prominente in diesem Modell ein Stück weit einordnen.

Michael Schumacher, der Formel 1-Weltmeister und Profi-Sportler: Sein Arbeitsstil als Formel 1-Rennfahrer. Wie schätzen Sie ihn ein? Aus meiner Sicht ist Michael Schumacher vom Arbeitsstil als Profi-Sportler gewissenhaft. Niemand scheint körperlich fitter im Fahrerzirkus der Formel 1 als er. Niemand fährt mehr Testkilometer als Michael Schumacher, und er beschäftigt sich intensiv mit Details am Fahrzeug, an der Ausrüstung oder im Team. In der Saisonpause 2003/2004 ließ er für viel Geld ein neues Helmsystem entwickeln, weil ihm der herkömmliche Helm zu laut war. Von daher aus meiner Sicht ein eindeutig gewissenhafter, strukturierter Mensch. Mir scheint er etwas introvertiert, denn er steht ungern im Mittelpunkt und stellt bei Erfolgen gerne sein Team und seine Spezialisten in den Vordergrund. Gleichzeitig ist er sehr ziel- und aufgabenorientiert. Er weiß genau, was er erreichen will.

Der ehemalige Bundeskanzler Helmut Kohl. Wie schätzen Sie seinen Verhaltensstil ein? Für mich ist Helmut Kohl als Bundeskanzler sehr dominant aufgetreten. Es schien schwierig, eine zweite Meinung neben ihm zu vertreten. Auf seine eigene Person, sein eigenes Ansehen hat er sehr ziel- und aufgabenorientiert reagiert. Beispielsweise sind die Spender im Spendenskandal bis heute nicht bekannt. Alles zusammen genommen ist das aus meiner Sicht sehr extrovertiert und gleichzeitig ziel- und aufgabenorientiert. Oder gab es je Zweifel daran, ob die Wiedervereinigung das Richtige war oder ob die Einführung des Euros sinnvoll ist?

> Weitere Informationen über das DISG-Modell, gerade auch im privaten Bereich, finden Sie im Internet unter www.disg.de. Auch sind verschiedene Bücher mit Selbst- und Fremdeinschätzungsmöglichkeiten erschienen.

Kundentypologien nach dem DISG-Modell

Was bedeutet das DISG-Modell nun für den Verkauf?

Sie haben im Laufe dieses Buches eine erprobte Vorgehensweise für einen Kundenkontakt kennen gelernt. Der Besuchsablauf verläuft von der Begrüßung, der Situations- bzw. Bedarfsanalyse über Beratung, Präsentation und Abschluss bis zur Verabschiedung. Nun sollten Sie, wenn Sie diese Vorgehensweise verinnerlicht haben, Ihre Vorgehensweise noch dem Verhaltensstil Ihres Kunden anpassen.

Ihre Vorgehensweise dem Verhaltensstil Ihres Kunden anpassen

EIN KUNDE HAT SICH NICHT AUF DEN VERKÄUFER EINZUSTELLEN, SONDERN EIN VERKÄUFER HAT SICH AUF DEN KUNDEN EINZUSTELLEN.

Hierbei möchte ich Sie noch einmal auf die beiden Kunden, den Lieblingskunden Doppel-Plus und den Doppel-Minus-Kunden hinweisen. Entscheidend ist, dass Sie sich als Verkäufer auf den Doppel-Minus-Kunden entsprechend einstellen. Seine Wünsche und Ängste sind zu berücksichtigen.

Was bedeutet das nun im Detail?

Gesprächsphasen nach Kundentypen differenziert — **PRAXIS**

BEGRÜSSUNGSPHASE

- In der Begrüßungsphase sollten Sie bei einem dominanten Kunden schnell zur Sache kommen. Sparen Sie sich das soziale „Blabla", kürzen Sie das Warm-up auf das notwendigste zurück. Der dominante Kunde will schnell ins Gespräch, und er will auch immer die Gesprächsführung in den Händen halten. Lassen Sie sich darauf ein.
- Der initiative Kunde liebt ausführliches Warm-up. Für ihn ist es wichtig, erst einmal eine persönliche Basis zu schaffen und dann irgendwann zum Geschäft zu kommen. Oftmals ist das Geschäft nur noch Nebensache, wenn die persönliche Ebene stimmt. Planen Sie entsprechende Zeit für Ihren Kundenbesuch ein, seien Sie geduldig, achten Sie darauf, eine gute Atmosphäre zu schaffen. Wenn Sie in der Begrüßungsphase loben, sollten Sie persönliche Erfolge, persönliche Vorlieben und Verhaltensweisen Ihres Ansprechpartners in den Vordergrund stellen. Überlassen Sie es ihm, zu einem späteren Zeitpunkt auch in das eigentliche Verkaufsgespräch einzusteigen.

- Der stetige Kunde möchte in der Begrüßungsphase Gemeinsamkeiten finden. Auch loben Sie den Stetigen für das, was er im Unternehmen bewirkt hat. Persönlichkeit ist hier ein entscheidender Faktor, Vertrauen steht im Vordergrund.
- Der gewissenhafte Kunde erwartet in der Begrüßung nur ein kurzes Warm-up. Ihm ist es wichtig zu sehen, dass Sie sich entsprechend auf diesen Termin, diesen Besuch, dieses Gespräch vorbereitet haben. Er schätzt Pünktlichkeit und auch die Terminbestätigung per Fax gefällt ihm sehr gut. Hier ist es wichtig, zu Beginn eine Art Agenda für den weiteren Gesprächsablauf zu definieren und auch das Zeitfenster zu klären.

BEDARFSERMITTLUNG

- Achten Sie darauf, dass Sie beim dominanten Kunden gezielt direkte Fragen einsetzen. Das Paraphrasieren kann hier sehr weit reduziert werden. Der Dominante reagiert auf viele Fragen meist ungeduldig. Bitte beachten Sie das. Formulieren Sie Ihre Fragen zielgenau und reduzieren Sie deren Anzahl. Arbeiten Sie am Ende der Bedarfsermittlung mit der Meinungsfrage, mit der Kombination der Kontroll- und Bedingungsfrage. Erzeugen Sie schon in der Bedarfsermittlung eine hohe Verbindlichkeit für den Dominanten. Orientieren Sie sich auf jeden Fall daran, welche Ergebnisse er erzielen will.
- Der Initiative wird in der Regel ausschweifend auf Ihre Fragen antworten. Hier ist es wichtig, dass Sie Ihren Gesprächspartner immer wieder zum eigentlichen Thema zurückführen. Paraphrasieren ist wichtig, um eine persönliche Ebene zu schaffen.
- Beim stetigen Verhaltensstil sollten Sie Ihre Frageart etwas verpacken. Eine direkte Frageart wie beim Dominanten entspricht nicht seinem Verhaltensstil. Der Stetige ist in seinen Antworten eher zurückhaltend. Paraphrasieren lockert hier das Gespräch auf. Bedingungsfragen haben bei diesem Verhaltenstypen in der Bedarfsermittlung nichts zu suchen.
- Der Gewissenhafte wird Ihnen Ihre Fragen bis ins Detail beantworten. Es kann erforderlich sein, Ihre Frage zu begründen. Paraphrasieren bitte nur oberflächlich. Auch hier wird Ihr Gesprächspartner eher zögerlich mit Informationen herausrücken.

BERATUNG UND PRÄSENTATION

- In der Beratung bzw. Präsentation will der Dominante in erster Linie wissen, was am Ende dabei heraus kommt, wo sein „Return on Investment" ist. Was hat er davon, wenn er sich auf Ihr Angebot einlässt? Für ihn zählen Ergebnisse. Kommen Sie auf den Punkt, sparen Sie sich weit schweifende Monologe, zeigen Sie dem Kunden immer auf, was ihn interessiert. Meist wird das Hauptmotiv sein: Profit! Dieser Kundentyp entscheidet meist schnell und spontan. Wenn Sie seine Argumente bringen, wenn Sie seine Kaufmotive erkennen und bedienen, sind die Gespräche meist eher kurz und erfolgreich.

- Stellen Sie in der Beratung/ Präsentation beim initiativen Kunden heraus, wie er sich mit dieser Kaufentscheidung gegenüber anderen profilieren kann. Wie er sich so ins rechte Licht rücken kann. Ersparen Sie sowohl dem Dominanten als auch dem Initiativen technische Details. Beide interessiert so etwas überhaupt nicht.
- In der Präsentations- bzw. Beratungsphase legt der Stetige besonderen Wert darauf, dass Sie Stück für Stück mit ihm das Angebot durchgehen, dass er jeden Schritt nachvollziehen kann. Er reagiert sehr stark auf die Zeugenumlastung, hierbei Schwerpunkt auf Referenzkunden.
- Der Gewissenhafte legt in der Präsentation großen Wert auf Genauigkeit: Zahlen, Daten, Fakten, Excel-Tabellen, Forschungsergebnisse, die entsprechend repräsentativ und abgesichert sind. In der Zeugenumlastung sind für ihn Referenzkunden nicht entscheidend. Für ihn sind die Meinungen unabhängiger Branchengrößen sowie Test-, Analysen- und Umfrageergebnisse entscheidender. Er erwartet eine entsprechend gute Vorbereitung von Ihnen und dass Sie Ihre Zahlen interpretieren und belegen können. Technische Details sind bei ihm mit entscheidend. Pauschale Aussagen sollten Sie sich bei diesem Kunden sparen.

Abschluss

- Im Abschluss reagiert der dominante Verhaltensstil spontan. Jedoch erwartet er, Wahlmöglichkeiten zu haben. Zeigen Sie ihm immer Alternativen auf. Lassen Sie immer ihn entscheiden. Er muss das Gefühl haben, dass er gekauft hat und nicht Sie verkauft haben. Wenn ein dominanter Kunde mit Aussagen arbeitet wie *„Das will ich mir noch einmal überlegen"*, *„Da will ich nochmal eine Nacht drüber schlafen"*, *„Da will ich noch einmal Rücksprache halten"*, so können Sie davon ausgehen, dass das Vorwände sind. Ein dominanter Kunde entscheidet sofort. Hier können Sie auch gerne eine höhere Verbindlichkeit aufbauen, ein Stück weit Druck ausüben. Sie werden sehen, der dominante Kunde reagiert auf entsprechende Druck- bzw. Motivationsanreize, jetzt sofort zu entscheiden, positiv, eher humorvoll, weil er selbst diese Art des Vorgehens mag.
- Der initiative Kunde ist im Abschluss meist wie ein Stück Seife. Er kann sich oft nicht entscheiden. Ihm fällt es sehr schwer sich wirklich festzulegen. Daher bieten Sie dem Kunden niemals Alternativen oder Wahlmöglichkeiten. Arbeiten Sie eine Ideal-

lösung heraus und fixieren Sie den Kunden genau darauf.
- Der stetige Kunde braucht für seine Entscheidung meist Bedenkzeit. Er entscheidet nichts in seinem Leben spontan. Er wägt ausführlich ab. Meist will er Rücksprache halten mit Kollegen, Freunden, Bekannten und freut sich darüber, wenn Sie ihm entsprechende Referenzkunden anbieten, bei denen er sich rückversichern kann.

Wenn der stetige Kunde sich einmal entschieden hat, ist er eine sichere Bank, doch bis er sich entscheidet, vergeht meist ein etwas längerer Zeitraum. Wenn Sie hier im Abschluss Druck aufbauen, wenn Sie die Verbindlichkeiten zu stark in den Vordergrund stellen, wird Ihr Kunde blockieren und das Geschäft im Zweifelsfall nicht abschließen. Also, geben Sie Ihrem Kunden Zeit für seine Entscheidung.

- Der gewissenhafte Kunde wird seine Entscheidung meist ebenfalls nicht spontan treffen. Er wird alles noch einmal genau durchkalkulieren, durchrechnen, noch einmal Ihre Argumente kritisch prüfen. Er ist der kritischste Entscheider im DISG-Modell. Er wird im Zweifelsfalle nach Begründungen suchen, die seine Entscheidungen später untermauern werden. Bieten Sie Ihrem Kunden weitere Informationen an, damit er sich entscheiden kann, und wenn er eine Bedenkzeit vereinbart, so gehen Sie darauf gerne ein. In diesem Verkaufsgespräch eine zu starke Verbindlichkeit zu schaffen, wird meist kritisch hinterfragt.

KAUFBESTÄTIGUNG UND AFTER SALES-SERVICE

- In der Kaufbestätigung und im After Sales-Service legt der dominante Kunde Wert darauf, dass er Ergebnisse sieht. Zeigen Sie diese immer wieder auf.
- Der initiative Kunde freut sich darüber, wenn Sie ihm in der Kaufbestätigung bzw. im After Sales-Service aufzeigen, welche persönlichen Vorteile diese Kaufentscheidung für ihn gebracht hat.
- Der stetige Kunde benötigt in der Kaufbestätigung bzw. im After Sales-Service immer wieder Sicherheit und Vertrauen. Er legt großen Wert darauf, dass Sie weiterhin sein persönlicher Ansprechpartner sind, dass er Ihre Telefondurchwahlnummer bzw. Ihre Mobilfunknummer hat. Er mag es, wenn Sie sich zwischendurch auch mal ohne einen konkreten Anlass melden. Er ist gegenüber Abwerbungsversuchen durch Wettbewerber nahezu resistent, solange Sie ihn entsprechend hegen und pflegen.
- Der gewissenhafte Kunde legt in der Kaufbestätigung und im After Sales-Service großen Wert darauf, dass Sie pünktlich Ihre Zusagen einhalten und ihn immer wieder laufend mit aktuellen Zahlen und Daten informieren.

Kundentypologien nach dem DISG-Modell

Das DISG-Modell wird Ihnen dabei helfen, sich auf Ihren potenziellen Kunden noch stärker einzustellen. Sie können Ihre Argumente und Vorgehensweise, Ihre Zeugen- und Einwandbehandlung komplett auf ihn als Kundentyp einstellen.

Es liegt an Ihnen, ob Sie sich bei jedem Besuch mit dem DISG-Modell entsprechend vorbereiten oder ob Sie dies nur bei Doppel-Minus-Kunden, A- und B-Kunden oder potenziellen Neukunden tun. Die Entscheidung liegt bei Ihnen. Natürlich ist mit entsprechendem Aufwand zu rechnen. Doch nach einiger Zeit und mit etwas Übung sind Sie in der Lage, den Kunden schnell einzuschätzen und instinktiv Ihre Argumentationen und Ihr Verhalten auf den Kunden einzustellen.

Den Kunden schnell einschätzen und instinktiv Ihre Argumentationen und Ihr Verhalten auf den Kunden einstellen

Als Trainer setze ich dieses Modell sehr häufig im Coaching ein, wenn wir gemeinsam Kunden besuchen, um deutlich zu machen, warum ein Kunde kauft oder nicht kauft, warum der Außendienst sich mit ihm gut versteht oder auch nicht versteht.

Praxisbeispiel:

Vor einigen Jahren vereinbarte ein Kunde mit mir ein Training ohne ein persönliches Vorgespräch. Nach den ersten beiden Trainingstagen, an denen wir auch das DISG-Modell behandelten, ging es mir natürlich darum, im Anschluss an das Training entsprechende Folgeaufträge zu generieren. Also erkundigte ich mich bei den Teilnehmern, wie diese ihre beiden Chefs, nämlich den Inhaber und den Personalchef, im DISG Modell einordnen würden. Einstimmig wurden beide Führungskräfte als gewissenhafte Menschen beschrieben. Sie würden nur auf Zahlen und Daten Wert legen, würden sogar Detailfragen zu den Reise- bzw. Besuchsberichten abfragen.

Also bereitete ich mich für mein Akquisegespräch auf zwei gewissenhafte Kunden vor. Ich erstellte Excel-Tabellen, die einen klaren „Return on Investment" aufwiesen, in dem die Investition in Trainings- und Coachingmaßnahmen entsprechend Früchte trugen, bis ins Detail ausformuliert und mit verschiedenen Zahlenspielen belegt. Auch hatte ich Referenzschreiben vorbereitet, bei denen Kunden die Trainingswirkung auf den Euro genau reflektiert haben.

Bei unserem Kennenlerntermin waren der knapp 70-jährige Inhaber und der Personalchef sehr entspannt. Man kann sogar sagen, dass sie für jemanden, den sie gerade erst kennen gelernt haben, sehr locker waren. Der Inhaber erzählte von seinem Haus auf Rügen, der Personalchef von seinem neuen Mercedes. Nach etwa 40 Min. Small Talk kamen beide kurz zur Sache, erwähnten, dass das erste Training gut gelaufen wäre und sie daran anknüpfen möchten, erwarteten ein Angebot von mir mit entsprechenden Terminen und würden dies dann bestätigen. Das ganze Verkaufsgespräch hat nur etwa 10 Min. gedauert. Ich habe noch einige Fragen gestellt, merkte aber schnell, dass diese Detailfragen den Kunden weniger interessierten. Wir haben uns dann noch etwa zehn Minuten lang über dies und das unterhalten, bis ich mich nach etwa einer Stunde verabschiedete. Zum Glück habe ich meine kompletten Excel-Tabellen in der Tasche gelassen und habe mich auf zwei in der Tat initiative Gesprächspartner eingelassen. Wieso jetzt diese Verwechslung?

ÜBERSICHT DER VERHALTENSTENDENZEN

	Dominant „D"	Initiativ „I"
Hauptziele:	Möchte Ergebnisse sehen, möchte bestimmen	Kontakt mit anderen, sucht die Anerkennung
Hauptängste:	Kontrolle über die Umgebung zu verlieren, von anderen ausgenutzt zu werden	Ablehnung, nicht gemocht zu werden, Verlust der Anerkennung
Abneigungen:	Wenn andere für ihn Entscheidungen treffen, Mangel an Ergebnissen	Mit komplexen Einzelheiten umgehen zu müssen, alleine zu arbeit
Reaktion unter Druck:	Dominant, ungeduldig	Emotional, unorganisiert
Als Käufer reagiert die Person auf:	Alternativen und Wahlmöglichkeiten, Leistungsfähigkeit und Ergebnisorientierung	Referenzen und Gutachten von Experten; die Möglichkeit, seine eigenen Kräfte zu schonen
Entscheidungsstil:	Schnell, impulsiv	Emotional/nach der inneren Stim

Kundentypologien nach dem DISG-Modell

Die Mitarbeiter schätzten ihre Chefs als gewissenhaft ein, weil die Chefs ihnen gegenüber auch immer so auftraten. Mir als externem Trainer und Berater gegenüber waren sie jedoch offen, nachdem sie gehört hatten, welche Erfolge das erste Training schon gebracht hatte.

Fazit

Wie Picasso schon sagte: *„Ein Mann, der sich auf seine Chance nicht vorbereitet, macht sich nur lächerlich."* Oder:

SEIEN SIE AUCH BEI BESTER VORBEREITUNG BEREIT, AUF IHREN BAUCH ZU HÖREN UND ZU SCHAUEN, OB SIE WIRKLICH DIE PASSENDE ARGUMENTATION VORBEREITET HABEN. IM ZWEIFELSFALL WEICHEN SIE VON IHREM PLAN AB UND STELLEN SIE SICH AUF DIE NEUE SITUATION EIN.

tig „S"	Gewissenhaft „G"
erheit/Stabilität, konfliktfreie Umgebung	Genauigkeit/Ordnung, logische Vorgehensweisen
chnelle, ungeplante Veränderungen, Verlust Sicherheit und Stabilität	Ungerechtfertigte persönliche Kritik, zu geringe Qualitätsstandards
dseligkeit, Konflikt, Unvorhersehbarkeit	Unordnung und Chaos, ungenaue Erklärungen, Schmeichelei, Überreden und Beschwatzen
gleichend, unentschlossen	Zurückgezogen, bleibt stur
cherung von Service und Verlässlichkeit, sönliche Aufmerksamkeit und Aufrichtigkeit	Beweis von Qualität und Genauigkeit, vernünftige, logische Vorgehensweisen und Aufrichtigkeit
rlegt, vorsichtig	Analytisch und vergleichend, konservativ

Kundentypologien nach dem DISG-Modell

Tipps zum Umgang mit Kundentypen

Planung

Machen Sie sich klar, dass:
- „D" gerne bestimmt und die Kontrolle über alles behalten will.
- „I" Ihre Leistungen danach prüft, wie diese seinen Einfluss und seine Anerkennung bei anderen steigert.
- „S" versucht, den Status quo zu erhalten und trotzdem die Ergebnisse zu verbessern.
- „G" schriftliche Unterlagen über Ihr Leistungsangebot benötigt. Seien Sie logisch, genau und korrekt.

Einstieg – wie Sie ein gutes Klima bei Ihrem Kunden erzeugen

D: Begrenzen Sie „soziales Blabla" (kurzes Warming-up). Kommen Sie schnell zur Sache. Beziehen Sie sich auf das Ziel, die Ergebnisse.
I: Geben Sie sich locker und freundlich. Sprechen Sie „I" eher emotional an und erfüllen Sie seine/ihre Erwartungen für die Zusammenarbeit.
S: Beginnen Sie ungezwungen, lassen Sie keinerlei Zeit- oder Entscheidungsdruck aufkommen.
G: Beginnen Sie Schritt für Schritt mit den Informationen. Kommen Sie schnell, aber taktvoll zur Sache. Lassen Sie die Kunden Experten sein.

Fragen stellen und beantworten

D: Ergebnisorientiert: Stellen Sie direkte Fragen, um sicher zu gehen, welche Resultate „D" erzielen möchte. Erwarten Sie „Was"-Fragen.
I: Begeistert: Stellen Sie offene Fragen, um die Kaufmotive von „I" zu ermitteln. Erwarten Sie „Wer"-Fragen.
S: Ehrlich: Zeigen Sie durch Ihre Fragen, welches Interesse Sie an den Aufgaben und Beziehungen von „S" haben. Erwarten Sie „Wie"-Fragen.
G: Sachlich: Stellen Sie Fragen, die „G" ermutigt, seine Kenntnisse, Methoden und Bedenken zum Ausdruck zu bringen. Erwarten Sie „Warum"-Fragen.

Vorzüge präsentieren

D: Betonen Sie Effizienz, Ersparnisse, Gewinne.
I: Betonen Sie, wie „I" zum Erfolg kommen und bei anderen gut dastehen kann.
S: Betonen Sie, wie „S" ein harmonisches und stabiles, sicheres Umfeld behält.
G: Betonen Sie Richtigkeit, Logik und Qualität Ihrer Lösung.

Auf Einwände eingehen

D: Akzeptieren Sie „D"s direkte Art, Ihnen Feedback zu geben. Zeigen Sie deutlich Ihr Interesse, „D" zu helfen, noch bessere Ergebnisse zu erreichen.

Kundentypologien nach dem DISG-Modell

I: Zeigen Sie Verständnis für ihre/seine Gefühle und Zweifel. Bringen Sie Zeugnisse von den Erfolgen anderer.
S: Zeigen Sie Interesse für die Gefühle von „S". Bieten Sie dauerhafte Unterstützung an. Möglicherweise müssen Sie nach den wirklichen Einwänden forschen.
G: Liefern Sie Informationen zu den brennendsten Fragen. Betonen Sie die Logik, und geben Sie genügend Beweise. Gestatten Sie „G", sich rückzuversichern.

Zum Abschluss kommen

D: Bieten Sie „D" mehrere Alternativen an. Lassen Sie „D" selbst die Entscheidung treffen. Kommen Sie schnell und direkt zu einem Abschluss.
I: Geben Sie sich optimistisch. Geben Sie „I" Ideen, was er/sie unternehmen kann. Gehen Sie davon aus, dass Ihr Angebot angenommen wird.
S: Sichern Sie die Entscheidung von „S" ab, indem Sie jeden einzelnen Schritt durchgehen und sich bestätigen lassen. Kommen Sie zum Auftrag, ohne zu drängen.
G: Akzeptieren Sie die logische Vorgehensweise von „G". Klären Sie die Prioritäten ab und kündigen Sie nach angemessener Bedenkzeit ein Vertragsgespräch an.

Nachbetreuung, Service – was Ihre Kunden erwarten:

D: Liefern Sie schnell und pünktlich wie abgemacht. Zeigen Sie „D" auf jeden Fall die mit seiner Kaufentscheidung erreichten Ergebnisse.
I: Bieten Sie Hilfen und Services an, die „I" Strapazen und Probleme ersparen. Gehen Sie auf seine Bedürfnisse ein. Bleiben Sie sein persönlicher Ansprechpartner.
S: Geben Sie „S" durch Ihre persönliche Erreichbarkeit und regelmäßige Rückfragen die Stabilität, die „S" zum Wohlfühlen braucht.
G: Versorgen Sie „G" regelmäßig mit Informationen, welche die Zuverlässigkeit Ihrer Firma und Produkte belegen. Fragen Sie immer wieder nach seiner Zufriedenheit.

Planung des Verkaufsgespräches

- Planung: Was sollten Sie angesichts der Verhaltenstendenzen dieses Kunden unbedingt tun und was lassen?
- Einstieg: Wie viel und welche Art von Gespräch ist für diese Person am geeignetsten?
- Fragen stellen: Welche Fragen stellen Sie, um die persönlichen und die organisatorisch „heißen Themen" herauszufinden?
- Vorzüge präsentieren: Welche eindrucksvollen Aussagen könnten Sie zu Ihrem Produkt machen, die dem Verhaltensstil dieser Person entsprechen?
- Auf Einwände eingehen: Welche Sorgen (z. B. Einwände, Befürchtungen) wird diese Person wahrscheinlich äußern, und wie können Sie diese verringern?
- Zum Abschluss kommen: Welcher Schluss wird am ehesten einen positiven Entschluss dieser Person herbeiführen?
- Nachbetreuung, Service: Was für einen Service wird er/sie angesichts seines/ihres Verhaltensstiles von Ihnen erwarten, und wie können Sie am besten darauf eingehen?

6 Die persönliche Einstellung

Das Herangehen an die Arbeit

Über das Herangehen an die Arbeit gibt es viele schöne Anekdoten, und eine davon finde ich sehr zutreffend, um sich zwei konträre Charaktere vor Augen zu führen, die in der Vergangenheit den Vertrieb prägten: *Einer alten indischen Schöpfungsgeschichte zufolge schuf Gott, nachdem er die Welt erschaffen hatte, zunächst eine Muschel und legte sie auf den*

Die Muschel

Meeresboden. Die Muschel führte wahrhaftig kein aufregendes Leben. Den ganzen Tag über tat sie nichts anderes, als die Klappe zu öffnen, Meerwasser, in dem sich etwas Nahrhaftes befand, hindurch fließen zu lassen, um dann die Klappe wieder zu schließen. Tagaus, tagein gab es für sie nichts anderes als: Klappe auf, Klappe zu, Klappe auf, Klappe zu,

Der Adler

Klappe auf, Klappe zu ... Und dann schuf Gott den Adler. Ihm gab er die Freiheit, sich in die Luft zu erheben und selbst die höchsten Gipfel zu erreichen. Nirgendwo existierte eine Grenze für ihn. Allerdings musste der Adler für seine Freiheit einen Preis bezahlen. Täglich musste er um seine Beute kämpfen. Nichts fiel ihm in den Schoß. Wenn er Junge hatte, musste er oft tagelang jagen, um genügend Futter heranzuschaffen. Aber diesen Preis bezahlte er gerne.

Schließlich schuf Gott den Menschen und führte ihn zunächst zu der Muschel und anschließend zum Adler. Dann forderte er ihn auf, sich zu entscheiden, welches Leben er führen wollte. Entweder das langweilige, öde – aber sichere – Leben der Muschel oder das abenteuerliche, wunderbar freie Leben des Adlers, das freilich anstrengend ist.

Die Zeiten sind vorbei, in denen die meisten Unternehmen die Anfragen einfach abarbeiten konnten und immer noch genug übrig blieb, um davon leben zu können. In den Zeiten, in denen die Märkte immer enger werden, in denen der Wind rauer wird, brauchen wir mehr Adler als Muscheln im Vertrieb. Die „Muschel" wartet auf den Auftrag. Die Muschel arbeitet Stück für Stück ab, und sie wird dabei nicht zwischen A-, B- oder C-Kunden, zwischen eiligen Anfragen und großen Aufträgen unterscheiden. Das Motto lautet „first in – first out". Was zuerst rein kommt, wird zuerst bearbeitet und bekommt auch in dieser Reihenfolge ein Angebot. Wer danach nicht bestellt, ist selbst schuld.

Ein „Adler" akquiriert aktiv, um Anfragen zu generieren. Er weiß, dass er immer eine große Anzahl von Anfragen braucht, damit am Ende Aufträge dabei herausspringen. Ein Adler setzt Prioritäten bei der Angebotserstellung. Ein Adler führt Vorangebotsgespräche und fasst nach. Er fasst so lange nach, bis er definitiv weiß, er bekommt den Auftrag oder der Auftrag ist verloren. Und selbst wenn der Auftrag verloren ist, nutzt er noch jede Chance, um zumindest den nächsten Auftrag zu erhalten. Ein Adler fühlt sich persönlich betroffen, wenn er einen Auftrag nicht bekommt. Er ist immer bestrebt, die Gründe des Kunden für seine Ablehnung zu erfahren. Daraus leitet er seine zukünftige Vorgehensweise ab.

Wie steht es mit Ihnen? Sind Sie eher eine Muschel oder eher ein Adler?

7 Vor- und Einwände im Verkauf

7.1 Erwartet wird, bei Einwänden zu kontern

Wenn Sie sich einmal den Wortstamm der Wörter Ein-wand oder Vor-wand genauer anschauen, so entdecken Sie dort das Wort Wand: Sie treten in Kontakt mit einem (potenziellen) Kunden, und Ihr Gesprächspartner baut zu seinem Selbstschutz reflexartig eine Wand zwischen Ihnen und sich auf. Wenn Sie in der Kaltakquise bei einem Kunden ohne Termin anrufen, sich melden und Ihr Sprüchlein aufsagen, so beginnt der Kunde sofort, seine Wand zu mauern, und wenn Sie mit Ihrem Sprüchlein zu Ende sind, schaut nur noch die Nasenspitze Ihres Gesprächspartners über diese Wand, und er ruft Ihnen zu: *„Kein Interesse, kein Bedarf! Da haben wir schon unsere Lieferanten! Da sind Sie zu teuer! Damit haben wir schon mal schlechte Erfahrungen gemacht!"* usw.

Dass Ihr Kunde mit Einwänden und Vorwänden reagiert, ist ganz normal. Kennen Sie folgende Situation? Sie betreten ein Modegeschäft, Sie haben den Türgriff noch in der Hand, und schon stürzen sich von beiden Seiten Verkäufer(innen) auf Sie und fragen: *„Kann ich Ihnen helfen?"* Sie antworten schnell: *„Nein danke, ich möchte mich erst mal umschauen."* – obwohl Sie einen konkreten Bedarf haben. Sie suchen ein ganz bestimmtes Hemd mit einem ganz bestimmten Kragen, in einer ganz bestimmten Farbe, nach Ihren individuellen Vor-

Dass Ihr Kunde mit Einwänden und Vorwänden reagiert, ist ganz normal

stellungen. Sie könnten Ihr Hemd genau beschreiben, Sie könnten Ihren Wunsch klar definieren, doch weil Sie in ein fremdes Terrain, in ein fremdes Gebiet kommen, reagieren wir mit dem Schutzmechanismus *„Danke, ich möchte erst einmal schauen."*. Was ein klarer Vorwand ist, denn schließlich haben Sie einen konkreten Bedarf und eine konkrete Vorstellung.

Schutzmechanismus

ALSO: EINWÄNDE SIND EINE GANZ NORMALE SACHE.

Wie schon mehrfach in diesem Buch knüpfe ich an ein Alltagsbeispiel an: Im Seminar frage ich bei diesem Thema immer die anwesenden Damen nach ihrer Meinung zu folgender Situation: Sie sollen sich einmal vorstellen, sie wären Single und auf der Suche nach einem Partner. Sie würden aus diesem Grund eine entsprechende Location aufsuchen (Diskothek, Bar, Party oder Kneipe). Während Sie an der Theke sitzen und Ihren Drink festhalten, spricht Sie ein netter, attraktiver Mann im passenden Alter an. Die Ansprache ist kreativ, also nicht abgedroschen. Er macht durchaus einen guten Eindruck. Sie aber bauen Vor- und Einwände auf im Sinne von *„Kein Interesse, keine Zeit, bin in festen Händen, habe schlechte Erfahrungen gemacht"* usw. Der sympathische, gut aussehende Mann antwortet daraufhin, dass man da nichts machen könne und dass er noch einen schönen Abend wünsche und vielleicht bis zu einem anderen Mal. Er dreht sich um und geht.

Was halten Sie von diesem Mann bzw. wie interessiert war er tatsächlich daran, Sie kennen zu lernen?, frage ich dann anschließend in der Runde.

Wenig Interesse, der wollte doch gar nichts, der sucht sich noch schnell eine andere, der versucht sein Glück noch woanders usw. Und dies waren die vorsichtig formulierten, die harmlosen Äußerungen der Teilnehmerinnen im Seminar.

Dieses Beispiel zeigt uns, dass Einwände in vielen Lebenssituationen normal sind und dass oft erwartet wird, dass man darauf eingeht. Natürlich lässt sich das nicht direkt auf den Vertrieb und nicht auf jede vertriebliche Situation übertragen, denn es gibt gewiss echte Absagen, darauf kommen wir gleich bei den „Nein-Kunden" zu sprechen. Aber wenn Sie im Vorfeld richtig recherchiert haben und als Außendienstler einen ernsthaften Kunden ansprechen, dann gilt:

Erwartet wird, bei Einwänden zu kontern

Wer als Verkäufer einen Neukunden kontaktiert und bei Einwänden nicht reagiert, sondern vor der Wand stehen bleibt, beleidigt den Kunden!

Einwände sind die **Daseinsberechtigung von Verkäufern**. Ohne sie könnten Firmen ihren Vertrieb über das Internet oder Mailings organisieren. Einwände ermöglichen es dem Außendienst erst, ein interessantes Gespräch zu führen.

Einwände sind die Daseinsberechtigung von Verkäufern

Ein Seminarteilnehmer berichtete von folgender Geschichte: Er arbeitete in seinem Garten, als zwei Männer an den Gartenzaun kamen und ihn ansprachen. Er fragte, was sie denn wollten. Daraufhin erwiderten sie, dass sie von den Zeugen Jehovas seien. Er sagte nur, da habe er kein Interesse, worauf sich die beiden Männer auf dem Absatz umdrehten und weggingen. Der Teilnehmer aus dem Seminar rief den beiden Männern hinterher: *„Hey, was seid ihr denn für welche?"*. Gerade von den beiden hatte er etwas ganz anderes erwartet.

Aus meiner Sicht als Verkäufer und Verkaufstrainer sollten Sie die Kondition haben, sollten Sie in der Lage sein, mindestens drei Wände hintereinander zu überklettern. Wenn der Kunde bei der vierten Wand immer noch mauert, dann kann es sein, dass wir hier über einen „Nein-Kunden" sprechen.

Kundentypen in Bezug auf Einwände

Ja-Kunden: Dies sind Kunden, die nur darauf gewartet haben, dass Sie vorbei kommen und dass Sie Ihre Produkte und Dienstleistungen anbieten. Es sind Kunden, die wenig Fragen haben, die sich schnell entscheiden können, die selten über den Preis reden und kaufen. Für diese Kunden brauchen Sie das Kapitel „Einwandbehandlung" nicht zu lesen.

Nein-Kunden: Selbst wenn Sie auf jeden verkauften Karton Ware noch 50 € draufkleben, wird dieser Kunde mit Ihnen keine Geschäfte tätigen. Da können Sie machen, was Sie wollen. Oftmals ist nicht zu ergründen, was im Weg steht.

Da gibt es möglicherweise irgendwelche Seilschaften oder andere Gründe, die Sie nicht beeinflussen können. Bei diesen Kunden – zum Glück sind es nur wenige – haben Sie auch mit der besten Einwandbehandlung wenig Chancen.

Fragezeichen-Kunden: Sie sind in ihrer Kaufentscheidung noch zu beeinflussen Wenn Sie die richtigen Argumente bringen und ihn überzeugen, dann ist der Kunde bereit, mit Ihnen Geschäfte zu machen. Um diese Kunden geht es bei den folgenden Methoden der Vor- und Einwandbehandlung.

Vor- und Einwände im Verkauf

Vorwand- und Einwandarten

Erstellen Sie einmal eine Liste mit den häufigsten Vor- und Einwänden, die Sie in Ihrem Tagesgeschäft erleben.

Das Pareto-Prinzip

In der Praxis werden Sie feststellen, dass auch hier das Pareto-Prinzip greift, d. h. 20 % der von Ihnen gerade notierten Einwände erleben Sie ständig – zu etwa 80 % Ihrer Zeit; die anderen 80 % der Einwände, die Sie jetzt aufgeschrieben haben, hören Sie eher selten. Oftmals machen nur fünf oder sechs Einwände die 20 % aus, die Sie ständig zu hören kriegen. In Bezug auf diese Einwände sollten Sie wirklich fit sein.

Einwände mit Argumentationsketten mühelos entkräften

Sie sollten so viel Kondition haben, dass Sie diese Einwände mit verschiedenen Argumentationsketten mühelos entkräften können und auf diese Weise weiter im Gespräch bleiben.

Was ist der Unterschied zwischen einem Vorwand und einem Einwand?

Vorwände sind nur vorgeschoben

- **Vorwände** sind nur vorgeschoben, oftmals haben Sie bei Vorwänden nicht wirklich etwas Greifbares, mit dem Sie argumentieren können. Klassische Vorwände sind: *„kein Bedarf", „kein Interesse"*. Jedoch können auch Aussagen wie *„keine Zeit"* Vorwände sein, denn grundsätzlich hat jeder 24 Stunden Zeit pro Tag. Der Unterschied liegt darin, wo Ihr Kunde, Ihr Gesprächspartner seine Prioritäten setzt. Es kann sein, dass Sie in ein Gespräch kommen und Ihr Kunde Ihnen sagt, dass er keine Zeit hat. Und wenn Sie schon einige Zeit im Vertrieb sind, wissen Sie, es kommt nicht selten vor, dass Sie aus solch einem Gespräch erst nach ein oder zwei Stunden wieder herauskommen. Dann hat sich in dem Gespräch die Priorität Ihres Gesprächspartners verschoben. Auf einmal hat das Gespräch mit Ihnen einen höheren Stellenwert bekommen als das, was er eigentlich geplant hatte.

Einwände sind konkret

- **Einwände** sind konkret, d. h. z. B. *„Ich habe schlechte Erfahrungen gemacht"* oder *„Sie sind zu teuer"* oder *„Das passt nicht auf unsere Maschine"* oder *„Da habe ich ein günstigeres Angebot vom Wettbewerber"*. Einwände sind konkret, bei Einwänden können Sie gezielt argumentieren.

Vor- und Einwandtechniken

Allerdings ist es nicht so einfach zu unterscheiden, ob es sich sind um Vor- oder Einwände handelt.
Im Folgenden lernen Sie einige Techniken und Methoden kennen, dank derer Sie mit Einwänden zukünftig besser klar kommen werden, mit denen Sie geschickt über die Wände klettern können.

7.2 Vor- und Einwandtechniken

Wir sprechen im Folgenden von Techniken. Techniken sind aus meiner Sicht rhetorische Gerüste, rhetorische Baukästen, rhetorische LEGO™-Bausteine, die je nach Situation entsprechend formuliert werden und Ihnen als Hilfe, als Werkzeug beim Überklettern der Kundeneinwände und Kundenvorwände dienen.

Rhetorische Gerüste

Als Trainer kenne ich ungefähr 25 Methoden und Techniken, mit denen Sie auf Einwände und Vorwände reagieren können. Natürlich gibt es mehr Methoden, Einwänden zu begegnen, doch ich rede an dieser Stelle nur von Techniken.

Was für mich keine Techniken sind? Ein Beispiel: Wenn ein Kunde mit mir im Akquise-Gespräch den Preis verhandeln möchte, so hat sich in meiner Argumentation oft folgende Reaktion bewährt: *„Herr Kunde, was wäre ich für ein Verkaufstrainer, wenn ich meinen Preis nicht bei Ihnen verkaufen könnte? Sie erwarten doch von mir, dass ich Ihren Verkäufern ein entsprechendes Rückgrat vermittle, damit diese wiederum Ihre Preise entsprechend durchsetzen. Was würden Sie von einem Verkaufstrainer halten, der noch nicht mal in der Lage ist, seine eigenen Preise in der Praxis zu realisieren?"*.

Dies ist für mich eine passende Antwort, doch keine entsprechende Technik. Techniken passen nahezu auf jedes Produkt und im Idealfall auch auf jeden Branche.

Das höhere Ziel/der höhere Wert

Bei dieser Methode geht es darum, das eigentliche Problem, den eigentlichen Einwand gar nicht konkret anzusprechen, sondern ein anderes Thema anzusprechen, das eine viel höhere Priorität besitzt. Ein Thema, das dieser Detailfrage übergeordnet ist, um so die Verhältnismäßigkeiten wieder ins rechte Licht zu rücken.

Ein anderes Thema ansprechen, das eine viel höhere Priorität besitzt

Vor- und Einwände im Verkauf

Hierzu zwei Beispiele:

Wenn Sie Interviews mit Politikern im Fernsehen oder Radio hören und sehen, so werden Sie feststellen, dass Politiker meist diese Methode der Einwandbehandlung einsetzen.

1. Der Kommunalpolitiker wird von einem Journalisten gefragt: *„Herr Politiker, Sie versprechen uns seit Monaten schon die Umgehungsstraße, bis heute ist da noch kein Spatenstich getan. Wie soll das weiter gehen?"* Der Politiker antwortet: *„Sie haben Recht, die Umgehungsstraße ist ein wichtiges Projekt für unsere Gemeinde. Doch worum geht es aktuell wirklich? Es geht doch darum, dass wir die Arbeitslosenquote in unserer Gemeinde drücken, dass wir in unserer Gemeinde eine Industrieansiedlung schaffen, die den Menschen vor Ort Arbeit bietet. Das ist im Moment unser wichtigstes Projekt, bei dem wir auch entsprechende Erfolge vorweisen können. Wenn wir dieses wichtige Thema entsprechend umgesetzt haben, können Sie sicher sein, dass die Umgehungsstraße ganz oben auf der Prioritätenliste steht."*.

   Nun weiß der Journalist noch immer nicht, wann die Umgehungsstraße gebaut wird! Doch der Politiker hat sich elegant aus der Affäre gerettet.

2. Nehmen wir ein aktuelles Beispiel: Beim damaligen Kanzlerduell Stoiber gegen Schröder wurde Gerhard Schröder gefragt, ob sich Deutschland am Irak-Krieg beteiligen werde. Daraufhin antwortete Gerhard Schröder sinngemäß: *„Sie können sich sicher sein, dass kein deutscher Soldat sein Blut für Öl vergießen wird."*.

   Damit war natürlich nicht geregelt und nicht deutlich erklärt, ob die Amerikaner und Briten Überflugrechte erhalten und ob sich Deutschland finanziell an diesem Krieg beteiligen wird. All dies wurde mit einer solchen Antwort („das höhere Ziel") elegant umgangen.

Auch privat nutzen Sie „das höhere Ziel"

Auch privat nutzen Sie „das höhere Ziel" in Ihren Argumentationen. Achten Sie einmal darauf, wenn Sie in der Familie, in der Partnerschaft, mit Freunden und Bekannten diskutieren. Wie oft wird das höhere Ziel, der höhere Wert bemüht?
Wie funktioniert diese Technik nun genau?

Vor- und Einwandtechniken

Reagieren Sie auf den Einwand, indem Sie ihn erst einmal weich abfedern. Bestätigen Sie Ihren Gesprächspartner in seiner Aussage.

Den zweiten rhetorischen Schritt leiten Sie ein mit Formulierungen wie „Doch was ist aktuell wirklich wichtig ...", „Doch was ist gerade in unserer Branche wichtig ...", „Doch was ist im Moment das Entscheidende ...", „Es geht doch um ...".

Nun nennen Sie das höhere Ziel oder den höheren Wert.

Meist handelt es sich dabei um eines der Kaufmotive, das Geld und Zeit spart, Profit erhöht, Sicherheit hat, Bequemlichkeit, Anerkennung usw.

Achten Sie darauf, dass Sie Ihre Argumentation mit einem Ausrufezeichen beenden und nicht mit einem Fragezeichen.

Argumentation mit einem Ausrufezeichen beenden

Zu Ihren Gunsten paraphrasieren

Bei dieser Technik ist es ganz entscheidend, dass Sie gut hinhören, was hinter der Aussage Ihres Kunden steht.

Gut hinhören

Wenn Sie erkannt haben, was genau hinter der Aussage Ihres Kunden steckt, dann drehen Sie ihm „das Wort im Munde" so um, dass es Ihnen in Ihrer Argumentation besser passt.

Ein Beispiel:

Einwand: „Sie sind zu teuer!"
Antwort: „Wenn ich Sie richtig verstehe, geht es Ihnen darum, dass Sie ein optimales Preis-Leistungs-Verhältnis haben wollen. Habe ich Sie da richtig verstanden?"
„Ja, genau!"
„Das heißt, wenn Sie sich davon überzeugen können, dass Sie langfristig deutlich günstiger fahren, obwohl Sie am Anfang etwas mehr zahlen, dann wäre das schon ein Thema für Sie? Habe ich Sie da richtig verstanden?"

Vor- und Einwände im Verkauf

„*Ja, das kommt drauf an. Das müssen Sie erst mal beweisen.*"

Wie gesagt, es geht immer darum, über die Wand herüber zu kommen und im Gespräch zu bleiben. Es geht immer darum, den Einwand oder Vorwand zu entkräften, damit Sie sauber argumentieren können.

Die Methode in allen rhetorischen Schritten

Im Folgenden die Methode noch einmal in allen rhetorischen Schritten:

1. Im ersten Schritt formulieren Sie die Aussage so um, dass sie für Ihre weitere Argumentation einfacher zu handhaben ist: „*Wenn ich Sie richtig verstanden habe ..., dann geht es Ihnen um ...! Habe ich Sie da richtig verstanden?*". Jetzt brauchen Sie ein Ja!
2. Nach diesem Ja machen Sie weiter mit einer Bedingungsfrage: „*Das heißt ..., wenn Sie sehen, wenn Sie sich überzeugen können, wenn Sie fest stellen, dass ..., dann ist das schon interessant? Dann ist das schon ein Thema für Sie? Dann sind wir schon ein Partner für Sie? Dann wäre das schon ein Produkt für Sie?*". In der Regel erfolgt jetzt ein Ja.
3. Und somit haben Sie die Erlaubnis, nun weiter zu argumentieren, die Beweisführung für Ihr Argument anzutreten.

Diese Methode ist sehr weich. Sie bleiben die ganze Zeit im Dialog mit Ihrem Kunden.

Die selbstbezichtigende Methode mit Zeugenumlastung

Haben Sie den Film „Erin Brockovich" mit Julia Roberts gesehen? In diesem Film gibt es eine Schlüsselszene. Julia Roberts spielt die Assistentin eines Anwalts, es geht um einen Umweltskandal. Die Szene, die ich meine, spielt im Wohnzimmer der Klienten. Diese sitzen rund um den Wohnzimmertisch. Julia Roberts sitzt rechts vor dem Tisch in einem Ledersessel, und der Anwalt steht vor den Klienten. Irgendwann fragt einer der Klienten: „*Und, was springt für Sie dabei raus? Was bekommen Sie?*" Und der Anwalt antwortet: „*Ich bekomme 40 % vom Streitwert. Ich bekomme 40 % von dem, was wir nachher rausholen.*".

Schweigen.

Irgendwann durchbricht Julia Roberts die Stille und sagt sinngemäß: „*Ich weiß genau, was Sie jetzt denken, und ich habe genauso gedacht wie Sie! Ich habe auch gedacht:*

Vor- und Einwandtechniken

40 %? Ist das nicht unverschämt? 40 %? Das ist doch völlig übertrieben. 40 % mit dem Leid anderer zu erwirtschaften ist wirklich nicht fair. Ich habe auch gedacht, Anwälte sind doch Blutsauger. Ich habe auch gedacht, das ist doch wirklich nicht angemessen. Bis ich bei ihm in der Kanzlei angefangen habe. Bis ich gesehen habe, was er für eine Organisation dahinter stehen hat, wie viele Mitarbeiter, wie viele Recherchen. Bis ich gesehen habe, dass er manche Fälle auch nicht gewinnt und dass er dann alle Kosten selbst trägt. Und das sind schnell mal 10.000, 50.000 oder 100.000 Dollar. Und das hat mich nachdenklich gestimmt und hat mich im Nachhinein überzeugt. Ich sehe es seitdem anders. Ich denke seitdem, dass 40 % schon angemessen sind.".

Schweigen.

Einige Sekunden später fragt einer der Klienten: *„Und wo müssen wir unterschreiben?"*.

Diese Szene ist ein schönes Beispiel für die selbstbezichtigende Methode.

Die selbstbezichtigende Methode besteht aus zwei Schritten:

1. Im ersten Schritt sprechen Sie nur von sich selbst in der Ich-Form oder in der Wir-Form. Sie stellen alle Gemeinsamkeiten heraus, bestätigen den Kunden in seiner Aussage und verwenden auch beliebig viele Negationen. Im ersten Schritt muss der Kunde das Gefühl haben, dass Sie ihm wirklich zugehört haben und dass Sie mit ihm einer Meinung sind.
2. Den zweiten Schritt leiten Sie ein mit dem Wort „bis". *„Bis ich gesehen habe ..., bis wir gemerkt haben ..., usw."* Dann drehen Sie das Bild um 180 Grad. Dann argumentieren Sie, warum Ihr früherer Blickwinkel und der aktuelle Blickwinkel Ihres Gesprächspartners/Kunden nicht richtig waren. Der zweite Schritt endet mit der Formulierung: *„Das hat mich überzeugt!"* oder *„Das hat mich nachdenklich gestimmt!"*.

Die selbstbezichtigende Methode besteht aus zwei Schritten

Erster Schritt

Zweiter Schritt

Vor- und Einwände im Verkauf

Die selbstbezichtigende Methode gleicht einem lauten Denken. Sie schauen Ihren Kunden an und sprechen in einem Ton, der den Eindruck erweckt, Sie würden einfach das, was Ihnen gerade durch den Kopf geht, in Worte fassen. Zu keinem Zeitpunkt sprechen Sie den Kunden direkt an, zu keinem Zeitpunkt verwenden Sie die Sie-Formulierung.

Nun haben Sie weiter vorne in diesem Buch gelesen, dass es einfacher ist, über einen Zeugen zu überzeugen. Wenn Sie die selbstbezichtigende Methode noch optimieren wollen, dann setzen Sie im zweiten Teil die Zeugenumlastung mit ein. Nicht Sie erzählen von Ihren Erlebnissen, von Ihren Erfahrungen, sondern ein Zeuge argumentiert für Sie an dieser Stelle. Überzeugen über Zeugen.

Setzen Sie die Zeugenumlastung mit ein

Der Vorteil der selbstbezichtigende Methode ist, dass Sie über den Zeugen zu keinem Zeitpunkt eine Angriffsfläche bieten. Es ist eine ganz weiche Methode, die unterschwellig hervorragend wirkt.

M + A + A + M

Hinter dieser Formel verbirgt sich Folgendes:

Meinungsfrage + Argument + Argument + Meinungsfrage

Diese Methode besteht aus vier Schritten

Ihr Kunden bringt einen Einwand oder einen Vorwand. Diese Methode passt auf beides und besteht aus vier Schritten:

1. Sie kontern sofort mit einer offen formulierten Meinungsfrage. Beispiele: *„Was halten Sie davon, dass ...?"*, *„Wie denken Sie darüber, dass ...?"*, *„Was meinen Sie dazu, wenn ...?"*.
2. Im zweiten Schritt bringen Sie ein Argument.
3. Im dritten Schritt bringen Sie ein zweites Argument. Wichtig: Beide Argumente werden verbunden mit *„und gleichzeitig"*, *„und darüber hinaus"*, *„und dabei auch noch"*.
4. Im vierten Schritt stellen Sie wieder eine Meinungsfrage: *„Was halten Sie davon?"*, *„Wie denken Sie als Einkäufer darüber?"*, *„Was meinen Sie, wie Ihre Mitarbeiter darauf reagieren würden?"*, *„Was denken Sie, wie sich da Ihre Kunden freuen würden?"*.

Vor- und Einwandtechniken

Sie gehen gar nicht auf den konkreten Einwand ein, sondern Sie bringen im Sinne des höheren Wertes, des höheren Ziels sofort zwei Argumente, mit denen sich Ihr Kunde beschäftigen kann.

Warum gleich zwei Argumente? Weil die Wahrscheinlichkeit höher ist, dass eines dieser beiden Argumente für Ihren Kunden interessant ist, für Ihren Kunden relevant ist. Bei nur einem Argument ist die Gefahr, dass er dieses Argument ablehnt, zu groß. Drei Argumente würden Ihren Kunden überfordern. Zwei Argumente ist eine ideale Formulierung.

Kontroll-, Bedingungsfrage, Argument

Oft stellt sich die Frage, ob es sich um einen Vorwand oder um einen Einwand handelt. Gerade wenn es Richtung Abschluss geht, kommen immer wieder noch Vor- oder Einwände, weil der Kunde nicht ausreichend motiviert wurde, eine Entscheidung zu treffen. Es kommen Aussagen wie: *„Das überleg ich mir noch mal!"*, *„Da will ich noch mal eine Nacht drüber schlafen!"*, *„Da will ich noch einmal mit meinem Mann/meiner Frau/meinem Chef/meinem Abteilungsleiter Rücksprache halten!"*, *„Da haben wir im Moment noch keinen Platz für, erst in zwei Wochen!"* usw. Bei diesen Aussagen wissen Sie nie, ob es sich um einen Einwand oder um einen Vorwand handelt.

Hier bietet sich die Kombination zweier Fragetechniken mit einem Argument an.

Die Kombination zweier Fragetechniken mit einem Argument

Beispiel: Nachfassen eines Angebotes

„Herr Kreuter, das Angebot ist prima! Ich muss das jetzt nur noch mit meinem Geschäftsführer absprechen."
Kontrollfrage: *„Herr Kunde, gibt es außerdem noch etwas, das unklar ist?"*
„Nein, sonst ist alles klar!"
Bedingungsfrage: *„Das heißt, wenn Ihr Geschäftsführer genauso begeistert ist wie Sie es sind, dann würden wir das Training schon gemeinsam machen?"*
„Ja natürlich Herr Kreuter, dann steht dem nichts mehr im Wege."
„Herr Kunde, wann werden Sie denn mit Ihrem Geschäftsführer darüber sprechen?"

"Nun, diese Woche klappt das nicht mehr, da ist er nicht mehr im Haus, aber direkt am Montag kann ich mit ihm darüber sprechen. Da haben wir eh immer unsere wöchentliche Sitzung."
"Das heißt, am Dienstag wissen Sie es auf jeden Fall?"
"Ja ja, am Dienstag weiß ich es auf jeden Fall!"
Argument: *"Herr Kunde, dann lassen Sie uns doch Folgendes machen. Das ist bequem für Sie und Sie sind, was die Termine angeht, auf der sicheren Seite: Ich werde die Termine jetzt verbindlich für Sie reservieren. Sie erhalten die Auftragsbestätigung umgehend, und wenn ich bis Dienstag nichts mehr von Ihnen höre, keinen Anruf, kein Fax, keine E-Mail, dann weiß ich, Sie haben mit Ihrem Geschäftsführer gesprochen und der ist genauso begeistert von der Idee, ein Training für den Außendienst zu machen, wie wir beide. Sollen wir das so machen?"*

Wenn Sie in der Praxis mit dieser Methode arbeiten, werden Sie feststellen, dass kein Kunde an dieser Stelle sagt: *"Ja, so machen wir das!"*. Ich kenne immer nur zwei Reaktionen:

Reaktion A
Der Kunde steigt mit beiden Füßen auf die Bremse. *"Moment mal, Herr Kreuter! So schnell nun auch wieder nicht! Ich melde mich bei Ihnen, wenn ich mit dem Geschäftsführer gesprochen habe."* Dann weiß ich, es war ein Einwand, er muss tatsächlich noch mal mit seinem Geschäftsführer sprechen. Nun, ich habe zumindest einmal angetestet, ob ich den Abschluss schon jetzt machen kann. Was habe ich zu verlieren? Ich war die ganze Zeit mit dem Kunden im Dialog. Ich habe die ganze Zeit gefragt und ihn bestätigt, die Entscheidung lag bei ihm.

Reaktion B
Der Kunde antwortet: *"Ach wissen Sie, das läuft eh über mein Budget. Ich muss das sowieso aus meinem Topf zahlen. Im Grunde genommen können wir das auch sofort fest machen. Reservieren Sie mal die Termine für mich, schicken Sie mal die Auftragsbestätigung, wir machen das jetzt!"*. Dann weiß ich, es war ein Vorwand. Er brauchte nur noch einen kleinen entscheidenden Tipp, eine kleine Zusatzmotivation, um sich zu entscheiden.

Vor- und Einwandtechniken

Wenn Sie diese Methode nutzen, werden Sie feststellen, dass viele Kunden, die Sie eigentlich in die Warteschleife stecken wollten, die noch nicht zu 100 % zu einer Kaufentscheidung motiviert waren, jetzt plötzlich doch abschließen. Die Praxis zeigt, die Trefferquote zwischen Variante A und B liegt bei 50:50. Natürlich gehört da etwas Mut zu, und das Verkäuferherz muss am rechten Fleck sitzen.

MITARBEITER IM VERTRIEB

TEIL E   TIPPS FÜR FÜHRUNGSKRÄFTE IM VERTRIEB

1 Mitarbeiter im Vertrieb

Gute Vertriebsmitarbeiter werden immer gesucht. Deshalb ist es für Führungskräfte immens schwierig, Spitzenverkäufer zu finden und an das Unternehmen zu binden. Dies ist eine Kernführungsaufgabe für Vertriebsleiter!

Die idealen Talente für den Vertrieb finden

Wie finden Sie die idealen Talente für Ihren Vertrieb? Hier gibt es verschiedene Möglichkeiten.

1.1 Rekrutierung von Außendienstmitarbeitern

Aufbau eigener Außendienstmitarbeiter

Eine oft langwierige Möglichkeit ist der Aufbau eigener talentierter Mitarbeiter. Dies kann hervorragend funktionieren, wenn es strategisch eingeplant wird, wenn schon bei der Auswahl von Auszubildenden oder Innendienstmitarbeitern großer Wert auf verkäuferische Fähigkeiten und die Einstellung zum Kunden und zum Thema Verkauf gelegt wird.

Ich kenne eine ganze Reihe von Betrieben, die Auszubildende nach abgeschlossener Prüfung – erfolgreich – in den Außendienst eingesetzt haben. Auch kommt es in der Praxis oft vor, dass Innendienstmitarbeitern, die sich unterfordert fühlen bzw. mehr Geld verdienen oder einfach raus zum Kunden wollen, eine Stelle im Außendienst angeboten wird.

Viele unterschätzen die Arbeit im Außendienst

Dabei ist allerdings zu bedenken, dass viele sich das Arbeiten im Außendienst zu einfach vorstellen. Bei einem Unternehmen, das mit Apothekern Geschäfte macht, habe ich beispielsweise einmal erlebt, wie eine erfahrene Innendienstmitarbeiterin im Außendienst gescheitert ist: Man schloss langfristig einen Vertrag mit ihr und besorgte ihr einen Firmenwagen. Nach dem ersten Arbeitstag im Vertrieb jedoch legte die Mitarbeiterin den Autoschlüssel und die Unterlagen auf den Tisch und streckte die Waffen: So hatte sie sich das nicht vorgestellt! Sie war eine erfahrene und erfolgreiche Innendienstmitarbeiterin. Doch acht Kundenbesuche mit der damit verbundenen Parkplatzsuche in Ballungsräumen und

Strafzetteln! Kunden, die nicht auf ihren Besuch gewartet hatten und nicht immer die freundlichsten waren! So hatte sie sich den Außendienst nicht vorgestellt. Sie kannte den Außendienst bislang nur von Mitreisen und aus Erzählungen von Außendienstmitarbeitern, die diesen Beruf seit Jahren machen und ihr die Rosinen aus dem Kuchen gezeigt hatten.

> **Worst-Case-Szenario** **PRAXIS**
>
> Wenn Sie erwägen, einen Mitarbeiter aus dem eigenen Haus in den Außendienst zu versetzen, lohnt es sich, einmal einen „Negativverkauf" zu machen.
>
> Das heißt: Zeigen Sie dem Mitarbeiter ein Worst-Case-Szenario für den Vertrieb auf, um zu sehen, wie er darauf reagiert. Ist er dafür geschaffen, auch einmal schwierige Zeiten im Vertrieb durchzustehen? Oder möchte er einen geregelten Schreibtischarbeitsplatz mit geregelten Anfangs- und Endarbeitszeiten?
>
> Es macht durchaus Sinn, ein Mitarbeiterentwicklungsprogramm für den Vertrieb aufzubauen.

Eine weitere Möglichkeit, intern Vertriebsmitarbeiter zu rekrutieren, sind Vertriebstrainees. Das sind meist Hochschulabsolventen, die ein Jahr lang das Unternehmen durchlaufen, um später dann in einem Auswahlverfahren für Vertriebspositionen qualifiziert zu werden. Auch dies ist ein gängiger Weg, gute Vertriebsmitarbeiter zu gewinnen.

Vertriebstrainees

Wenn Sie einen Vertriebsmitarbeiter aus den eigenen Reihen gewinnen möchten – sei es nun ein ehemaliger Auszubildender, ein Innendienstmitarbeiter oder ein Trainee – müssen Sie stets berücksichtigen, dass dieses Verfahren mehrere Jahre erfordert.

Abwerbung

Sollten Sie diese Zeit nicht haben und möglichst schnell Vertriebsmitarbeiter suchen, so lohnt sich aus meiner Sicht der Weg über die Abwerbung. Ja, Sie haben richtig gelesen. Dies ist vielleicht nicht die feine englische Art. Doch wenn Sie Spitzenverkäufer im Vertrieb haben wollen (und die sind rar gesät!), dann ist das ein gängiges Mittel. Wie aber finden Sie nun die entsprechenden Mitarbeiter?

Mitarbeiter im Vertrieb

In der Regel sind Messen, auf denen sich die ganze Branche samt Wettbewerb trifft, ein guter Marktplatz für neue Mitarbeiter und neue Jobs.

Hier haben Sie die Möglichkeit, die Außendienstmitarbeiter des Wettbewerbs kritisch zu beobachten und Ihre Kunden im Gespräch danach zu fragen, welcher Mitarbeiter des Wettbewerbs denn gute Arbeit leistet.

Personalberater und Headhunter

Wenn Sie einen Mitarbeiter des Wettbewerbs etwas diskreter abwerben wollen, können Sie alternativ einen Personalberater, einen Headhunter beauftragen. Im Idealfall nehmen Sie jemanden, der absolut seriös auftritt und sich schon vorher mit der Branche beschäftigt hat.

Außerdem sollten Sie mit dem Headhunter ein genaues Anforderungsprofil an den Mitarbeiter erarbeiten.

Denn was nützt es Ihnen, wenn Sie einen „Farmer" engagieren, also jemanden, der hervorragend in der Stammkundenbetreuung arbeitet, wenn Sie eigentlich einen „Hunter" brauchen, also jemanden, der im Neugeschäft akquiriert und ein Gebiet oder eine Zielgruppe komplett neu erschließt?

Mitarbeitersuche auf dem offenen Arbeitsmarkt

Stellenanzeigen

Natürlich bietet sich auch die Möglichkeit, über die Agentur für Arbeit oder über Stellenanzeigen in der Fach- oder Tagespresse Spitzenverkäufer zu suchen. Mittlerweile verlagert sich dieser Bereich auch maßgeblich ins Internet. Hier sind die entsprechenden Jobbörsen interessant.

Recruitmentseminare

Alternativ können Sie auch Recruitmentseminare an Hochschulen veranstalten – so begeistern Sie schon frühzeitig junge Akademiker für den Vertrieb.

Als Führungskraft sollten Sie das Thema „Spitzenmitarbeiter finden und binden" nicht immer nur ad hoc behandeln, sondern strategisch angehen, sodass Sie immer genügend potenzielle Mitarbeiter in der Hinterhand haben, um nicht ständig zu reagieren, sondern zu agieren.

Etwas, das mich in diesem Zusammenhang sehr nachdenklich gestimmt hat, war die Aussage des Red-Bull-Gründers und Inhabers, Herrn Mateschitz, auf einem Kongress: Er sagte, dass er in seinem Markt keine Verkäufer ausbilden kann. In seinem Markt brauche er fertige Mitarbeiter. Sein Markt sei so schnell, dass er nicht in der Lage sei, erst noch Aufbauarbeit bei den Mitarbeitern zu leisten. Stattdessen kaufe er mit der Hilfe von Headhuntern fertige Mitarbeiter für viel Geld ein.

Sollte Ihr Markt auch so schnelllebig sein, dann ist dies sehr wahrscheinlich die einzig vernünftige Vorgehensweise.

1.2 Die Probezeit

Nutzen Sie die Probezeit Ihres neuen Außendienstmitarbeiters wirklich als Zeit auf Probe, für beide Seiten. Beide Seiten sollten genau prüfen: Macht die Zusammenarbeit Sinn? Ist dieser Mensch wirklich für die Aufgabe und für das Unternehmen geeignet?

Um das herauszufinden, empfiehlt es sich, schon während der Probezeit regelmäßig Zwischengespräche zu führen – und nicht nur am Ende ein Abschlussgespräch.

Empfehlenswert: Zwischengespräche während der Probezeit

ALLE ZWEI BIS VIER WOCHEN SOLLTEN SIE ZWISCHENGESPRÄCHE EINBAUEN, DAMIT SIE STETS WISSEN, WO IHR NEUER MITARBEITER GERADE STEHT.

Sie sollten den Handlungsspielraum für den neuen Außendienstmitarbeiter in den ersten Wochen bzw. Monaten extrem verengen. Führen Sie ein Berichtssystem ein: sowohl ein Vorplanungssystem für seine Vertriebstätigkeit als auch ein Berichtssystem für das, was er getan hat. Das dient keineswegs der Schikane, sondern es geht darum, den neuen Außendienstmitarbeiter anhand von Berichten und Ergebnissen und Zwischengesprächen auf sein Talent, seine Stärken und Schwächen hin zu überprüfen.

Wenn Ihr Mitarbeiter entsprechend eingearbeitet ist, die Probezeit erfolgreich überstanden hat und sich auch selbst dafür entschieden hat, in Ihrem System, in Ihrem Unternehmen zu arbeiten, dann können, ja müssen Sie den Handlungsspielraum erweitern. Schließlich möchten Sie die Fähigkeiten Ihres Spitzenverkäufers voll zur Geltung kommen lassen und ihn nicht sobald wieder verlieren.

1.3 Wie binden Sie Spitzenverkäufer an Ihr Unternehmen?

Wer für Geld kommt, der geht auch für Geld – diese Schlussfolgerung muss nicht unbedingt stimmen. Bitte lösen Sie sich von der Vorstellung, dass es nur das Geld ist, was Spitzenverkäufer motiviert. Natürlich ist Geld ein Anreiz, weshalb sich eine hohe Variable in der Vergütung empfiehlt.

Für Spitzenverkäufer spielt neben dem Geld eine Rolle, wie viel Freiheit sie haben

Bei Spitzenverkäufern ist es aber nicht nur das Geld. Für sie spielt auch eine Rolle, wie viel Freiheit sie haben und wie selbstbestimmt sie arbeiten können:
- Inwieweit kann er Dinge selbst beeinflussen?
- Inwieweit wird er gefördert und gefordert?
- Hat er ehrgeizige Ziele, die nicht vorgegeben, sondern mit ihm vereinbart werden?
- Wie sind seine Arbeitsbedingungen? (Im Vertrieb geht es oft um Statussymbole: Firmenwagen, technische Ausstattung etc.)

Spitzenverkäufer wollen am liebsten verkaufen, sich auf wichtige Gespräche vorbereiten, entsprechend nacharbeiten, aber hauptsächlich beim Kunden sein, in den Projekten sein. Deswegen achten Sie darauf:

EINEN SPITZENVERKÄUFER WERDEN SIE LANGFRISTIG NUR HALTEN, WENN SIE NEBEN DEN OBEN BESCHRIEBENEN DINGEN AUCH DARAUF ACHTEN, IHN WEITESTGEHEND VON ADMINISTRATIVEN AUFGABEN ZU BEFREIEN.

Ein weiterer Punkt: Kunden kaufen nur von Siegern. Dies gilt auch für Spitzenverkäufer. Worüber wird in Ihrem Team geredet? Der Sporttrainer und Psychologe Markus Schnitzer hat mal gesagt: „*Ich erkenne an einem Team sofort, ob es Erfolg hat oder nicht. Denn im Erfolgsteam wird über Erfolge geredet. In Teams, die nicht erfolgreich sind, über Misserfolge.*"

Vertriebsorientierung

Ein weiterer Faktor, mit dem Sie Spitzenverkäufer binden, ist die Vertriebsorientierung Ihres Unternehmens. Noch einmal sei in diesem Zusammenhang Reinhold Würth zitiert, der als Kernkompetenz seines Unternehmens nicht Befestigungstechnik angibt, sondern Marketing und Vertrieb! Welchen Stellenwert haben Verkäufer wohl im Unternehmen Würth? Die Antwort können Sie sich selbst geben.

Fest angestellter Aussendienstmitarbeiter?

1.4 Handelsvertreter oder fest angestellter Außendienstmitarbeiter?

Dies ist eine strategische Grundfrage. Was für Sie richtig ist, hängt von Ihrer strategischen Ausrichtung, Ihren Produkten und Dienstleistungen, Ihren Kunden und Ihrem Markt ab.

Handelsvertreter haben den Vorteil, dass sie – sofern sie ihren Beruf schon einige Jahre ausüben – in der Regel über entsprechende Kontakte in ihrem Markt verfügen.

Die Vorteile von Handelsvertretern

MITHILFE VON HANDELSVERTRETERN HABEN SIE ALSO EINEN SEHR SCHNELLEN ZUGRIFF AUF IHRE POTENZIELLEN KUNDEN.

Ein Handelsvertreter, der eine bestimmte Dienstleistung oder ein bestimmtes Produkt schon im Markt etabliert hat, damit möglicherweise zu den Marktführern gehört, kann sehr einfach seine bestehenden Kunden dazu motivieren, auch Ihr Produkt neu ins Sortiment aufzunehmen. Für eine Markteinführung sind Handelsvertreter also denkbar gut geeignet.

Ein zweiter Punkt, der für Handelsvertreter spricht, ist die gut zu kalkulierende Kostenstruktur. Ein Handelsvertreter bekommt eine Umsatzprovision, die Sie von vornehrein in Ihrer Kalkulation bedenken können. Ob er nun seinen Wagen zu Schrott fährt, ob er krank ist, ob er sich weiterbildet oder nicht, darauf haben Sie rein kostenmäßig keinen Einfluss, aber auch keine Auswirkung. Dies lässt sich gut kalkulieren.

Je nach Struktur Ihres Marktes kann auch ein paralleler Einsatz von Handelsvertretern und festen Mitarbeitern sinnvoll sein: Wenn Sie beispielsweise wenige A- und B-Kunden haben, können Sie diese durchaus durch eigene Mitarbeiter mittels eines Key-Account-Management-Systems betreuen. Die vielen C-Kunden, die Sie auch gerne noch bedienen wollen, die für Sie aber nicht das entsprechende Potenzial darstellen, geben Sie dann an einen Handelsvertreter ab.

Paralleler Einsatz von Handelsvertretern und festen Mitarbeitern

Neben diesen Vorteilen der Zusammenarbeit mit Handelsvertretern gibt es aber auch einige Nachteile zu berücksichtigen:
1. Ein Handelsvertreter ist nicht weisungsgebunden. Sie haben also wenig Einfluss auf seine Tagesarbeit. Er bestimmt, wann er wo hinfährt und wie er sein Geschäft macht.

Nachteile bei der Zusammenarbeit mit Handelsvertretern

2. Wenn ein Handelsvertreter für Sie arbeitet, kommen Sie nicht an die Marktdaten. Sie wissen zwar, mit welchen Kunden Sie welchen Umsatz und Deckungsbeitrag machen und welche Produkte sie in welchem Rhythmus kaufen. Aber die weiteren Informationen, insbesondere die „Soft Facts" erhalten Sie in der Regel nicht. Das Kapital eines Handelsvertreters ist seine Kundendatenbank.
3. Einen erfolgreichen Handelsvertreter können Sie nicht einfach austauschen. Sie müssen ihn in jedem Fall für die von ihm geleistete Arbeit abfinden. Dies ist in der Regel eine Jahresprovision aus dem Mittel der letzten drei Umsatzjahre.

Weitere Informationen zur Zusammenarbeit mit Handelsvertretern finden Sie im Internet auf der Website der Zentralvereinigung der Handelsmakler und Handelsvertreter in Deutschland (www.cdh.de).

2 Vertriebsorganisation

Machen Sie sich als Führungskraft klar, dass nicht die Absicht zählt, sondern immer nur die Wirkung. Dies bedeutet in der Praxis: Es geht nicht darum, wie viele Kunden Ihre Außendienstler täglich besuchen. Natürlich, dass wir uns richtig verstehen: Fleiß ist eine Grundtugend, auch im Vertrieb. Doch sollten Sie nicht dem Irrglauben aufsitzen, dass Fleiß automatisch für gute Ergebnisse sorgt.

Die Zahl der täglichen Kundenbesuche ist kein Maß für den Erfolg

Aus meiner Erfahrung sind meist die Außendienstmitarbeiter im Sinne guter Umsätze und Erträge besonders erfolgreich, die unterdurchschnittlich viele Kunden besuchen, dafür aber hervorragend vorbereitet sind und genau wissen, wann sie bei einem Kunden sein müssen und was sie diesem Kunden anbieten. Dieses Optimum ist nicht gewährleistet, wenn Sie Ihren Mitarbeitern eine bestimmte Anzahl an täglichen Besuchen vorschreiben. Eine Mindestbesuchszahl hat wenig Sinn, weil sie auf Absicht abzielt und nicht auf Wirkung.

Ihr Unternehmen lebt nicht davon, wie viele Kunden jede Woche besucht werden, sondern davon, welche Umsätze und Erträge erwirtschaftet werden!

VERTRIEBSORGANISATION

Dies bedeutet in der Praxis: Wenn ein Mitarbeiter eingearbeitet ist, streichen Sie die Besuchsvorplanungsberichte und auch die klassischen Besuchsberichte.

Reduzieren Sie das Berichtssystem auf die Einträge im CRM-System. Damit sollten dann Informationen darüber festgehalten werden, wann wer mit welchem Ziel und mit welchem Ergebnis bei welchem Kunden war, und was er darüber hinaus noch erfahren hat. Diese Information allerdings sollten Sie mit äußerster Konsequenz einfordern! Bitte bedenken Sie:

Das Berichtssystem auf Einträge im CRM-System reduzieren

DIE AUSSENDIENSTLER SIND IHRE AUGEN UND IHRE OHREN IM MARKT. NUTZEN SIE DIESE.

Natürlich hängt Ihr organisatorisches Vorgehen davon ab, ob Sie einen etablierten Kundenstamm haben oder ob Sie ihn erst aufbauen wollen.

Organisatorische Aufgaben bei bestehenden Strukturen im Außendienst — **PRAXIS**

1. Halten und pflegen Sie die **Bestandskunden**; ermitteln Sie ihr Potenzial und schöpfen Sie es aus.
2. Installieren Sie eine ABC-Analyse bei Ihren Bestandskunden. Achten Sie auf die entsprechenden Faktoren.
3. Wenn bei den Bestandskunden das Potenzial zu 80 % ausgeschöpft ist, macht es Sinn, **Schlummerkunden** zu aktivieren.
4. Neben der Bestandskundenbetreuung steht an vierter Stelle die **Kundenrückgewinnung**. Dies muss regelmäßig überprüft werden – monatlich wäre ideal, quartalsweise das Minimum.
5. **Neukundengewinnung**: Erstellen Sie mit Ihren Vertriebsmitarbeitern jährlich eine so genannte „Dream List". Diese Dream List enthält die Wunschkunden Ihrer Vertriebsmitarbeiter bzw. Ihres Unternehmens. Entwickeln Sie gemeinsam mit Ihren Vertriebsmitarbeitern Maßnahmen, wie Sie diese Kunden gewinnen können, und überprüfen Sie mindestens quartalsweise den aktuellen Stand der Bemühungen.

Bewegen Sie sich allerdings in einem ganz anderen Markt, einem Markt, den Sie erst aufbauen wollen oder einem Markt, in dem sich die Situation ändert, dann gelten andere Vorgehensweisen. Wie Ihr Vertrieb vertriebsintelligent vorgeht, hängt davon ab, wo Sie hinwollen, was Ihre Strategie ist und welche Ziele Sie mit Ihren Mitarbeitern vereinbaren.

3 Verkäuferische Fähigkeiten

Gemeinsame Reise von Führungskraft und Vertriebsmitarbeiter

Wenn Sie als Führungskraft mit Ihren Vertriebsmitarbeitern reisen, d.h. gemeinsam Kunden besuchen, achten Sie darauf, dass diese Kundenbesuche optimal vorbereitet sind. Achten Sie darauf, ...

- dass es an diesem Tag nicht darum geht, möglichst viele Kunden gemeinsam zu besuchen, sondern darum, welche Erkenntnisse Sie als Führungskraft aus diesem Tag mitnehmen,
- dass die Fahrstrecken zwischen den Kunden möglichst kurz sind und dass Sie Zeit haben, Besuche vorher noch einmal gemeinsam durchzugehen und nachher kurz zu reflektieren,
- dass die Besuche nach Möglichkeit fix terminiert und auch schriftlich bestätigt sind. Sie finden das Beispiel für ein Bestätigungsfax eines Besuchstermins weiter vorne im Buch. Hier sollte natürlich von dem Vertriebsmitarbeiter darauf hingewiesen werden, dass er an diesem Tag mit Ihnen gemeinsam kommt.

Lassen Sie sich im Vorfeld eine genaue Liste geben, welche Kunden besucht werden, warum diese Kunden ausgewählt wurden und was das Besuchsziel ist, ein messbares Ziel. Sie können dies auch noch unterteilen in Minimalziel (Was soll auf jeden Fall bei diesem Besuch erreicht werden?) und Idealziel (Was würde, wenn alles gut klappt, bei diesem Besuch herauskommen?).

Die Führungskraft sollte dem Mitarbeiter ein Feedback geben

Nach einem Besuch ist es wichtig, dass Sie als Führungskraft Ihrem Mitarbeiter ein Feedback geben. Was hat er gut gemacht, was sollte er aus Ihrer Sicht in den Gesprächen zukünftig optimieren? So kann er sich weiterentwickeln, so zieht er maximalen Nutzen aus diesem Tag.

Verkäuferische Fähigkeiten

Bei Konditionsvereinbarungen sollten Sie Ihren Mitarbeiter stärken, beispielsweise mit Aussagen wie „*Da hat Ihnen mein Mitarbeiter wirklich schon die bestmöglichen Konditionen geboten*". Sprechen Sie sich im Vorfeld genau ab, wer welchen Teil und welches Thema im Kundengespräch übernimmt, und belassen Sie die Gesprächsführung bei Ihrem Vertriebsmitarbeiter. Steigen Sie nur in den vereinbarten Themen aktiv mit ein.

Die Gesprächsführung sollte dem Mitarbeiter überlassen werden

Auch wenn Sie Ihre Mitarbeiter nicht zu den Kunden begleiten, sollten Sie sie bei ihrer Argumentation unterstützen. Dazu empfiehlt sich das Instrument der Kunden-Nutzen-Argumentation, über die der folgende Kasten informiert (vgl. auch S. 102).

Kunden-Nutzen-Argumentation — **PRAXIS**

Entwickeln Sie zu allen Produkten und Dienstleistungen in Ihrem Unternehmen eine Merkmal-Nutzen-Argumentationscheckliste.

1. Was sind die Merkmale des Produktes / der Dienstleistung? Listen Sie sie auf!
2. Was bedeutet das für den Anwender oder den Kunden? Was sind seine Vorteile? Übersetzen Sie die Merkmale in Vorteile!
3. Bilden Sie daraus einen Satz unter Berücksichtigung der Sie-Formulierung – frei von Negationen.
4. Erstellen Sie eine Liste mit Zeugen, die das Gesagte bestätigen können.

Sorgen Sie dafür, dass für jedes neue Produkt, aber auch für jedes bestehende Produkt diese Listen vorhanden sind. Arbeiten Sie hier eng mit dem Marketing zusammen. Es ist eine Kernaufgabe des Marketings, diese Informationen so aufzubereiten, dass der Vertrieb damit arbeiten kann.

In durchschnittlichen Vertriebsorganisationen muss sich jeder Vertriebsmitarbeiter seine Argumentation selber stricken. Als gute Führungskraft sollten Sie ihn dabei unterstützen.

4 Vertriebsmanagement

4.1 Führen Sie beim Angebotsmanagement ein Controlling ein!

Über welchen Kommunikationskanal kommen die Anfragen?

Woher – über welchen Kommunikationskanal – kommen die Anfragen? E-Mail, Internet, telefonisch beim Innendienst oder beim Außendienst? Was wird in der Regel angefragt? Alibi-Anfragen oder konkrete Dinge?

Überprüfen Sie auch, ob Sie viele Anfragen aus dem Außendienst erhalten, die normalerweise vom Außendienstler vor Ort direkt beantwortet werden können bzw. direkt in Aufträge umgewandelt werden können. Ist dies der Fall, deutet das darauf hin, dass viele einfache Anfragen vom Außendienstmitarbeiter in den Innendienst getragen werden – möglicherweise aus reiner Bequemlichkeit oder, weil der Mitarbeiter nicht preisfest ist. Anstatt direkt mit dem Kunden auf den Preis, die Konditionen und den Abschluss zu sprechen zu kommen, erstellen viele Außendienstler lieber erst mal ein Angebot.

Natürlich gibt es Branchen, die immer zunächst ein Angebot benötigen – beispielsweise, wenn es um ausschreibungspflichtige Dienstleistungen und Waren geht. Doch abgesehen von diesen Ausnahmen kann man in sehr vielen Fällen aus einer Anfrage sofort einen Auftrag machen. Man erreicht so im Mittel eine Auftragsquote 30 bis 40 Prozent, obwohl der Kunde nur ein Angebot haben wollte. Als Führungskraft ist es Ihre Aufgabe, dies zu überprüfen. Damit sparen Sie einerseits Ihrem Innendienst viel Arbeit, und andererseits vermeiden Sie, dass Ihr Kunde auch noch beim Wettbewerb anfragt – und von dort möglicherweise ein besseres Angebot bekommt.

Die Reaktionszeit auf Anfragen begrenzen

Davon abgesehen sollten Sie, um Ihre Auftragsquote zu steigern, die Reaktionszeit auf Anfragen begrenzen: Wie lange braucht Ihr Vertrieb für die Erstellung eines Angebotes? Achten Sie darauf, wer die Angebote nachfasst! Im Kern ist dies eine Innendienstaufgabe. In Ausnahmefällen macht es Sinn, dass auch der Außendienst, wenn er ohnehin beim Kunden ist, die Sprache auf das Angebot oder die Anfrage lenkt.

Achten Sie darauf, dass keine Angebote vertrocknen!

BEIM ANGEBOTSMANAGEMENT EIN CONTROLLING EINFÜHREN

Führen Sie eine Statistik darüber, wie viele Anfragen Sie bekommen, wie oft daraus ein Auftrag gemacht wird, wie viele Angebote daraufhin entstehen, wie oft nachgefasst wird, wie lange der Zeitraum des Nachfassens bis zur Auftragserteilung ist und warum Sie einen Auftrag erhalten oder nicht erhalten. Nur so können Sie Ihre Strategie anpassen und optimieren.

4.2 Investieren Sie in die Weiterbildung Ihrer Mitarbeiter!

ALS FÜHRUNGSKRAFT SOLLTEN SIE DURCH WEITERBILDUNGSMASSNAHMEN IN IHR PERSONAL INVESTIEREN, UM STETS AM BALL ZU BLEIBEN.

Wenn Sie Mitarbeiter zu Seminaren schicken oder diese freiwillig dorthin wollen, dann klären Sie in einem Vorgespräch, was das Ziel des Seminars ist. Warum will Ihr Mitarbeiter dorthin? Was sind seine Lernziele? Welche Situation will er damit in seinem Tagesgeschäft besser meistern? Welche konkreten Fragen bringt er mit ins Seminar? Und was ist Ihr Lernziel für diesen Mitarbeiter? Nichts ist unproduktiver, als wenn die Mitarbeiter in der Vorstellungsrunde im Seminar sagen: *„ Ich weiß auch nicht, warum ich hier bin. Mein Chef hat mich geschickt. Ich lasse mich mal überraschen."*

Weiterbildungsmaßnahmen: Im Vorfeld sollte das Ziel der Teilnahme geklärt werden

Wenn Ihr Mitarbeiter aus dem Seminar zurück ist, laden Sie ihn ein, die Informationen so aufzubereiten, dass er beim nächsten Außendienstmeeting einen Vortrag über das halten kann, was er gelernt hat – so können auch seine Kollegen oder die Organisation davon profitieren.

Bei firmeninternen Seminaren, gerade, wenn es um Vertrieb geht, sind Freitag-Samstag- oder Samstag-Sonntag-Termine besonders beliebt, weil der Vertrieb so ohne Reibungsverluste weiterlaufen kann. Oft wird ein Seminar freitags mittags begonnen und läuft bis Samstagabend. Eine entscheidende Frage ist dann: Ist der Samstag Freizeit, den die Mitarbeiter beisteuern, oder zählt er zur Arbeitszeit und wird später abgegolten?

Nun, stellen Sie die Frage mal in Ihrem Vertrieb – Sie werden sehen, welchen Stellenwert Weiterentwicklung, Lernen und Seminare in Ihrem Unternehmen haben.

Firmenbibliothek

Neben der Teilnahme an Seminaren können Sie Ihren Mitarbeitern auch eine Firmenbibilothek anbieten: Kaufen Sie relevante Fachbücher, Videos, DVDs und Audiobücher, und bieten Sie jedem Mitarbeiter im Unternehmen an, dass er auf diese Fachliteratur zurückgreifen kann.

4.3 Vertriebsmeetings als Führungsinstrument

Das Meeting – eines der wichtigsten Steuerungsinstrumente im Vertrieb

Als Führungskraft haben Sie bei einem Außendienstler wenig Steuerungsinstrumente in der Hand. Das Meeting ist eines der wichtigsten. Deswegen sorgen Sie dafür, dass Meetings optimal vorbereitet sind, indem Sie die folgenden Regeln beachten.

Regeln für Vertriebsmeetings — **PRAXIS**

1. Vereinbaren Sie den Termin langfristig.
2. Legen Sie die Uhrzeiten verbindlich fest und sorgen Sie dafür, dass es nicht zu Verzögerungen kommt.
3. Erstellen Sie frühzeitig eine Agenda. Welche Punkte werden in welchem Zeitraum wie angesprochen?
4. Sorgen Sie dafür, dass sich Ihre Mitarbeiter vorbereiten können. Hecheln Sie nicht irgendwelche Zahlen und Ergebnisse durch. Gehen Sie nicht so sehr auf Einzelschicksale ein. Dies können Sie im individuellen Vier-Augen-Gespräch machen.
5. Sorgen Sie dafür, dass Ihr Meeting einen motivierenden Charakter hat und dass es für alle interessant ist.
6. Überlegen Sie genau, ob dieses Meeting sein muss! Wenn das Meeting ein Ritual ist, das jeden Monat durchgeführt wird, überprüfen Sie, ob es Sinn macht, dieses Ritual weiterzuführen. Möglicherweise ist es sinnvoller, die Meetings flexibel und in Reaktion auf aktuelle Geschehnisse einzurichten.
7. Wer wird eingeladen? Empfehlenswert ist es, jedesmal einen anderen Innendienstmitarbeiter dazuzubitten: Der Innendienstler kann dann aus seinem Arbeitsumfeld berichten und später wiederum seinen Kollegen mitteilen, was es Neues aus dem Außendienst gibt.

8. Bestimmen Sie einen Protokollführer, im Idealfall jedes Mal einen anderen Außendienstler.

9. Präsentieren Sie Erfolgsbeispiele! Lassen Sie jeden Mitarbeiter bei jedem Meeting ein kurzes Erfolgsbeispiel präsentieren. Wo hat er eine Reklamation hervorragend gemeistert, wo hat er einen Neukunden gewonnen, einen Großauftrag akquiriert, ein neues Produkt eingeführt oder was auch immer. Sammeln Sie diese Erfolgsgeschichten, und verteilen Sie sie nach dem Meeting im Unternehmen per E-Mail oder am schwarzen Brett, oder setzen Sie es ins Intranet, sodass jeder Mitarbeiter im Unternehmen weiß, womit sich der Außendienst gerade beschäftigt. Sie werden feststellen, dass auf einmal auch in Ihrem Team über Erfolg gesprochen wird.

10. Geben Sie besonders erfolgreichen Vertrieblern im Sinne von Best Practice die Möglichkeit zu präsentieren, wie sie vorgehen: Wie sie bestimmte Neukunden akquirieren, wie sie einen Ersttermin, wie sie Zusatzverkäufe generieren, wie sie um Preisdiskussionen herumkommen, wie sie neue Produkte oder Dienstleistungen einführen, wie sie auf Einwände reagieren usw.

Fazit

Als Führungskraft im Vertrieb müssen Sie nicht der beste Verkäufer sein. Schön, wenn Sie selber auch gerne und gut verkaufen, doch das ist nicht die Aufgabe. Oftmals werden die besten Verkäufer zu Vertriebsführungskräften gemacht, und oftmals ist es dann so, dass man einen Top-Verkäufer verliert und eine schlechte Führungskraft dazu gewinnt. Eine Führungskraft und ein Spitzenverkäufer haben völlig unterschiedliche Talente.

Als Vertriebsleiter sind Sie so etwas wie der Trainer einer Fußballmannschaft: Sie entscheiden, wen Sie für das Spiel aufstellen. Sie trainieren Ihre Mannschaft. Sie geben die Strategie vor. Sie tauschen aus, wenn es nicht so läuft, wie Sie es sich vorgestellt haben. Sie sind der Motivator Ihres Teams. Sie sind verantwortlich und Sie gehen als Erster, wenn Ihre Mannschaft keinen Erfolg hat.

Fazit – Gute Zeiten für Verkäufer

Trotz lahmender Konjunktur können sich Vertriebs- und Marketingstrategen über mangelnde Jobangebote nicht beklagen. So schalteten Industrie, Handel und Dienstleister zwischen Januar und November 2004 insgesamt 109.715 Anzeigen, das sind 12 % mehr als im vergleichbaren Vorjahreszeitraum. Zu diesem Ergebnis kommt der Personaldienstleister adecco, der regelmäßig die Stellenangebote aus 40 deutschen Printmedien auswertet.

Umfragen zeigen immer wieder, dass der Stellenwert von Verkauf und Vertrieb in Deutschland in den nächsten Jahren stärker in den Fokus rückt. Das bedeutet, dass der Vertrieb in deutschen Unternehmen zukünftig die Anerkennung erhält, die ihm zusteht.

Die deutschen Unternehmen produzieren und entwickeln innovative und qualitativ hochwertige Produkte. Woran es in der aktuellen Zeit meist hapert, ist, diese Produkte und Innovationen angemessen zu kommunizieren bzw. zu verkaufen.

Vertrieb ist zweifelos nicht jedermanns Sache, sondern es gehören die richtige Einstellung und entsprechende Qualifikationen dazu. Wenn Sie sich aber zum Vertrieb berufen fühlen und die in diesem Buch aufgezeigten Schritte mitgehen wollen und können: In welch anderem Bereich können Sie so schnell Erfolge selbst verantwortlich erreichen und auch wirklich gutes Geld verdienen?

Gute Verkäufer werden immer gesucht, gerade in Zukunft!

Stichwortverzeichnis

ABC-Kunden 36 ff., 187
Abschluss 114 ff., 159 f., 165
Abwerbung 181 f.
Achtzig-Zwanzig-Regel 44, 48, 52
Adresse 66
After Sales Service 160
Agendafax 75 ff.
A-Kunde 37 f.
Alternativfrage 119, 121
Angebotsmanagement 135 ff., 190 f.
Arbeitsgruppen 155
Arbeitsplatz zu Hause 69 ff.
Argument 176, 177 ff.
Ausgleichszahlungen 15

Bedarfsermittlung 120, 158
Bedingungsfrage 177 ff.
Bedürfnisse des Kunden 104 f.
Begrüßung 79 ff., 157 f.
Beratung 158 f., 91 ff.
Berichtssystem 183, 187
Beschwerden 131 f.
Bestandskunden 18 f., 187
Besuchsberichte 41
Besuchspriorität 49
Besuchsziel 75
Betreuungsaufwand 42 f.
B-Kunde 37 f., 42
Brandstiftung, geistige 138
Buch, eigenes 31
Bürogemeinschaft 68

Büroorganisation 61 ff.
Büroservice 67 f.

Callcenter 7
Centralvereinigung Deutscher Handelsvertreter und Makler (CDH) 15
C-Kunde 37 f., 43, 45 f.
Controlling 190 f.
Customer Relationship Management (CRM) 13, 47 ff., 74

Delegation 57 f.
Diplomarbeit 26
DISG-Modell 150 ff.
Dominanter Verhaltensstil 153 ff.
Doppel-Minus-Kunden 151 f.
Doppel-Plus-Kunden 151 f.

Einfirmenvertreter 14
Einrichtung des Arbeitsplatzes 71 f.
Einstellung, persönliche 131 f., 133 ff., 147, 166 f.
Einstieg in den Vertrieb 10 ff.
Einwandarten 170 f.
Einwände 164 f., 167 ff.
Einwandtechniken 171 ff.
Eisenhower-Prinzip 56 f.
Empfang 79
Empfehlungsmarketing 23, 145 ff.
Entlohnung 9
Erfolgsfaktoren 16 f.

Erfolgsjournal 134

Fachmedien 30
Faxakquise 23
Firmenbibliothek 192
Fragetechnik 81, 85 ff., 90, 127
Fragezeichen-Kunden 169
Führungskräfte 180 ff.

Geschäftsbericht 75
Geschäftstelefon 72
Gespräch, persönliches 7
Gesprächsphasen 157 ff.
Gesprächstechnik 115 f.
Gewissenhafter Verhaltensstil 153 ff.

Handelsvertreter, freier 14 f., 45 f., 48 f., 185 f.
Hard-Selling 95
Hartnäckigkeit, höfliche 144
Headhunter 182
Hey-Joe-Effekt 58
Höheres Ziel/höherer Wert 171 f.
Home-Office 63 ff.
Huckepack Networking 31 f.

Image des Verkäufers 8, 15
Initiativbewerbungen 15
Initiativer Verhaltensstil 153 ff.
Internet-Branchenportale 27
Internetsuchmaschinen 27, 74

Stichwortverzeichnis

Internet-Website 23, 26 ff., 74

Ja-Kunden 169

Kaltakquise 167
Kaltbesuche 23, 50
Kaufabschluss 119 ff.
Kaufbereitschaft 122
Kaufbestätigung 128, 160
Kaufentscheidung 118 f., 137, 178
Kaufsignale 116 ff., 122
Kernkompetenzen im Außendienst 9
Key Account Management 13, 43 f.
Kontaktaufnahme 148
Kontaktfrequenz 41 ff.
Kontrollfrage 177 ff.
Kritische Situationen 131 ff.
Kundenanalyse 46
Kundenangebote 135 ff.
Kundenbesuche 39 ff., 73 ff.
Kundenbetreuung 13
Kundenbewertung 38
Kundenbindung 114
Kundendaten 15, 47 ff.
Kundendatenbank, -kartei 13, 48, 61
Kundenerfolgskriterien 36
Kundenkontakt 7, 62, 157
Kundenloyalität 96
Kundenmanagement 34 ff.
Kunden-Nutzen-Argumentation 102, 189
Kundenpflege 28
Kundenrückgewinnung 19 ff., 49, 187

Kundenstamm, aktueller 15
Kundentypologien 38, 150 ff.
Kundenumsatzlisten 20
Kundenveranstaltungen 23, 28 f.
Kundenwertanalysen 13

Leistung kommunizieren 92 ff.
Leitfaden für die Bedarfsermittlung 87

Mailings 24 ff.
Markterkundung, -analyse 23, 26
Markttrends 8
Mehrfirmenvertreter 14
Meinungsfrage 115 f., 176
Merkmal-Vorteil-Argumentation 101 ff., 120
Messebesuche 23 f., 182
Methode des Doppelns (D = 3W) 111 ff.
Multi-Channel-Kommunikation 13
Mundpropaganda, kritische 20

Nachbereitung 130
Nachbetreuung 165
Nachfassen 108, 143 f.
Nebenberuflicher Einstieg in den Vertrieb 16
Negationen 98 ff.
Nein-Kunden 168 f.
Networking 23, 29 f.
Neuheiten präsentieren 127

Neukunde 73, 76
Neukundengewinnung 22 ff., 49, 144 ff., 187
New Economy 7
NOA®-Technik 121 ff.
Notebook 78

Ordner 53

Papierloses Büro 71
Paraphrasieren 88 f., 173 f.
Pareto-Prinzip 44, 52, 170
PDA (Personal Digital Assistant) 59 f.
Personalberater 182
Persönlichkeitsstruktur 10
Planung 164
Positives Denken 133 f.
PR 23, 30 f.
Praktikanten 26
Präsentation 91 ff., 158 f.
Preisfindung, kundenorientiert 13
Prinzip 1–3–7+ 18 ff., 49
Prioritätensetzen 32 ff., 55 f.
Probezeit 183
Produktlebenszyklen 12
Professionelle vorgezogene Verunsicherung 138 ff.
Provisionszahlungen 15
Publikationen 23

Recruitmentseminare 182
Referenzkunden 107
Reisender, angestellter 14 ff.
Reklamationen 131 f.
Rückdelegation 58

Stichwortverzeichnis

Schlummerkunden 21 f., 49, 187
Selbstbezichtigende Methode 174 ff.
Selbstmanagement 33 f., 50 ff.
Selbstmotivation und -disziplin 51, 53
Service 165
Sie-Formulierung 94 ff.
Situations- und Bedarfsanalyse 85 ff.
Smalltalk 80 f.
Stammkunden 73, 81, 146
Stammkundenpotenzial 18 f.
Stellenangebote 9, 15 f., 182
Stetiger Verhaltensstil 153 ff.
Strategie, die richtige 17
Success-Stories 30

Tagesplanung 49 f., 53 f., 64 ff.
Teamzusammensetzung 154 f.
Telefonakquise 23
Terminabsprache 50
Testabschluss 114 ff.
Tourenplanung 49 f.
Trainees 181

Überzeugen über Zeugen 106 ff.
Umgang mit Kundentypen 164 f.

Verabschiedung 128 ff.
Verbesserungsvorschlag, interner 23, 25
Verhaltensstile 153 ff.
Verhaltenstendenzen 162 f.
Verkaufsargumentation 114
Verkaufsentwicklung, historische 95 f.
Verkaufsgespräch 108, 165
Vertrieb 2010 12
Vertriebsmanagement 190 ff.
Vertriebsmeetings 192 f.
Vertriebsmitarbeiter 180 ff.
Vertriebsorganisation 186 ff.
Verunsicherung, professionell vorgezogene 111
Visitenkarten 78, 79 f., 82
Vorangebotsgespräch 108, 136 ff., 143
Vorbereitung des Kundenbesuchs 73 ff.
Vorplanungssystem 183, 187
Vorstellung der eigenen Person / des eigenen Unternehmens 83 f.
Vorträge 23, 30
Vorvertrauensfax 76 ff.
Vorwandarten 170 f.
Vorwände 167 ff.
Vorwandtechniken 171 ff.

Weiterbildung 135, 191 f.
Werbung, klassische 23
Wertschöpfungsverbände 12
Worst-Case-Szenario 181
Wunschkunden 187

Zeit- und Kostenanalyse Außendienst 40
Zeitgewinn-Regeln 60
Zeitmanagement 33 f., 50 ff., 64 f.
Zeitplan-Tool 59 f.
Zeitplanung, schriftliche 52 ff.
Zeugenumlastung 106 ff., 176 f.
Ziel- und Zeitplanbuch 59
Zielsetzungsprozess 51
Zubehöroptionen 126
Zuhören, aktives 89
Zukunftsweisende Methode 128 ff.
Zusatzverkäufe 123 ff.

Stimmwechselkurs

Gewinnen Sie Kunden mit Ihrer Stimme!

Dieses Buch zeigt, wie die persönliche „akustische Visitenkarte" optimal gestaltet und erfolgreich eingesetzt wird. Und es stellt Strategien zur Gesprächsführung sowie Maßnahmen zur Konfliktvermeidung, zur Steigerung der Kundenzufriedenheit und zur Verbesserung der Effizienz von Telefonaten vor.
Die „lächelnde Stimme" aber ist die Grundlage!

Hans-Michael Klein
Kundenorientiert telefonieren
2. Auflage, 192 Seiten, kartoniert
ISBN 978-3-589-23551-3

Weitere Informationen zum Programm erhalten Sie im Buchhandel oder im Internet unter www.cornelsen.de/berufskompetenz

Cornelsen Verlag • 14328 Berlin
www.cornelsen.de

Cornelsen

Sympathiefaktoren
Training International: Deutsch–Englisch

Erfolgreiche Verkaufsverhandlungen
– zumal mit internationalen Partnern –
beginnen mit optimaler Vorbereitung:
Ziele sind zu setzen, Zugeständnisse zu
veranschlagen, die Strategie ist festzulegen und die Mentalität des
Gegen-übers muss eingeschätzt
werden. Dieser zweisprachige Band
– linke Seite deutsch, rechte Seite
englisch – erläutert die notwendigen Kompetenzen.

Astrid Heeper/Michael Schmidt
Verkaufsverhandlungen
176 Seiten, kartoniert
ISBN 978-3-589-23924-5

Weitere Informationen zum Programm erhalten Sie im Buchhandel
oder im Internet unter **www.cornelsen.de/berufskompetenz**

Cornelsen Verlag • 14328 Berlin
www.cornelsen.de